AMBROSE BIERCE
WERKE IN VIER BÄNDEN

—

HERAUSGEGEBEN VON
GISBERT HAEFS

—

BAND 2
GESCHICHTEN AUS DEM BÜRGERKRIEG

—

IM HAFFMANS VERLAG
ZÜRICH

AMBROSE BIERCE

GESCHICHTEN AUS DEM BÜRGERKRIEG

NEU ÜBERSETZT VON
JAN-WELLEM VAN DIEKMES

HAFFMANS VERLAG

Bibliographische Nach- und Hinweise
im Anhang am Schluß
des Bandes.
Umschlag- und Titelzeichnung von
F.W. Bernstein

1.–4. Tausend, Herbst 1989

ISBN 3 251 20033 X

Inhalt

GESCHICHTEN AUS DEM BÜRGERKRIEG

ANHANG

GESCHICHTEN AUS DEM BÜRGERKRIEG

EIN REITER VOR DEM HIMMEL

I

Eines sonnigen Nachmittags im Herbst des Jahres 1861 lag ein Soldat in einem Lorbeergebüsch am Rand einer Straße im westlichen Virginia. Er lag ausgestreckt auf dem Bauch, die Füße ruhten auf den Zehen, der Kopf auf dem linken Unterarm. Die ausgestreckte rechte Hand umfaßte locker sein Gewehr. Ohne die einigermaßen methodische Anordnung seiner Glieder und eine leichte rhythmische Bewegung der Patronentasche an der Rückseite seines Koppels hätte man ihn für tot halten können. Er schlief auf Posten. Doch falls man ihn entdeckte, würde er kurz danach tot sein, da Tod die gerechte und gesetzliche Strafe für sein Verbrechen war.

Das Lorbeergebüsch, in dem der Verbrecher lag, stand in der Biegung einer Straße, die nach dem Aufstieg in südlicher Richtung über einen steilen Hang bis zu dieser Stelle scharf nach Westen abbog und vielleicht hundert Yards die Kuppe entlanglief. Dort wandte sie sich wieder nach Süden und ging im Zickzack abwärts durch den Wald. Am äußersten Punkt jener zweiten Biegung war ein großer flacher Felsen, der nach Norden vorsprang und das tiefe Tal überschaute, aus dem die Straße emporstieg. Der Felsen saß auf einer hohen Wand; ein Stein, der von seinem äußeren Rand stürzte, würde tausend Fuß senkrecht hinabfallen in die Kronen der Kiefern. Die Biegung, an der der Soldat lag, war auf einem anderen Vorsprung derselben Wand. Wäre er wach gewesen, hätte er über einen Blick verfügt, nicht nur auf den kurzen Arm der Straße und den vorspringenden Felsen, sondern auf die gesamte Fläche der Wand darunter. Der Blick hätte ihn wohl schwindlig machen können.

Das Land war überall bewaldet, mit Ausnahme der Talsohle nach Norden zu, wo es eine kleine natürliche Wiese gab, durch die ein Bach strömte, der vom Talrand aus kaum sichtbar war. Diese offene Fläche sah nicht größer aus als ein normaler Vorgarten, erstreckte sich aber in Wirklichkeit über einige Morgen. Ihr Grün war lebhafter als das des umschließenden Waldes. Weit dahinter erhob sich eine Reihe gigantischer Wände ähnlich denen, wo wir bei unserer Betrachtung der wilden Szenerie zu stehen vorgeben und durch welche die Straße irgendwie ihren Aufstieg zum Gipfel geschafft hat. Die Ausformung des Tals war in der Tat dergestalt, daß es von diesem Beobachtungspunkt aus vollkommen eingeschlossen schien und man sich nur wundern konnte, wie die Straße, die einen Weg herausgefunden hatte, einen Weg hineingefunden hatte und woher die Wasser des Baches kamen und wohin sie gingen, welche die Wiese mehr als tausend Fuß tiefer teilten.

Kein Landstrich ist so wild und schwierig, daß Menschen ihn nicht doch zu einem Kriegsschauplatz machten; verborgen im Wald auf dem Boden dieser militärischen Mausefalle, in der eine halbe Hundertschaft im Besitz der Ausgänge eine Armee bis zur Übergabe hätte aushungern können, lagen fünf Regimenter Unions-Infanterie. Sie waren den ganzen vorhergehenden Tag und die Nacht marschiert und rasteten jetzt. Bei Anbruch der Nacht würden sie wieder auf der Straße sein, zu der Stelle emporklimmen, wo ihr ungetreuer Wachtposten eben schlummerte, und dann den anderen Hang des Bergkamms hinabsteigen, um ein Lager des Gegners etwa um Mitternacht zu überfallen. Ihre Hoffnung war, ihn zu überraschen, denn die Straße führte in seinen Rücken. Im Fall eines Scheiterns wäre ihre Stellung äußerst gefährdet; und scheitern würden sie sicherlich, sollten Zufall oder Wachsamkeit dem Gegner ihre Bewegung bekannt machen.

II

Der schlafende Wachtposten im Lorbeergebüsch war ein junger Virginier namens Carter Druse. Er war der Sohn wohlhabender Eltern, ein Einzelkind, und hatte all jene Behaglichkeit und Bildung und angenehmen Lebensumstände erfahren, die Reichtum und Geschmack im Bergland des westlichen Virginia verschaffen konnten. Sein Heim befand sich nur wenige Meilen von der Stelle, an der er nun lag. Eines Morgens war er vom Frühstückstisch aufgestanden und hatte ruhig, aber entschieden gesagt: »Vater, ein Regiment der Union ist in Grafton eingetroffen. Ich trete ihm bei.«

Der Vater hatte das Löwenhaupt erhoben, den Sohn einen Moment schweigend angesehen und erwidert: »Nun gut, Sir, und was immer sich ereignen mag, tu, was du als deine Pflicht ansiehst. Virginia, an dem du zum Verräter wirst, muß ohne dich auskommen. Sollten wir beide das Ende des Krieges erleben, werden wir über diese Angelegenheit weiterreden. Deine Mutter befindet sich, wie dir der Arzt gesagt hat, in einem sehr kritischen Zustand; bestenfalls kann sie noch einige Wochen bei uns sein, diese Zeit aber ist kostbar. Es wäre besser, sie nicht aufzuregen.«

So verließ Carter Druse, nachdem er sich ehrerbietig vor seinem Vater verneigt hatte, der den Gruß mit feierlicher

Höflichkeit erwiderte, hinter der sich ein brechendes Herz verbarg, das Haus seiner Kindheit, um Soldat zu werden. Durch Gewissenhaftigkeit und Mut, durch Taten der Selbstlosigkeit und Kühnheit empfahl er sich bald seinen Kameraden und Offizieren; und es waren diese Eigenschaften und einige Kenntnis der Gegend, denen er seine Wahl für seine gegenwärtige gefährliche Aufgabe am äußersten Vorposten verdankte. Dennoch: Ermattung war stärker gewesen als Entschlossenheit, und er war in Schlaf gesunken. Wer will sagen, welcher gute oder böse Engel im Traum zu ihm kam, um ihn aus seinem Zustand des Verbrechens zu wecken? Ohne Bewegung, ohne Geräusch berührte in der tiefen Stille und Schläfrigkeit des späten Nachmittags ein unsichtbarer Bote des Schicksals mit entsiegelndem Finger die Augen seines Bewußtseins – flüsterte ins Ohr seines Geistes die geheimnisvollen aufweckenden Worte, die menschliche Lippen nie gesagt, deren menschliches Gedächtnis sich nie erinnert hat. Ruhig hob er die Stirn von seinem Arm und sah zwischen den verhüllenden Lorbeerzweigen hindurch, wobei er instinktiv die rechte Hand um den Schaft des Gewehrs schloß.

Sein erstes Gefühl war ein lebhaftes künstlerisches Entzücken. Auf einem kolossalen Postament, der Steilwand – bewegungslos am äußersten Rand des darauf aufsitzenden Felsens und scharf gegen den Himmel umrissen –, ragte ein Reiterstandbild von beeindruckender Würde empor. Die Statue des Mannes saß auf der Statue des Pferdes, straff und soldatisch, und doch ruhevoll wie ein griechischer Gott, gehauen aus Marmor, der die Andeutung von tätiger Lebendigkeit begrenzt. Die graue Tracht harmonierte mit ihrem luftigen Hintergrund; das Metall an Ausrüstung und Schabracke wurde durch Schatten besänftigt und gemildert; das

Fell des Tieres hatte keine Glanzlichter. Ein verblüffend verkürzt erscheinender Karabiner lag über dem Sattelknopf, am Platz gehalten von der rechten Hand, die ihn am Kolbenhals umklammerte; die linke Hand, die die Zügel hielt, war unsichtbar. Als Silhouette war das Profil des Pferdes mit der Schärfe einer Kamee in den Himmel geschnitten; es blickte über das Luftmeer auf die gegenüberliegenden Steilwände. Das Gesicht des Reiters, leicht abgewandt, zeigte lediglich den Umriß von Schläfe und Bart; er blickte hinab auf die Sohle des Tales. Vergrößert, indem sie sich abhob gegen den Himmel und dadurch, daß der Soldat sich eines nahen Feindes erschrocken inne ward, erschien die Gruppe von heroischen, fast kolossalen Ausmaßen.

Für einen Augenblick hatte Druse ein eigenartiges, halb unbewußtes Gefühl, daß er bis ans Ende des Krieges geschlafen habe und nun auf ein edles Werk der Kunst blicke, errichtet an jener erhabenen Stelle, um die Taten einer heroischen Vergangenheit zu feiern, von der er ein unrühmliches Teil gewesen. Dieses Gefühl wurde durch eine leichte Bewegung der Gruppe zerstreut: Das Pferd hatte, ohne die Hufe zu bewegen, den Rumpf leicht vom Rand des Abgrunds zurückgezogen; der Mann blieb reglos wie zuvor. Hellwach und der Bedeutung der Lage scharf bewußt, zog Druse nun den Kolben seines Gewehrs an die Wange, schob dabei den Lauf vorsichtig durch die Büsche, spannte den Hahn und zielte, indem er durchs Visier blickte, auf eine lebenswichtige Stelle der Brust des Reiters. Eine Berührung des Hahns, und alles wäre für Carter Druse in Ordnung gewesen. In diesem Augenblick wandte der Reiter seinen Kopf und blickte zu seinem versteckten Feind – schien ihm unmittelbar ins Gesicht zu schauen, in seine Augen, in sein tapferes mitfühlendes Herz.

Ist es denn so furchtbar, im Krieg einen Feind zu töten – einen Feind, der ein Geheimnis entdeckt hat, das für die eigene Sicherheit und die der Kameraden lebenswichtig ist – einen Feind, der wegen seiner Kenntnis mehr zu fürchten ist als seine ganze Armee wegen ihrer Kopfzahl? Carter Druse wurde blaß; er zitterte an allen Gliedern, ihm wurde schwach, er sah die standbildhafte Gruppe vor sich als schwarze Schemen, die sich hoben, senkten, sich unstet in Kreisbögen durch einen flammenden Himmel bewegten. Seine Hand fiel von der Waffe, der Kopf sank langsam nach unten, bis das Gesicht auf den Blättern ruhte, in denen er lag. Dieser mutige Mann und abgehärtete Soldat war nahe daran, ob der Stärke seiner Gefühle in Ohnmacht zu fallen.

Nicht lange; im nächsten Augenblick wurde sein Gesicht von der Erde erhoben, nahmen die Hände wieder ihren Platz am Gewehr ein, suchte der Zeigefinger den Hahn; Geist, Herz und Augen waren klar, Gewissen und Verstand gesund. Er konnte nicht hoffen, den Gegner zu fangen; ihn aufmerksam zu machen würde ihn nur dazu veranlassen, mit der verhängnisvollen Nachricht in sein Lager zu preschen. Die Pflicht des Soldaten war eindeutig: Der Mann mußte aus dem Hinterhalt erschossen werden – ohne Warnung, ohne eine Sekunde seelischer Vorbereitung, ohne auch nur ein unausgesprochenes Stoßgebet mußte er vor Gottes Richterstuhl geschickt werden. Aber nein – noch eine Hoffnung gibt es; er hat vielleicht nichts entdeckt – vielleicht bewundert er nur die Schönheit der Landschaft. Wenn ja, dann mag er umkehren und sorglos zurückreiten in die Richtung, aus der er kam. Sicherlich wird es möglich sein, im Augenblick seines Rückzugs zu beurteilen, ob er weiß. Schon möglich, daß seine gespannte Aufmerksamkeit… Druse wandte den Kopf und blickte durch die Tiefen des

Luftmeeres hinab, wie von der Oberfläche auf den Boden eines durchscheinenden Sees. Er sah eine Schlangenlinie von Männer- und Pferdegestalten über die grüne Wiese kriechen – irgendein idiotischer Kommandeur hatte den Soldaten seiner Eskorte erlaubt, ihre Pferde auf der Lichtung zu tränken, in voller Sicht von einem Dutzend Gipfeln!

Druse löste seinen Blick vom Tal und heftete ihn wieder auf die Gruppe von Mann und Pferd vor dem Himmel, wieder durch das Visier seines Gewehrs. Doch diesmal war sein Ziel das Pferd. In seinem Geiste klangen, als wären sie ein göttliches Gebot, die Worte seines Vaters während ihres Abschieds auf: »Was immer sich ereignen mag, tu, was du als deine Pflicht ansiehst.« Er war jetzt gefaßt. Seine Zähne waren zusammengebissen, aber nicht verkrampft; die Nerven waren so ruhig wie die eines schlafenden Säuglings – nicht ein Zittern bewegte auch nur einen Muskel seines Körpers; sein Atem ging, bis im Akt des Zielens angehalten, regelmäßig und langsam. Die Pflicht hatte gesiegt; der Geist hatte dem Körper befohlen: »Gib Frieden, halt still.« Er feuerte.

III

Ein Offizier der Unionstruppe, der in einem Anfall von Abenteuerlust oder aus Wissensdrang das verborgene Feldlager im Tal verlassen und mit ziellosen Schritten seinen Weg zum niedrigeren Saum einer kleinen Lichtung nahe dem Fuß der Steilwand gemacht hatte, erwog, was er gewinnen mochte, wenn er seine Erkundung weiter vortriebe. In einer Entfernung von einer Viertelmeile, doch scheinbar in Steinwurfweite, stieg vor ihm aus ihrem Kiefernkranz die riesige Felswand empor und türmte sich über ihm zu so ungeheurer Höhe, daß es ihn schwindlig machte hinaufzusehen, wo ihre Kante eine scharfe zackige Linie in den Himmel schnitt. Sie bot ein sauberes vertikales Profil: bis halbwegs hinab vor einem Hintergrund aus blauem Himmel und ab da vor fernen Hügeln, kaum weniger blau, bis hinunter zu den Wipfeln der Bäume an ihrem Fuß. Als er seinen Blick zum schwindelerregenden Gipfel der Felswand hob, sah der Offizier ein erstaunliches Bild – ein Mann auf einem Pferd ritt durch die Luft hinab ins Tal!

Straff aufrecht saß der Reiter, in militärischer Haltung, mit festem Sitz im Sattel und kraftvollem Griff in die Zügel, sein Schlachtroß vor allzu ungestümem Sprung zurückzuhalten. Von seinem unbedeckten Haupt strömte langes Haar, wallte aufwärts wie ein Federbusch. Die Hände waren in der Wolke der aufsteigenden Pferdemähne verborgen. Der Rumpf des Tiers lag so eben, als ob jeder Huftritt der widerständigen Erde begegnete. Seine Bewegungen waren die eines wilden Galopps, aber gerade als der Offizier hinsah, hörten sie auf, alle Beine scharf nach vorn geworfen wie beim Aufsetzen nach einem Sprung. Aber dies war ein Flug!

Erfüllt von Staunen und Entsetzen ob dieser Erscheinung eines Reiters vor dem Himmel – halb kam er sich vor wie der auserwählte Schreiber einer neuen Apokalypse –, wurde der Offizier von der Stärke seiner Emotionen überwältigt; seine Beine versagten, und er schlug hin. Fast im gleichen Moment hörte er ein krachendes Geräusch in den Bäumen – ein Geräusch, das ohne Echo starb –, und alles war still.

Der Offizier erhob sich, zitternd. Die vertraute Empfindung eines abgeschürften Schienbeins weckte seine betäubten Geister. Er riß sich zusammen und rannte schräg von der Wand weg zu einer Stelle fern von ihrem Fuß; da etwa erwartete er, seinen Mann zu finden; und da etwa scheiterte er natürlich. In jenem flüchtigen Moment seiner Vision war seine Einbildungskraft durch die scheinbare Anmut und Leichtigkeit und Absicht des wundersamen Vorgangs dermaßen erregt worden, daß ihm nicht einfiel, daß die Marschrichtung von Luftkavallerie senkrecht abwärts ist und daß er das Ziel seiner Suche unmittelbar am Fuß der Steilwand finden könnte. Eine halbe Stunde danach kehrte er ins Lager zurück.

Dieser Offizier war ein kluger Mann; er hütete sich, eine unglaubhafte Wahrheit zu erzählen. Er sagte nichts von dem, was er gesehen hatte. Aber als der Kommandeur ihn fragte, ob er auf seinem Streifgang irgend etwas für die Expedition Vorteilhaftes erfahren habe, antwortete er:

»Ja, Sir; es gibt keine Straße, die von Süden her herab in dieses Tal führt.«

Der Kommandeur, der es besser wußte, lächelte.

IV

Nachdem er seinen Schuß abgefeuert hatte, lud der Gemeine Carter Druse sein Gewehr nach und nahm seine Wache wieder auf. Kaum zehn Minuten waren verstrichen, als ein Unionssergeant vorsichtig auf Händen und Knien zu ihm herankroch. Druse wandte weder den Kopf noch sah er ihn an, sondern lag ohne Bewegung und ohne ein Zeichen des Erkennens.

»Haben Sie geschossen?« flüsterte der Sergeant.

»Ja.«

»Auf was?«

»Ein Pferd. Es hat da auf dem Felsen gestanden – ziemlich weit draußen. Sie können es nicht mehr sehen. Es ist über die Klippe runter.«

Das Gesicht des Mannes war weiß, aber er zeigte kein anderes Zeichen von Erregung. Nachdem er geantwortet hatte, wandte er den Blick ab und sagte nichts mehr. Der Sergeant begriff nicht.

»Hören Sie mal, Druse«, sagte er nach einem Moment des Schweigens, »kein Grund, daraus ein Geheimnis zu machen. Ich befehle Ihnen, Meldung zu machen. War jemand auf dem Pferd?«

»Ja.«

»Nämlich?«

»Mein Vater.«

Der Sergeant erhob sich und ging weg. »Du großer Gott!« sagte er.

EIN VORFALL AN DER OWL-CREEK-BRÜCKE

I

Ein Mann stand auf einer Eisenbahnbrücke im nördlichen Alabama und blickte hinab in die schnellen Wasser zwanzig Fuß unter ihm. Die Hände des Mannes waren hinter seinem Rücken, die Handgelenke mit einer Schnur gefesselt. Ein Strick lag eng um seinen Hals. Er war an einem kräftigen Querbalken über seinem Kopf befestigt, und das lose Ende fiel bis zu seinen Knien hinab. Ein paar lose Planken, über die Schwellen gelegt, die die Gleise der Eisenbahn trugen, bildeten eine Plattform für ihn und seine Henker – zwei Gemeine der Unionsarmee, befehligt von einem Sergeanten, der im Zivilleben vielleicht stellvertretender Sheriff war. Ein wenig weiter stand auf der gleichen zeitweiligen Plattform ein Offizier in der Uniform seines Ranges, bewaffnet. Er war Hauptmann. An jedem Ende der Brücke stand ein Posten, das Gewehr in der Position namens *support*, das heißt senkrecht vor der linken Schulter, mit dem Hahn auf dem quer über die Brust gestreckten Unterarm – eine förmliche und unnatürliche Position, die den Körper zu einer aufrechten Haltung zwingt. Es schien nicht zu den Pflichten dieser beiden Männer zu gehören, zu wissen, was auf der Mitte der Brücke vorging; sie sperrten lediglich die beiden Enden des Plankenstiegs, der hinüberführte.

Jenseits der Posten war niemand zu sehen; der Schienenstrang verlief etwa hundert Yards geradeaus in einen Wald und geriet dann in einer Biegung außer Sicht. Zweifellos gab es weiter draußen einen Vorposten. Das jenseitige Flußufer war offenes Gelände – ein sanfter Hang, den eine Palisade aus senkrechten Baumstämmen krönte, mit Schießlöchern für Gewehre und einer einzigen Schießscharte, aus der die Mündung einer Messingkanone ragte, die die Brücke beherrschte. Halbwegs auf der Böschung zwischen Brücke und Fort standen die Zuschauer – eine einsame Infanteriekompanie in einer Reihe, in Rührt-Euch-Stellung, Gewehr bei Fuß, die Läufe leicht rückwärts gegen die rechte Schulter geneigt, die Hände überm Schaft gekreuzt. Ein Leutnant stand zur Rechten der Reihe, die Degenspitze auf dem Boden; die linke Hand ruhte auf der rechten. Abgesehen von der Vierergruppe auf der Mitte der Brücke bewegte sich niemand. Die Kompanie machte Front zur Brücke, starrte steinern, reglos. Die Posten, die Front gegen die Flußufer machten, hätten Statuen zum Brückenschmuck sein können. Der Hauptmann stand mit verschränkten Armen, schweigend, überwachte die Arbeit seiner Untergebenen, doch gab er keinerlei Zeichen. Der Tod ist ein Würdenträger, der, wenn er angemeldet kommt, mit förmlichen Respektsbezeugungen zu empfangen ist, selbst durch jene, denen er höchst vertraut ist. Im Kodex der militärischen Etikette sind Schweigen und Reglosigkeit Formen der Ehrerbietung.

Der Mann, der damit befaßt war, gehenkt zu werden, schien etwa fünfunddreißig Jahre alt. Er war Zivilist, wenn man nach der Kleidung, der eines Pflanzers, urteilte. Seine Züge waren gut geschnitten – eine gerade Nase, fester Mund, klare Stirn, von der sein langes dunkles Haar glatt zurückgekämmt war; es fiel hinter den Ohren auf den Kragen seines gutsitzenden Gehrocks herab. Er trug Schnurrbart und Spitzbart, aber keinen Backenbart; die Augen waren groß und dunkelgrau und hatten einen freundlichen Ausdruck, den man kaum bei einem erwartet haben würde, dessen Hals im Hanf steckt. Offenbar war er kein gemeiner Mörder. Das großzügige Militärgesetz trifft Vorkehrungen für das Henken von mancherlei Personenarten, und Gentlemen sind nicht ausgeschlossen.

Nachdem die Vorbereitungen abgeschlossen waren, traten die beiden Gemeinen zurück, und jeder nahm die Planke weg, auf der er gestanden hatte. Der Sergeant wandte sich dem Hauptmann zu, salutierte und nahm unmittelbar hinter dem Offizier Aufstellung, der seinerseits einen Schritt beiseite trat. Nach diesen Bewegungen standen der Verurteilte und der Sergeant auf den beiden Enden derselben Planke, die drei der Brückenschwellen überspannte. Das Ende, auf dem der Zivilist stand, berührte fast, doch nicht ganz, eine vierte. Diese Planke war bisher durch das Gewicht des Hauptmanns an ihrem Platz gehalten worden; jetzt wurde sie durch das des Sergeanten gehalten. Auf ein Zeichen des ersteren würde letzterer beiseite treten, die Planke würde kippen und der Verurteilte zwischen zwei Schwellen hinabstürzen. Diese Vorkehrung empfahl sich seinem Urteil als einfach und wirksam. Sein Gesicht war nicht verhüllt, noch waren seine Augen verbunden. Er sah einen Augenblick lang seinen »unsicheren Standort« an und ließ dann seine Blicke hinab zu den wirbelnden Wassern des Flusses wandern, der wild unter seinen Füßen dahinschoß. Ein Stück tanzenden Treibholzes fesselte seine Aufmerksamkeit, und seine Blicke folgten ihm die Strömung hinab. Wie langsam es sich zu bewegen schien! Welch ein träger Fluß!

Er schloß die Augen, um die letzten Gedanken auf seine Frau und seine Kinder zu richten. Das Wasser, von der

Morgensonne in Gold verwandelt, die Nebelschwaden, die in einiger Entfernung flußab unter den Ufern lagerten, das Fort, die Soldaten, das Stück Treibholz – alles hatte ihn abgelenkt. Und nun nahm er eine neue Störung wahr. Durch den Gedanken an seine Lieben drang ein Geräusch, das er weder überhören noch begreifen konnte, ein scharfes deutliches metallisches Hämmern, wie der Schlag eines Hufschmiedhammers auf den Amboß; es hatte die gleiche Art des Klirrens. Er fragte sich, was das war und ob unendlich fern oder nah – es schien beides zugleich. Die Wiederkehr war regelmäßig, aber langsam wie das Läuten einer Totenglocke. Er erwartete jeden Schlag mit Ungeduld und – er wußte nicht warum – mit Bangen. Die Intervalle der Stille dehnten sich immer weiter; die Verzögerungen wurden quälend. Mit zunehmender Seltenheit wuchsen die Töne in Stärke und Schärfe. Sie schmerzten sein Ohr wie Messerstiche; er fürchtete, er würde aufschreien. Was er hörte, war das Ticken seiner Uhr.

Er öffnete die Augen und sah wieder das Wasser unter sich. ›Wenn ich meine Hände freimachen könnte‹, dachte er, ›könnte ich vielleicht die Schlinge abstreifen und in den Fluß springen. Durch Tauchen könnte ich den Kugeln entkommen und mit kräftigen Schwimmzügen das Ufer erreichen, mich in die Büsche schlagen und nach Hause. Mein Haus liegt Gott sei Dank noch außerhalb ihres Bereichs; bis zu meiner Frau und den Kleinen sind die Invasoren noch nicht vorgedrungen.‹

Als diese Gedanken, die hier in Worten niedergelegt werden müssen, eher in des Verurteilten Hirn hineingeblitzt als darin entwickelt wurden, nickte der Hauptmann dem Sergeanten zu. Der Sergeant trat beiseite.

II

Peyton Farquhar war ein wohlhabender Pflanzer aus einer alten und hochangesehenen Familie Alabamas. Da er ein Sklavenhalter und wie andere Sklavenhalter ein Politiker war, war er naturgemäß Sezessionist der ersten Stunde und der Sache des Südens glühend ergeben. Umstände von zwingender Natur, die hier zu berichten unnötig sind, hatten ihn daran gehindert, Dienst bei der tapferen Armee zu tun, deren katastrophale Feldzüge mit dem Fall von Corinth endeten; er litt unter der unrühmlichen Zwangsruhe und sehnte sich nach der Freisetzung seiner Energien, dem freieren Leben des Soldaten, der Chance, sich auszuzeichnen. Diese Chance, fühlte er, würde kommen, wie sie in Kriegszeiten zu allen kommt. Inzwischen tat er, was er konnte. Kein Dienst war ihm zu niedrig, um ihn für die Sache des Südens zu leisten, kein Abenteuer zu gefährlich, um es nicht zu unternehmen, wenn es vereinbar mit dem Wesen eines Zivilisten war, der im Herzen ein Soldat ist und guten Glaubens und ohne allzu viele Vorbehalte wenigstens teilweise jenem ehrlich schurkischen Wort zustimmt, daß in der Liebe wie im Kriege alles erlaubt sei.

Eines Abends, als Farquhar und seine Frau auf einer schlichten Bank neben dem Eingang zu seinem Gehöft saßen, ritt ein graugekleideter Soldat ans Tor heran und bat um einen Schluck Wasser. Mrs. Farquhar war nur zu glücklich, ihn mit ihren eigenen weißen Händen zu bedienen. Während sie das Wasser holte, trat ihr Mann zu dem staubigen Reiter und fragte eifrig nach Neuigkeiten von der Front.

»Die Yanks reparieren die Gleise«, sagte der Mann, »und bereiten einen neuen Vorstoß vor. Sie haben die Owl-Creek-

Brücke erreicht, in Ordnung gebracht und Palisaden am Nordufer gebaut. Der Kommandant hat einen Befehl ausgegeben, der überall angeschlagen ist; danach wird jeder Zivilist, der sich an der Bahn, den Brücken, Tunneln oder Zügen zu schaffen macht und gefaßt wird, auf der Stelle gehängt. Ich hab den Befehl selbst gesehen.«

»Wie weit ist es bis zur Owl-Creek-Brücke?« fragte Farquhar.

»Ungefähr dreißig Meilen.«

»Keine Truppen auf dieser Seite des Flusses?«

»Nur eine Feldwache, eine halbe Meile vorher, an den Gleisen, und ein einzelner Posten an diesem Ende der Brücke.«

»Nehmen wir an, ein Mann – ein Zivilist, der das Henken studieren will – würde die Feldwache umgehen und vielleicht den Posten überlisten«, sagte Farquhar lächelnd, »was könnte der ausrichten?«

Der Soldat überlegte. »Ich war da vor einem Monat«, antwortete er. »Ich habe gesehen, daß das Hochwasser vom letzten Winter viel Treibholz gegen den hölzernen Pfeiler an diesem Brückenende geschoben hat. Es ist jetzt trocken und würde brennen wie Werg.«

Die Dame hatte inzwischen das Wasser gebracht; der Soldat trank. Er dankte ihr formvollendet, verneigte sich vor ihrem Mann und ritt davon. Eine Stunde später, nach Einbruch der Nacht, kam er wieder an der Pflanzung vorbei nach Norden, in die Richtung, aus der er gekommen war. Er war Kundschafter der Union.

III

Als Peyton Farquhar senkrecht durch die Brücke stürzte, verlor er das Bewußtsein und war wie einer, der schon tot ist. Aus diesem Zustand wurde er erweckt – Zeitalter später, schien es ihm – durch den Schmerz eines scharfen Drucks gegen seine Kehle, dem ein Gefühl des Erstickens folgte. Schneidende, stechende Agonien schienen von seinem Hals durch jede Faser seines Körpers und seiner Glieder nach unten zu schießen. Diese Schmerzen schienen festgelegte Verästelungslinien entlangzuzucken und mit unvorstellbar kurzfristiger Regelmäßigkeit zuzuschlagen. Sie waren wie Ströme pulsierenden Feuers, die ihn bis zu einer unerträglichen Temperatur aufheizten. Was seinen Kopf angeht, so war er sich nur eines Gefühls der Fülle bewußt – von Blutandrang. Diese Wahrnehmungen wurden nicht von Gedanken begleitet. Der intellektuelle Teil seines Wesens war bereits ausgelöscht; er hatte nur noch die Fähigkeit zu fühlen, und Fühlen war Qual. Er wurde sich einer Bewegung bewußt. Eingehüllt in eine leuchtende Wolke, von der er nurmehr das glühende Herz war, ohne stoffliche Substanz, durchschwang er unvorstellbare Schwingungsbögen, wie ein riesiges Pendel. Dann jählings, mit fürchterlicher Plötzlichkeit schoß das Licht um ihn herum aufwärts, mit dem Geräusch eines lauten Platschens; ein furchtbares Brüllen war in seinen Ohren, und alles war kalt und dunkel. Die Kraft zu denken war wiederhergestellt; er wußte, daß der Strick gerissen und er in den Fluß gestürzt war. Die Strangulierung wurde nicht stärker; die Schlinge um seinen Hals erstickte ihn bereits und hielt das Wasser von seinen Lungen fern. Am Grund eines Flusses gehenkt sterben! der Gedanke erschien ihm lächerlich. Er öffnete die Augen in der Dunkelheit und sah über sich einen Lichtschein, aber so fern, so unerreichbar! Er sank immer weiter, denn das Licht wurde schwächer und schwächer, bis es nur noch ein schwacher Schimmer war. Dann begann es zu wachsen und heller zu werden, und er wußte, daß er der Oberfläche entgegenstieg – wußte es mit Widerwillen, denn er fühlte sich nun sehr behaglich. ›Gehenkt und ertränkt zu werden‹, dachte er, ›ist nicht so schlimm; aber ich will nicht erschossen werden. Nein; ich will nicht erschossen werden; das wäre ungerecht.‹

Er war sich keiner Anstrengung bewußt, aber ein scharfer Schmerz an seinem Handgelenk benachrichtigte ihn, daß er sich abmühte, seine Hände zu befreien. Er widmete diesem Bemühen seine Aufmerksamkeit, wie ein Müßiggänger den Kunststücken eines Gauklers zusehen mag, ohne Interesse am Ergebnis. Welch großartiges Mühen! – welche herrliche, welche übermenschliche Stärke! Ha, gut gemacht! Bravo! Die Schnur fiel ab; seine Arme trennten sich und trieben nach oben, die Hände beiderseits undeutlich erkennbar im zunehmenden Licht. Er beobachtete sie mit neuem Interesse, als erst die eine und dann die andere an der Schlinge um seinen Hals zerrte. Sie rissen sie fort und schleuderten sie wild beiseite; die Wellenbewegungen des Stricks erinnerten an die einer Wasserschlange. »Legt sie wieder um, legt sie wieder um!« Er glaubte diese Worte seinen Händen zuzubrüllen, denn die Lösung der Schlinge hatte den gräßlichsten Schmerz ausgelöst, den er bisher erlebt hatte. Sein Hals schmerzte furchtbar; sein Hirn stand in Flammen; sein Herz, das nur noch matt geflattert hatte, tat einen wilden Sprung und versuchte, sich durch seinen Mund hinauszuzwängen. Sein ganzer Körper wurde mit unerträglicher Qual gefoltert und zerrissen! Aber seine ungehorsamen Hände hörten nicht auf den Befehl. Sie schlugen das Wasser energisch mit schnellen Abwärtsstreichen und zwangen ihn zur Oberfläche. Er fühlte seinen Kopf auftauchen; seine Augen wurden vom Sonnenlicht geblendet; seine Brust dehnte sich krampfhaft aus, und mit äußerster und höchster Agonie sogen seine Lungen einen mächtigen Luftstrom ein, den er sofort in einem wilden Schrei wieder ausstieß!

Er war jetzt im Vollbesitz seiner Sinne. Sie waren sogar widernatürlich scharf und wach. Irgend etwas in der furchtbaren Störung seines organischen Systems hatte sie so erregt und verfeinert, daß sie Dinge wahrnahmen, die sie zuvor nie bemerkt hatten. Er spürte die Kräusel auf seinem Gesicht und hörte sie einzeln anschlagen. Er blickte auf den Wald am Ufer des Flusses und sah die einzelnen Bäume, die Blätter und die Äderung jeden Blattes – sah selbst die Insekten auf ihnen: Grashüpfer, Fliegen mit schillernden Leibern, graue Spinnen, die ihre Netze von Zweig zu Zweig spannten. Er nahm die Regenbogenfarben in all den Tautropfen auf Millionen Grashalmen wahr. Das Sirren der Mücken über den Wirbeln des Flusses, das Flirren der Libellenflügel, die ausstreichenden Beine der Wasserspinnen, wie Ruder, die ihr Boot in die Höhe hoben – all dies wurde ihm hörbare Musik. Ein Fisch glitt unter seinen Augen dahin, und er hörte das Rauschen, mit dem sein Leib das Wasser teilte.

Er war an die Oberfläche gekommen mit dem Gesicht flußab; im nächsten Augenblick schien die sichtbare Welt langsam um ihn zu kreisen, mit ihm als Drehpunkt, und er sah die Brücke, das Fort, die Soldaten auf der Brücke, den Hauptmann, den Sergeanten, die beiden Gemeinen, seine Henker. Sie standen als Silhouetten vor dem blauen Himmel. Sie schrien und gestikulierten und auf ihn zeigten. Der Hauptmann hatte die Pistole gezogen, feuerte aber nicht; die anderen waren unbewaffnet. Ihre Bewegungen wirkten grotesk und schrecklich, ihre Gestalten gigantisch.

Plötzlich hörte er einen scharfen Knall; etwas schlug wenige Zoll von seinem Kopf entfernt hart aufs Wasser und besprühte sein Gesicht mit Gischt. Er hörte einen zweiten Knall und sah einen der Posten mit angelegtem Gewehr, aus dessen Mündung ein dünnes blaues Rauchwölkchen stieg. Der Mann im Wasser sah das Auge des Mannes auf der Brücke durch das Visier des Gewehrs in sein eigenes Auge starren. Er nahm wahr, daß das Auge grau war, und erinnerte sich, gelesen zu haben, daß graue Augen die schärfsten sind und daß alle berühmten Scharfschützen sie haben. Dennoch hatte dieser danebengeschossen.

Eine Gegenströmung hatte Farquhar ergriffen und drehte ihn halb herum; er schaute nun wieder in den Wald am Ufer gegenüber dem Fort. Der Klang einer klaren hohen Stimme erhob sich in monotonem Singsang hinter ihm und kam übers Wasser mit einer Deutlichkeit, die alle anderen Klänge durchbohrte und unterdrückte, sogar das Auftreffen der Kräusel in seinen Ohren. Obwohl kein Soldat, hatte er doch oft genug Feldlager besucht, um die schreckliche Bedeutung dieses wohlerwogenen, schleppend herausgestoßenen Rezitativs zu kennen; der Leutnant am Ufer übernahm seinen Anteil an der Morgenarbeit. Wie kalt und gnadenlos – mit welch einer gleichmäßigen ruhigen Betonung, die den Männern Gelassenheit ansagte und sie in ihnen erzwang – mit welch präzis bemessenen Pausen fielen diese grausamen Worte:

»Kompanie, Achtung! ... Legt an das Gewehr! ... Fertig! ... Zielt! ... Feuer!«

Farquhar tauchte – tauchte so tief er konnte. Das Wasser brüllte in seine Ohren wie die Stimme des Niagara, aber dennoch hörte er den dumpfen Donner der Salve, und als er wieder zur Oberfläche aufstieg, begegnete er schimmernden Metallstückchen, seltsam abgeflacht, die langsam abwärts schaukelten. Einige von ihnen berührten ihn im Gesicht und an den Händen, glitten dann ab und setzten ihren Abstieg fort. Eines nistete sich ihm zwischen Kragen und Nacken ein; es war unangenehm warm, und er riß es fort.

Als er, nach Atem ringend, an die Oberfläche aufstieg, stellte er fest, daß er lange Zeit unter Wasser gewesen war; er war deutlich weiter flußabwärts – der Sicherheit näher. Die Soldaten waren fast mit dem Nachladen fertig; die metallenen Ladestöcke blitzten plötzlich im Sonnenschein, als sie aus den Läufen gezogen, durch die Luft geschwenkt und in ihre Buchsen gesteckt wurden. Die beiden Posten feuerten erneut, einzeln und wirkungslos.

Der Gejagte sah das alles über die Schulter; er schwamm nun kräftig mit der Strömung. Sein Verstand arbeitete ebenso energisch wie Arme und Beine; er dachte blitzschnell.

›Der Offizier‹, überlegte er, ›wird diesen Pedantenfehler nicht nochmal machen. Einer Salve kann man ebenso leicht ausweichen wie einem einzelnen Schuß. Wahrscheinlich hat er schon Einzelfeuer befohlen. Gott stehe mir bei, allen kann ich nicht ausweichen!‹

Einem entsetzlichen Aufklatschen knapp zwei Yards entfernt folgte ein lauter rauschender Ton, *diminuendo*, der durch die Luft zurück zum Fort zu eilen schien und in einer Explosion starb, die den Fluß bis in seine tiefsten Tiefen aufwühlte! Eine aufsteigende Wasserschicht wölbte sich über ihn, stürzte auf ihn, blendete ihn, erstickte ihn! Die

Kanone hatte ins Spiel eingegriffen. Als er den Kopf aus dem Tumult des aufgepeitschten Wassers freischüttelte, hörte er das abgeprallte Geschoß vor sich durch die Luft sausen, und im nächsten Augenblick krachte es drüben in den Wald und zerschmetterte die Äste.

›Das werden sie nicht nochmal machen‹, dachte er; ›beim nächsten Mal nehmen sie Schrapnell. Ich muß die Kanone beobachten; der Rauch wird mich warnen – der Knall kommt zu spät; er hinkt hinter dem Geschoß her. Das ist eine gute Kanone.‹

Plötzlich fühlte er sich um und um gewirbelt, rotierend wie ein Kreisel. Das Wasser, die Ufer, die Wälder, die nun ferne Brücke, Fort und Männer – alles vermischte sich miteinander und verschwamm. Von den Dingen blieben nur noch ihre Farben; kreisförmige waagerechte Farbstreifen – das war alles, was er sah. Er war von einem Strudel erfaßt worden und wurde mit einer Geschwindigkeit vorwärts und im Kreis weitergewirbelt, daß ihm schwindlig und übel wurde. Nach wenigen Augenblicken wurde er auf den Kies unten am linken Flußufer geschleudert – das südliche Ufer – und hinter einen Vorsprung, der ihn vor seinen Feinden verbarg. Das plötzliche Halten der Bewegung, die Kiesabschürfung an einer seiner Hände brachten ihn wieder zu sich, und er weinte vor Wonne. Er grub seine Finger in den Sand, warf ihn händevoll über sich und pries ihn laut. Er sah aus wie Diamanten, Rubine, Smaragde; er konnte an nichts Herrliches denken, dem der Sand nicht glich. Die Bäume am Ufer waren riesige Gartenpflanzen; er nahm in ihrer Anordnung einen wohldurchdachten Plan wahr und atmete den Duft ihrer Blüten tief ein. Ein seltsames rosenfarbenes Licht schimmerte durch die Lücken zwischen ihren Stämmen, und der Wind spielte in ihren Zweigen die Musik der Äolsharfen. Er hatte nicht mehr den Wunsch, völlig zu entkommen – er war es zufrieden, an diesem zauberhaften Ort zu bleiben, bis man ihn wieder einfing.

Das Pfeifen und Prasseln von Schrapnell in den Zweigen hoch über seinem Kopf riß ihn aus seinem Traum. Der genarrte Kanonier hatte ihm aufs Geratewohl einen Abschiedsgruß nachgefeuert. Er sprang auf die Beine, raste den Uferhang hinauf und stürzte sich in den Wald.

Den ganzen Tag über wanderte er, wobei er seinen Weg am Sonnenbogen ausrichtete. Der Wald schien kein Ende zu nehmen; nirgends entdeckte er eine Lichtung, nicht einmal einen Holzfällerpfad. Er hatte nicht gewußt, daß er in einer so wilden Gegend lebte. In dieser Offenbarung war etwas Unheimliches.

Bei Einbruch der Nacht war er müde, fußkrank, hungrig. Der Gedanke an Frau und Kinder trieb ihn weiter. Schließlich fand er einen Weg in die Richtung, die, wie er wußte, die richtige war. Er war so breit und gerade wie die Straße in einer Stadt, doch schien er unbegangen. Keine Felder grenzten an ihn, weit und breit keine Behausung. Nicht einmal ein Hundegebell deutete auf eine menschliche Wohnstatt hin. Die schwarzen Leiber der Bäume bildeten auf beiden Seiten gerade Wände, die am Horizont in einem Punkt zusammenliefen, wie ein Diagramm im Perspektive-Unterricht. Als er durch diese Kluft im Wald nach oben schaute, schienen über ihm große goldene Sterne, die ihm unbekannt vorkamen und zu fremdartigen Sternbildern gruppiert waren. Er war sicher, daß sie nach einem Plan geordnet waren, der eine geheime und bösartige Bedeutung hatte. Der Wald war auf beiden Seiten voll eigenartiger Geräusche, unter denen er – einmal, zweimal, nochmal – deutlich Flüstern in einer unbekannten Sprache hörte.

Sein Hals schmerzte, und als er seine Hand zu ihm hob, fand er ihn schrecklich geschwollen. Er wußte, daß ein schwarzer Kreis da war, wo die Schlinge ihn verletzt hatte. Seine Augen wirkten aufgedunsen und gestaut; er konnte sie nicht mehr schließen. Seine Zunge war vor Durst geschwollen; er milderte ihr Fieber, indem er sie zwischen den Zähnen in die kalte Luft streckte. Wie weich der Teppich, den das Gras in die unbegangene Allee gebreitet hatte – er konnte die Straße nicht mehr unter den Füßen spüren!

Zweifellos war er trotz seiner Leiden im Gehen eingeschlafen, denn nun sieht er eine andere Szene – vielleicht ist er auch nur aus dem Delirium erwacht. Er steht am Tor seiner Besitzung. Alles ist so, wie er es verlassen hat, und hell und schön im Morgensonnenschein. Er muß die ganze Nacht gereist sein. Als er das Tor aufstößt und die weite weiße Zufahrt hinaufgeht, sieht er ein Wehen von Frauenkleidern; seine Frau kommt ihm frisch und kühl und lieblich die Verandastufen herab entgegen. Am Fuß der Stufen steht sie wartend, mit einem Lächeln unaussprechlicher Freude, in einer Haltung unvergleichlicher Anmut und Würde. Wie schön sie ist! Er springt mit ausgestreckten Armen vorwärts. Als er sie umarmen will, fühlt er einen betäubenden Schlag im Genick; ein blendendes weißes Licht flammt um ihn her mit einem Dröhnen wie der Abschuß einer Kanone – dann ist alles Dunkelheit und Stille!

Peyton Farquhar war tot; sein Körper schaukelte mit gebrochenem Hals sanft von einer Seite zur anderen unter den Schwellen der Owl-Creek-Brücke.

CHICKAMAUGA

An einem sonnigen Herbstnachmittag strolchte ein Kind von seinem ärmlichen Elternhaus in einem kleinen Feld fort und gelangte unbemerkt in einen Wald. Es war glücklich ob des neuen Gefühls der Freiheit von Beaufsichtigung, glücklich ob der Gelegenheit zu Forschung und Abenteuer; denn dieses Kindes Geist war, in den Körpern seiner Ahnen, seit Jahrtausenden für denkwürdige Taten der Entdeckung und Eroberung herangebildet worden – für Siege in Schlachten, deren kritische Momente Jahrhunderte, die Feldlager von deren Siegern Städte aus behauenem Stein waren. Von der Wiege seiner Rasse aus hatte der Geist sich den Weg durch zwei Kontinente erobert und war nach der Überquerung eines großen Meers in einen dritten eingedrungen, um dort in eine Erbschaft von Krieg und Herrschaft geboren zu werden.

Das Kind war ein Junge von etwa sechs Jahren, Sohn eines armen Pflanzers. Der Vater war als junger Mann Soldat gewesen, hatte gegen nackte Wilde gekämpft und war der Fahne seines Landes in die Hauptstadt einer zivilisierten Rasse tief im Süden gefolgt. Im friedlichen Leben eines Pflanzers überlebte das Feuer des Kriegers; einmal entfacht, erlischt es nie mehr. Der Mann liebte soldatische Bücher und Bilder, und der Junge hatte genug davon verstanden, um sich ein hölzernes Schwert zu fertigen, obwohl selbst das Auge seines Vaters es kaum als solches hätte erkennen können. Diese Waffe trug er nun verwegen, wie es dem Sohn einer heldischen Rasse geziemt, und wenn er ab und zu auf den sonnigen Lichtungen innehielt, nahm er mit einiger Übertreibung jene Posituren des Angriffs und der Verteidigung ein, die ihn die Kunst des Kupferstechers gelehrt hatte. Da die Mühelosigkeit, mit der er unsichtbare Gegner überwand, die sein Vordringen aufzuhalten trachteten, ihn leichtsinnig machte, beging er den so gewöhnlichen militärischen Fehler, die Verfolgung bis zu einem gefährlichen Extrem zu betreiben, bis er sich nämlich am Rand eines breiten, aber seichten Baches fand, dessen schnelle Wasser ihn daran hinderten, sofort dem fliehenden Feind nachzusetzen, der sie mit vernunftwidriger Leichtigkeit durchquert hatte. Aber der unerschrockene Sieger war nicht zu verwirren; der Geist der Rasse, die das große Meer überwunden hatte, brannte unbesiegbar in der kleinen Brust und ließ sich nicht verleugnen. Er fand eine Stelle, an der einige Rollsteine im Bett des Flusses nur einen Schritt oder Sprung auseinanderlagen, nahm seinen Weg hinüber, griff erneut die Nachhut seines imaginären Feindes an und machte alle mit dem Schwert nieder.

Nun, da die Schlacht gewonnen war, erforderte die Klugheit, daß er sich zu seiner Operationsbasis zurückzog. Doch ach; wie schon manch mächtigerer Eroberer und wie jener mächtigste von allen konnte er weder »bändigen die Gier nach Krieg, noch lernen, daß versuchtes Glück den höchsten Stern verblassen läßt.«

Als er vom Ufer des Baches weiter vorrückte, fand er sich plötzlich einem neuen und grimmeren Feind gegenüber: Mitten auf dem Pfad, dem er folgte, saß aufrecht mit erhobenen Ohren und baumelnden Pfoten ein Kaninchen. Mit entsetztem Schrei wandte sich das Kind herum und floh, es wußte nicht in welche Richtung, und rief mit unartikulierten Schreien nach seiner Mutter, weinend, stolpernd, die zarte Haut von Dornen grausam zerfetzt, das kleine Herz vor Entsetzen heftig pochend – atemlos, blind vor Tränen – verloren im Wald! Danach wanderte es mehr als eine Stunde mit irrenden Füßchen durch das verwucherte Unterholz, bis es schließlich, überwältigt von Müdigkeit, im engen Platz zwischen zwei Felsen niedersank, wenige Yards nur von dem Strom und immer noch sein Spielzeugschwert umkrampfend, das nicht länger Waffe, sondern Gefährte war, und sich in Schlaf schluchzte. Die Waldvögel sangen fröhlich über seinem Kopf; die Eichhörnchen, mit ihren prangenden Prunkschwänzen fegend, rannten belfernd von Baum zu Baum, ahnten nichts von dem Jammer, und irgendwo in weiter Ferne grummelte ein eigenartiger gedämpfter Donner, als trommelten die Rebhühner zur Feier des Sieges der Natur über den Sohn ihres urewigen Versklavers. Und weit zurück in jener kleinen Pflanzung, wo weiße und schwarze Männer die Felder und Hecken in Besorgnis hastig absuchten, brach einer Mutter Herz ob ihres verschwundenen Kindes.

Stunden verstrichen, und dann erhob sich der kleine Schläfer. Die Abendkühle saß in seinen Gliedern, die Furcht vor Düsternis in seinem Herzen. Aber er hatte ausgeruht und weinte nicht länger. Aus einem blinden Instinkt heraus, der ihn zum Handeln trieb, kämpfte er sich durch das Unterholz ringsum und erreichte offeneren Grund – zu seiner Rechten der Bach, zur Linken eine sanfte Böschung mit einzelnen Bäumen; über allem die zunehmende Düsternis der Dämmerung. Ein dünner geisterhafter Nebel stieg entlang des Wassers auf. Er ängstigte ihn und trieb ihn zurück; statt den Bach wieder in der Richtung zu überqueren, aus der er gekommen war, wandte er ihm den Rücken zu und ging vorwärts zum dunklen umfassenden Wald. Plötzlich bemerkte er vor sich ein seltsames bewegliches Ding, das er für ein großes Tier hielt – einen Hund, ein Schwein – er konnte es nicht benennen; vielleicht war es ein Bär. Er hatte Bilder von Bären gesehen, aber wußte nichts Böses über sie und hatte sich flüchtig gewünscht, einmal einem zu begegnen. Aber irgend etwas an der Form oder der Bewegung dieses Dinges – etwas in der Unbeholfenheit seines Vorrückens – sagte ihm, daß es kein Bär war, und Furcht gebot der Neugier Einhalt. Er stand still, und als es langsam näher kam, wurde er immer mutiger, denn er sah, daß es wenigstens nicht die langen bedrohlichen Ohren des Kaninchens hatte. Vielleicht war sein empfänglicher Geist sich halbwegs bewußt, daß der torkelnde, unbeholfene Gang etwas Bekanntes hatte. Bevor es sich aber genug genähert hatte, um seine Zweifel zu beseitigen, sah er, daß ihm ein anderes folgte, und ein weiteres. Nach rechts und links hin waren noch viel mehr; die ganze Lichtung rings um ihn wimmelte von ihnen – alle bewegten sich zum Bach hin.

Es waren Menschen. Sie krochen auf Händen und Knien. Sie benutzten nur ihre Hände, zogen ihre Beine nach. Sie benutzten nur ihre Knie; die Arme hingen schlaff an den Seiten. Sie versuchten auf die Füße zu kommen, schlugen aber im Versuch lang hin. Sie taten nichts natürlich, und nichts wie der andere, außer sich Fußbreit um Fußbreit in die gleiche Richtung voranzubewegen. Einzeln, zu zweit, in kleinen Gruppen kamen sie durch die Düsternis; manche hielten dann und wann an, während andere langsam an ihnen vorbeikrochen, und nahmen danach ihre Bewegung wieder auf. Sie kamen zu Dutzenden und zu Hunderten; zu beiden Seiten, soweit man in der sich vertiefenden Düsternis sehen konnte, erstreckten sie sich, und der schwarze Wald hinter ihnen schien unerschöpflich. Die Erde selbst schien sich auf den Bach hin zu bewegen. Manchmal ging einer, der innegehalten hatte, nicht wieder weiter, sondern lag bewegungslos. Er war tot. Andere, innehaltend, machten sonderbare Bewegungen mit ihren Händen, streckten ihre Arme empor und senkten sie wieder, umklammerten ihre Köpfe; wandten die Handflächen nach oben, wie man manchmal Menschen beim öffentlichen Gebet tun sieht.

Nicht alles davon bemerkte das Kind; dies ist, was ein älterer Beobachter bemerkt haben würde; es sah nur, daß dies Männer waren, die aber wie Säuglinge krochen. Da sie Männer waren, flößten sie keine Furcht ein, auch wenn sie sonderbar gekleidet waren. Der Junge bewegte sich frei zwischen ihnen, von einem zum anderen, und sah ihnen mit kindlicher Neugier in die Gesichter. Alle Gesichter waren seltsam weiß, und manche waren rot gestreift und bespritzt. Manches davon – manches vielleicht auch in ihren verzerrten Haltungen und Bewegungen – erinnerte an den bemalten Clown, den er letzten Sommer im Zirkus gesehen hatte, und er lachte, als er sie beobachtete. Aber vorwärts und immer vorwärts krochen sie, diese zermatschten und blutenden Männer, und bemerkten ebensowenig wie das Kind den dramatischen Kontrast zwischen seinem Gelächter und ihrer eigenen fürchterlichen Ernsthaftigkeit. Für ihn war es ein fröhliches Schauspiel. Er hatte seines Vaters Neger auf Händen und Knien zu seiner Belustigung herumkriechen sehen – war auf ihnen geritten, als ob sie seine Pferde wären. Jetzt näherte er sich einer dieser kriechenden Gestalten von rückwärts und schwang sich ihr behende rittlings auf. Der Mann sank auf die Brust, raffte sich auf, schleuderte den kleinen Jungen wild zu Boden, wie das ein nicht eingerittenes Jungpferd getan haben würde, wandte ihm dann ein Gesicht zu, dem der Unterkiefer fehlte – von den oberen Zähnen bis zur Kehle klaffte ein großes rotes Loch, befranst mit Fleischfetzen und Knochensplittern. Das unnatürliche Vorspringen der Nase, das Fehlen des Kinns, die wütenden Augen gaben diesem Mann das Aussehen eines großen Greifvogels, Hals und Brust rot eingefärbt vom Blut seiner Beute. Der Mann erhob sich auf die Knie, das Kind auf die Füße. Der Mann schüttelte seine Faust vor dem Kind; das Kind, jetzt doch von Furcht erfüllt, rannte zu einem nahen Baum, verkroch sich dahinter und begann, die Lage ernsthafter zu betrachten. Und so schleppte sich die unbeholfene Menschenmasse langsam und in Schmerzen in ihrer gräßlichen Pantomime weiter – bewegte sich vorwärts den Hang hinab wie ein Schwarm großer schwarzer Käfer, ohne das geringste Geräusch – in tiefer absoluter Stille.

Statt dunkler begann die gespenstische Landschaft heller zu werden. Durch den Baumgürtel jenseits des Baches leuchtete ein seltsames rotes Licht, vor dem die Stämme und Äste der Bäume zu schwarzem Spitzenwerk wurden. Es traf die kriechenden Gestalten und gab ihnen monströse Schatten, die ihre Bewegungen auf dem beleuchteten Gras zu Karikaturen machten. Es fiel auf ihre Gesichter und färbte deren Weiß rötlich und betonte die Spritzer, mit denen so viele von ihnen befleckt und beschmutzt waren. Es funkelte auf Knöpfen und Metallstückchen ihrer Kleidung. Instinktiv wandte das Kind sich dem wachsenden Glanz zu und bewegte sich mit seinen gräßlichen Gefährten den Hang hinab; hatte nach wenigen Augenblicken die Vordersten der drängelnden Masse überholt – keine große Tat angesichts seiner Vorteile. Es stellte sich selbst an die Spitze, das hölzerne Schwert noch in der Hand, und feierlich führte es den Marsch, paßte seinen Schritt ihrem Tempo an und wandte sich gelegentlich um, als ob es darauf achten wollte, daß seine Streitmacht sich nicht zerstreue. Gewiß hatte niemals zuvor solch ein Anführer solch eine Gefolgschaft.

Verstreut über den Boden, der langsam unter dem Vordringen dieses grauenvollen Marsches zum Wasser verschwand, lagen gewisse Gegenstände umher, an die sich im Geist des Anführers keine beziehungsvollen Bedeutungen knüpften: hin und wieder eine Decke, fest der Länge nach gerollt, gefaltet, an den Enden mit Schnur zusammengebunden; ein schwerer Tornister hier, und da ein zerbrochenes Gewehr – kurz, solche Dinge, wie sie sich hinter zurückweichenden Truppen finden, die »Fährte« von Menschen auf der Flucht vor ihren Jägern. Überall nahe dem Flüßchen, das hier einen niedrigen Uferrand hatte, war die Erde zu Schlamm zertrampelt von Männerfüßen und Pferdehufen. Ein Beobachter mit mehr Erfahrung in der Nutzung seiner Augen hätte bemerkt, daß diese Fußspuren in beide Richtungen wiesen; der Boden war zweimal passiert worden – beim Vormarsch und beim Rückmarsch. Wenige Stunden zuvor waren diese verzweifelten geschlagenen Männer mit ihren glücklicheren, jetzt weit entfernten Kameraden zu Tausenden in den Wald eingedrungen. Ihre einander folgenden Bataillone, in Schwärme auseinanderbrechend und sich wieder zu Linien formierend, waren zu beiden Seiten des Jungen vorübergezogen – waren fast auf ihn getreten, während er schlief. Das Rascheln und Murmeln ihres Marsches hatte ihn nicht geweckt. Nahezu binnen Steinwurfweite von da, wo er lag, hatten sie eine Schlacht geschlagen; doch alles blieb von ihm ungehört, das Brüllen der Gewehre, das Krachen der Kanonen, »der Anführer Lärm und das Schlachtgeschrei«. Er hatte durch all das hindurchgeschlummert, sein kleines Holzschwert vielleicht mit festerem Griff umklammert in unbewußtem Einvernehmen mit seiner kriegerischen Umgebung, doch gegenüber der Erhabenheit der Schlacht ebenso achtlos wie die Toten, die mit ihrem Tod den Ruhm schufen.

Das Feuer jenseits des Baumgürtels auf der anderen Seite des Flusses, zurückgespiegelt auf die Erde vom Baldachin seines eigenen Rauchs, übergoß jetzt die ganze Landschaft. Es verwandelte den wallenden Streifen Nebel in goldenen Dampf. Das Wasser schimmerte von roten Spritzern, und rot waren auch manche der Steine, die durch die Oberfläche ragten. Aber das war Blut; die weniger schwer Verwundeten hatten sie beim Übergang befleckt. Über sie querte nun auch das Kind mit leichten Schritten; es ging auf das Feuer zu. Als es auf dem jenseitigen Ufer stand, wandte es sich um, nach den Gefährten seines Marschs zu schauen. Die Vorhut erreichte eben den Fluß. Die Stärkeren hatten sich bereits an den Rand geschleppt und tauchten ihre Gesichter in die Flut. Drei oder vier, die da bewegungslos lagen, schienen keine Köpfe zu haben. Bei diesem Anblick öffneten sich die Augen des Jungen weit vor Verwunderung; nicht einmal sein aufnahmebereiter Geist konnte eine Erscheinung hinnehmen, die Lebenskraft in solcher Form enthielt. Nachdem sie ihren Durst gelöscht, hatten diese Männer nicht mehr die Kraft besessen, sich vom Wasser zurückzuschieben oder ihre Köpfe darüberzuheben. Sie waren ertrunken. Hinter ihnen zeigten die freien Stellen im Wald dem Anführer noch immer so viele formlose Gestalten seines furchtbaren Kommandos wie zuvor; doch waren bei weitem nicht so viele mehr in Bewegung. Er schwenkte seine Kappe zu ihrer Ermutigung und wies lächelnd mit seiner Waffe in die Richtung des Leitlichts – eine Feuersäule für diesen seltsamen Exodus.

Im Vertrauen auf die Treue seiner Streitkräfte betrat er nun den Waldgürtel, durchquerte ihn mühelos in der roten Beleuchtung, überstieg einen Zaun, rannte über ein Feld, wandte sich hin und wieder um, seinem antwortenden Schatten zuzuwinken, und näherte sich so der flammenden Ruine eines Hauses. Zerstörung überall! In all dem weiten grellen Schein war kein lebendes Wesen sichtbar. Das bekümmerte ihn nicht; das Schauspiel gefiel ihm, und er tanzte lustvoll in Nachahmung der wabernden Flammen. Er rannte umher, um Brennstoff zu sammeln, doch was immer er fand, war zu schwer für ihn, um es aus der Entfernung zu werfen, auf die die Hitze seine Annäherung begrenzte. Verzweifelt schleuderte er sein Schwert hinein – eine Kapitulation vor den überlegenen Kräften der Natur. Seine militärische Laufbahn war beendet.

Als er seine Stellung veränderte, fiel sein Blick auf ein paar Nebengebäude, die ein merkwürdig bekanntes Aussehen hatten, als habe er von ihnen geträumt. Er stand und betrachtete sie verwundert, als sich plötzlich die ganze Pflanzung mitsamt dem sie umgebenden Wald wie um einen Angelpunkt zu drehen schien. Seine kleine Welt schwang halb herum; die Richtungen des Kompasses wurden umgekehrt. Er erkannte das lodernde Gebäude als sein eigenes Zuhause!

Einen Augenblick lang stand er betäubt durch die Wucht der Offenbarung, rannte dann mit stolpernden Füßen im Halbkreis um die Ruine. Da, im Licht der Flammen deutlich sichtbar, lag der tote Körper einer Frau – das weiße Gesicht nach oben, die Hände seitwärts gereckt und in Grasbüschel verkrampft, die Kleidung zerrissen, das lange dunkle Haar wirr und voll von geronnenem Blut. Der größere Teil der Stirn war fortgerissen, und aus dem gezackten Loch quoll das Hirn hervor, überschwemmte die Schläfe, eine schaumige graue Masse, bekrönt von Trauben karmesinroter Bläschen – das Werk einer Granate.

Das Kind bewegte die kleinen Händchen in wilden fahrigen Gesten. Es stieß eine Reihe unartikulierter und unbeschreibbarer Schreie hervor – irgendwo zwischen dem Schnattern eines Affen und dem Kollern eines Truthahns – ein erschreckender, seelenloser, gottloser Laut, die Sprache eines Teufels. Das Kind war taubstumm.

Dann stand es bewegungslos, mit zitternden Lippen, und starrte hinab auf den Kadaver.

EIN SOHN DER GÖTTER

Studie im Präsens

Ein windiger Tag und eine Landschaft im Sonnenschein. Offenes Gelände nach rechts und links und vorwärts; rückwärts ein Wald. Am Rand dieses Waldes stehen zum Freien hin, in das sie sich aber nicht hineinwagen, lange Reihen von Truppen. Der Wald wimmelt von ihnen und ist voll verworrener Geräusche – das gelegentliche Rattern von Rädern, wenn eine Batterie der Artillerie in Stellung geht, um den Vormarsch zu decken; das Summen und Murmeln der redenden Soldaten; ein Geräusch unzähliger Füße in den trockenen Blättern zwischen den Bäumen; rauhe Kommandos der Offiziere. Am weitesten vorgeschoben sind Kavalleriekommandos – nicht ganz ohne Deckung –, von denen die meisten aufmerksam den Kamm eines Hügels beobachten, etwa eine Meile entfernt in der Richtung des unterbrochenen Vormarschs. Denn diese starke Armee, die in Schlachtordnung durch einen Wald zog, ist auf ein furchterregendes Hindernis gestoßen – das offene Land. Der Kamm jenes sanften Hügels eine Meile voraus sieht unheilschwanger aus; er sagt: Hütet euch! Über ihn läuft eine Steinmauer weit nach links und rechts. Hinter der Mauer ist eine Hecke; hinter der Hecke sind die Wipfel von Bäumen in ziemlich wirrer Anordnung zu sehen. Zwischen den Bäumen – was? Das muß man unbedingt wissen.

Gestern, und davor manche Tage und Nächte, haben wir irgendwo gekämpft; immer war da Kanonendonner, ab und zu scharfes Rattern von Gewehrfeuer, untermischt mit Hurrageschrei (ob unseres oder das des Feindes wußten wir selten), das irgendeinen zeitweiligen Vorteil bezeugte. Heute früh bei Tagesanbruch war der Gegner fort. Wir waren über seine Erdschanzen vorgerückt, die zu überwinden wir zuvor so oft vergeblich versucht hatten, durch den Abfall seiner aufgelassenen Feldlager, zwischen den Gräbern seiner Gefallenen hindurch, in die Wälder dahinter.

Wie neugierig wir alles betrachtet hatten! wie seltsam alles erschienen war! Nichts schien wirklich vertraut; die alltäglichsten Gegenstände – ein alter Sattel, ein zerbrochenes Rad, eine vergessene Feldflasche –, alles berichtete etwas von der geheimnisvollen Persönlichkeit jener fremdartigen Männer, die uns getötet hatten. Der Soldat kann sich niemals ganz mit der Vorstellung vertraut machen, daß seine Feinde Menschen sind wie er selbst; er kann sich nicht von dem Gefühl lösen, daß sie einer anderen Gattung von Lebewesen angehören, anders geprägt durch eine nicht ganz irdische Umwelt. Winzigste Spuren von ihnen ziehen seine Aufmerksamkeit auf sich und fesseln sein Interesse. Er denkt sie sich als unzugänglich; und wenn ihm ein unerwarteter Blick auf sie gelingt, erscheinen sie ihm weiter entfernt und deshalb größer, als sie wirklich sind – wie Gegenstände im Nebel. Er empfindet ihnen gegenüber eine Art Scheu.

Vom Waldrand führen den Hang hinauf die Spuren von Pferden und Rädern – Kanonenrädern. Das gelbe Gras ist von den Füßen der Infanterie niedergestampft. Sie sind diesen Weg offensichtlich zu Tausenden entlanggezogen; sie haben sich nicht über die Landstraße abgesetzt. Das ist bedeutsam – es ist der Unterschied zwischen Abzug und Rückzug.

Diese Reitergruppe ist unser Kommandeur mit Stab und Eskorte. Er blickt auf den fernen Kamm, hält seinen Feldstecher mit beiden Händen vor die Augen, die Ellenbogen unnötig gehoben. Das ist eine Mode; sie scheint der Handlung Würde zu verleihen; wir alle haben uns ihr ergeben. Plötzlich senkt er das Glas und sagt zu denen um ihn einige Worte. Zwei oder drei Adjutanten lösen sich von der Gruppe und sprengen in leichtem Galopp in den Wald, zu beiden Seiten die Reihen entlang. Wir haben seine Worte nicht gehört, aber wir kennen sie: »Sagen Sie General X, er soll die Schwarmlinie vorrücken lassen.« Die von uns, die nicht im Glied waren, nehmen ihre Plätze wieder ein; die Männer in Ruhestellung stehen wieder stramm, die Reihen schließen sich ohne einen Befehl. Einige von uns Stabsoffizieren sitzen ab und überprüfen die Sattelgurte; wer schon abgesessen war, sitzt wieder auf.

In schnellem Galopp naht sich, dem Rand offenen Geländes entlang, ein junger Offizier auf einem schneeweißen Pferd. Seine Satteldecke ist scharlachrot. Welch ein Narr! Jeder, der je im Gefecht stand, erinnert sich, wie selbstverständlich sich jedes Gewehr auf den Mann auf einem weißen Pferd richtet; jeder hat beobachtet, wie ein kleines bißchen Rot den Stier der Schlacht aufreizt. Daß solche Farben im militärischen Leben Mode sind, muß als die erstaunlichste aller Erscheinungsformen der menschlichen Eitelkeit hingenommen werden. Es scheint, als sei sie erdacht worden, um die Todesrate zu erhöhen.

Dieser junge Offizier trägt volle Uniform, wie bei der Parade. Er funkelt nur so von Gold – eine blaugoldene Ausgabe der Kriegslyrik. Eine Welle spöttischen Gelächters läuft ihm die Reihe entlang voraus. Aber wie schön er ist! – mit welch sorgloser Anmut er zu Pferde sitzt!

Er zügelt es in respektvollem Abstand zum Korpskommandanten und salutiert. Der alte Soldat nickt freundschaftlich; offenbar kennt er ihn. Ein kurzes Gespräch findet zwischen ihnen statt; der junge Mann scheint ein Ersuchen vorzubringen, das der Ältere zu gewähren nicht geneigt ist. Laßt uns ein bißchen näher heranreiten. Ach! zu spät – es ist beendet. Der junge Offizier salutiert wieder, reißt sein Pferd herum und reitet schnurstracks auf den Hügelkamm los!

Eine dünne Schützenlinie, die Männer etwa sechs Schritt auseinander, stößt nun aus dem Wald ins offene Gelände vor. Der Kommandeur spricht mit seinem Hornisten, der das Instrument an die Lippen setzt. *Tra-la-la! Tra-la-la!* Die Plänkler bleiben auf der Stelle stehen.

Inzwischen ist der junge Reiter hundert Yards vorangekommen. Er reitet im Schritt, direkt den langen Hang hinauf, ohne den Kopf auch nur einmal zu wenden. Wie herrlich! Götter! Was gäben wir nicht, um an seiner Stelle zu sein – mit seinem Mut! Er zieht nicht den Säbel; die Rechte hängt locker an der Seite. Die Brise erfaßt die Feder an seinem Hut und läßt sie keck flattern. Der Sonnenschein liegt auf seinen Schulterstücken, liebevoll, wie eine sichtbare Segnung. Er reitet dahin. Zehntausend Augenpaare sind mit einer solchen Inbrunst auf ihn gerichtet, daß er sie wohl fühlen muß; zehntausend Herzen schlagen schnell im Takt mit den unhörbaren Hufschlägen seines schneeweißen Rosses. Er ist nicht allein – er zieht aller Seelen mit sich. Aber wir erinnern uns, daß wir gelacht haben! Weiter und weiter reitet er, geradewegs auf die heckengesäumte Mauer zu. Kein Blick zurück. O wenn er sich nur umsähe – wenn er nur die Liebe, die Bewunderung, die Reue sehen könnte!

Kein Wort wird gesprochen; die bevölkerten Tiefen des Waldes summen weiterhin von ungesehenen und unsehenden Schwärmen, doch entlang des gesamten Saumes ist Schweigen. Der stämmige Kommandeur ist ein Reiterstandbild seiner selbst. Die aufgesessenen Stabsoffiziere, ihre Feldstecher hoch, sind alle bewegungslos. Die Schlachtlinie am Rand des Waldes steht in einer neuartigen Weise stramm, jeder Mann in der Haltung, in der ihn das Bewußtsein dessen ergriff, was da vorgeht. All diese verhärteten und unbußfertigen Menschentöter, denen der Tod in seinen furchtbarsten Formen vertraute Tatsache ihrer alltäglichen Beobachtung ist; die auf Bergen schlafen, welche vom Donner der großen Kanonen zittern, die inmitten strömender Geschosse speisen und zwischen den toten Gesichtern ihrer besten Freunde Karten spielen – alle beobachten mit angehaltenem Atem und pochendem Herzen den Ausgang einer Handlung, die das Leben eines Mannes aufs Spiel setzt. Das ist die Anziehungskraft von Mut und Hingabe.

Wenn ihr nun eure Köpfe wendetet, würdet ihr eine gleichzeitige Bewegung unter den Zuschauern wahrnehmen – ein Aufzucken, als hätten sie einen elektrischen Schlag erhalten –, und wenn ihr nun wieder zu dem jetzt fernen Reiter hinblicktet, sähet ihr, daß er in eben diesem Augenblick seine Richtung geändert hat und nun in einem Winkel zu seinem früheren Kurs reitet. Die Zuschauer vermuten, daß der plötzliche Richtungswechsel durch einen Schuß verursacht wurde, vielleicht eine Wunde; doch nehmt dieses Fernglas, und ihr werdet sehen, daß er auf eine Bresche in Mauer und Hecke zureitet. Er will, falls er nicht getötet wird, hindurchreiten und das jenseitige Gelände überblicken.

Ihr dürft nicht den Sinn der Handlungen dieses Mannes vergessen; es ist euch nicht gestattet, sie als Beweis für Prahlerei anzusehen, noch andererseits als grundlose Selbstaufopferung. Wenn der Gegner nicht abgezogen ist, steht er in voller Stärke auf diesem Kamm. Der Aufklärer wird auf nichts Geringeres als eine Schlachtreihe stoßen; es bedarf da keiner Vorposten, Feldwachen, Plänkler, um vor unserem Anmarsch zu warnen; unsere Angriffsreihen werden sichtbar sein, auffällig, einem Artilleriefeuer ausgesetzt, das den Boden rasieren wird in dem Augenblick, in dem sie aus der Deckung brechen, und über die Hälfte der Distanz außerdem einem Kugelhagel aus Gewehren, in dem nichts überleben kann. Kurz: Wenn der Gegner dort steht, wäre es Wahnsinn, ihn frontal anzugreifen; er muß dann nach uralter Weise herausmanövriert werden, indem man seine Nachschublinien bedroht, die für ihn ebenso lebensnotwendig sind wie für den Taucher auf dem Meeresgrund sein Luftschlauch. Wie aber feststellen, ob der Gegner dort steht? Dahin gibt es nur einen Weg – jemand muß losgehen und nachsehen. Das natürliche und übliche Verfahren dazu ist, eine Schwarmlinie vorzuschicken. Doch werden sie in diesem Fall die Bestätigung mit all ihren Leben bezahlen; der Gegner, in Doppelreihe hinter der Steinmauer und im Schutz der Hecke kauernd, wird abwarten, bis er die Zähne jedes Angreifers zählen kann. Bei der ersten Salve wird die Hälfte der fragenden Reihe fallen; die andere Hälfte, ehe sie den vorgesehenen Rückzug ausführen kann. Welch ein Preis für die Befriedigung der Neugier! Mit welch hohem Preis muß manchmal eine Armee Wissen erkaufen! »Laßt mich alles bezahlen«, sagt dieser tapfere Mann – dieser militärische Christus!

Es gibt keine Hoffnung außer der Hoffnung wider jede Hoffnung, daß der Kamm frei sei. Gewiß: Er könnte Gefangenschaft dem Tod vorziehen. Solange er vorrückt, wird die Linie nicht feuern – warum sollte sie? Er kann ungefährdet in die feindlichen Reihen reiten und Kriegsgefangener werden. Das aber würde seiner Absicht widersprechen. Es würde unsere Frage nicht beantworten; es ist notwendig, daß er entweder unverletzt zurückkehrt oder vor unseren Augen erschossen wird. Nur so werden wir wissen, was zu tun ist. Gefangennahme – na, die könnte auch ein halbes Dutzend Nachzügler schaffen.

Nun entwickelt sich ein ganz außerordentlicher Intelligenzwettstreit zwischen einem Mann und einer Armee. Unser Reiter, jetzt eine viertel Meile vor dem Kamm, wirft sein Pferd plötzlich nach links und galoppiert parallel weiter. Er hat seinen Widersacher erblickt; er weiß alles. Irgendein kleiner Geländevorteil hat es ihm ermöglicht, einen Teil der Stellung zu überblicken. Wenn er hier wäre, könnte er uns mit Worten berichten. Aber dazu besteht keine Hoffnung mehr; er muß den besten Nutzen aus den wenigen Minuten Leben ziehen, die ihm verbleiben, indem er den Gegner zwingt, uns selbst so viel und so deutlich wie nur möglich zu berichten – was jene diskrete Macht natürlich zu vermeiden trachtet. Nicht ein Schütze in jenen kauernden Reihen, nicht ein Kanonier an jenen getarnten schußbereiten Kanonen, der nicht die Erfordernisse der Lage wüßte, den Zwang der Pflicht zur Zurückhaltung. Außerdem war Zeit genug, ihnen allen jeden Schuß zu verbieten. Gewiß, ein einzelner Gewehrschuß könnte ihn fällen und wäre keine große Enthüllung. Aber feuern ist ansteckend – und seht, wie schnell er sich bewegt, nie innehaltend, außer wenn er sein Pferd herumreißt, um eine neue Richtung einzuschlagen, nie direkt rückwärts auf uns zu, nie direkt vorwärts zu seinen Scharfrichtern. All dies ist sichtbar durch das Glas; es scheint sich in Pistolenschußweite zu ereignen; wir sehen alles bis auf den Gegner, dessen Gegenwart, dessen

Gedanken, dessen Beweggründe wir folgern. Fürs unbewaffnete Auge ist da nichts außer einer schwarzen Gestalt auf einem weißen Pferd, die langsame Zickzacklinien vor dem Abhang eines fernen Hügels zieht – so langsam, daß sie fast zu kriechen scheinen.

Nun – wieder das Glas – ist er seines Scheiterns müde oder hat seinen Irrtum eingesehen oder ist wahnsinnig geworden; er sprengt direkt auf die Mauer zu, als wolle er sie in einem Sprung mit Hecke und allem übrigen nehmen! Nur einen Augenblick, und er wirft sich herum und jagt wie der Wind geradewegs den Abhang herab – zu seinen Freunden, zu seinem Tod! Im nächsten Augenblick krönt eine wüste Rauchwolke die Mauer über viele hundert Yards nach rechts und links. Sie ist vom Wind sofort verweht, und noch ehe uns das Rattern der Gewehre erreicht, ist er am Boden. Nein, er gewinnt seinen Sitz wieder; er hat sein Pferd auf die Hinterhand gerissen. Jetzt sind sie auf und davon! Ein ungeheueres Hurrageschrei bricht aus unseren Reihen, setzt die unerträgliche Anspannung unserer Gefühle frei. Und das Pferd und sein Reiter? Ja, sie sind auf und davon. Davon, jawohl – sie halten direkt auf unsere Linke zu, parallel zur nun stetig blitzenden und rauchenden Mauer. Das Rattern des Gewehrfeuers ist ununterbrochen, und jeder Kugel Ziel ist jenes tapfre Herz.

Plötzlich schiebt sich eine dicke Schicht weißen Rauchs hinter der Mauer hoch. Noch eine und noch eine – ein Dutzend wirbelt hoch, ehe der Donner der Abschüsse und das Jaulen der Geschosse unsere Ohren erreichen, und die Geschosse selbst schlagen durch dichte Staubwolken in unsere Deckung, werfen hier und da einen Mann nieder und rufen eine zeitweilige Ablenkung hervor, einen flüchtigen Gedanken ans eigene Ich.

Der Staub treibt davon. Unglaublich! – jene verzauberten Roß und Reiter haben eine Kluft passiert und erklimmen einen weiteren Abhang, um eine weitere Verschwörung des Schweigens zu enthüllen, die Absichten einer weiteren bewaffneten Schar zu durchkreuzen. Noch ein Augenblick, und dieser Teil des Kammes explodiert ebenfalls. Das Pferd bäumt sich auf und schlägt mit den Vorderhufen durch die Luft. Nun hat es sie doch erwischt. Aber seht hin – der Mann hat sich vom toten Pferd gelöst. Er steht aufrecht, bewegungslos, hält den Säbel in der Rechten hoch über dem Kopf. Sein Gesicht ist uns zugewandt. Nun senkt er seine Hand in Gesichthöhe, bewegt sie nach außen, und mit der Klinge des Säbels beschreibt er eine Abwärtskurve. Es ist ein Signal an uns, an die Welt, an die Nachwelt. Es ist der Salut eines Helden vor Tod und Geschichte.

Wieder ist der Bann gebrochen; unsere Männer versuchen zu jubeln; sie ersticken an Erregung; sie stoßen rauhe mißtönende Schreie aus; sie umkrampfen ihre Waffen und drängen stürmisch vorwärts ins offene Gelände. Die Plänkler gehen ohne Befehl, gegen Befehl vorwärts in wilden Sprüngen, wie eine losgelassene Hundemeute. Unsere Kanonen sprechen, und die des Gegners, jetzt offen, in vollem Chor; zur Rechten wie zur Linken errichtet, so weit wir sehen können, der ferne Kamm, der jetzt so nah erscheint, seine Wolkentürme, und die großkalibrigen Geschosse stürzen brüllend herab in unsere vorrückenden Massen. Fahne um Fahne der Unseren taucht aus dem Wald auf, Reihe um Reihe stürmt vor und fängt den Sonnenschein mit schimmernden Waffen ein. Die rückwärtigen Bataillone allein gehorchen; sie wahren ihre angemessene Distanz zur rebellischen Front.

Der Kommandeur hat sich nicht bewegt. Nun nimmt er

den Feldstecher von den Augen und blickt nach rechts und links. Er sieht den Menschenstrom zu beiden Seiten an sich und seiner zusammengedrängten Eskorte vorbeifließen, wie Flutwogen, die ein Felsen teilt. Kein Zeichen von Gefühl in seinem Gesicht; er denkt. Wieder richtet er den Blick nach vorn; er gleitet langsam über diesen unheilvollen, grauenhaften Hügelkamm. Er richtet ein ruhiges Wort an seinen Hornisten. *Tra-la-la! Tra-la-la!* Der Befehl ist so herrisch, daß er sich Befolgung erzwingt. Er wird von all den Hörnern all der untergeordneten Befehlshaber aufgegriffen; die scharfen metallischen Töne behaupten sich gegen den Lärm des Vorrückens und gellen durch das Donnern der Kanonen. Haltmachen ist Rückzug. Die Fahnen bewegen sich langsam zurück; die Reihen machen kehrt und folgen mürrisch, schleppen die Verwundeten mit; die Plänkler kehren zurück, sammeln die Toten auf.

Ach, die vielen vielen nutzlos Toten! Die große Seele, deren herrlicher Körper dort drüben ruht, so auffällig vor dem versengten Hügelhang – hätte ihr nicht das bittere Bewußtsein einer vergeblichen Selbstopferung erspart bleiben können? Hätte denn eine einzige Ausnahme die gnadenlose Vollkommenheit des göttlichen ewigen Planes zu sehr gestört?

EINER DER VERMISSTEN

Jerome Searing, Gemeiner in General Shermans Armee, die damals dem Feind am und beim Kennesaw Mountain in Georgia gegenüberlag, wandte der kleinen Gruppe Offiziere, mit denen er leise gesprochen hatte, den Rücken zu, stieg über eine dünne Linie von Erdbefestigungen und verschwand im Wald. Keiner der hinter den Aufschüttungen postierten Männer hatte ihm ein Wort gesagt, noch hatte er ihnen im Vorübergehen auch nur zugenickt. Aber alle, die ihn sahen, begriffen, daß dieser tapfere Mann mit einer gefährlichen Aufgabe betraut worden war. Jerome Searing, obwohl Gemeiner, diente nicht im Glied; er war zum Dienst beim Divisionsstab abgestellt und wurde in der Stammrolle als Ordonnanz geführt. »Ordonnanz« ist ein Wort, das eine Vielzahl von Pflichten umgreift. Eine Ordonnanz kann ein Melder sein, ein Schreiber, Offiziersbursche – alles. Er kann Dienste leisten, die weder in Befehlen noch in der Heeresdienstvorschrift vorgesehen sind. Ihre Art kann von seinen Fähigkeiten abhängen, von Protektion, vom Zufall. Der Gemeine Searing, ein unvergleichlicher Scharfschütze, jung, kühn, intelligent und fühllos gegen Furcht, war Aufklärer. Der General, der seine Division kommandierte, begnügte sich nicht damit, Befehlen blind zu gehorchen, ohne zu wissen, was vor ihm lag, selbst wenn seine Einheit kein unabhängiges Kommando, sondern Teil einer Heeresfront war; noch reichte ihm aus, Kenntnisse über sein Gegenüber durch die üblichen Kanäle zu erhalten; er wollte mehr wissen als das, was er vom Korpskommandeur und durch die Zusammenstöße von Vorposten und Plänklern erfuhr. Daher Jerome Searing, mit seinem außerordentlichen Wagemut, seiner Jagderfahrung, seinen scharfen Augen, seiner verläßlichen Zunge. Diesmal waren seine Anweisungen einfach: so nahe wie möglich an die feindlichen Linien herankommen und so viel wie möglich in Erfahrung bringen.

Nach wenigen Augenblicken hatte er die Vorpostenkette erreicht; die Männer, die dort Dienst taten, lagen in Gruppen zu zweit und viert hinter kleinen Erdwällen, die aus der flachen Mulde aufgeschaufelt waren, in der sie sich befanden; ihre Gewehre ragten durch das grüne Zweigwerk, mit dem sie die niedrigen Verschanzungen getarnt hatten. Der Wald erstreckte sich ohne Unterbrechung bis zur Front, so feierlich und schweigend, daß man ihn sich nur durch einen Gewaltakt der Einbildungskraft als mit wachen und aufmerksamen Bewaffneten bevölkert vorstellen konnte – ein Wald, furchtbar vor Kampfesmöglichkeiten. Searing verhielt einen Augenblick in einem dieser Schützenlöcher, um die Männer von seiner Absicht zu unterrichten; dann kroch er verstohlen auf Händen und Knien vorwärts und geriet im dichten Unterholz bald außer Sicht.

»Den haben wir zum letzten Mal gesehen«, sagte einer der Männer; »ich wollte, ich hätte sein Gewehr; die Kerls drüben werden ein paar von uns damit wehtun.«

Searing kroch weiter, wobei er jede Gegebenheit von Boden und Bewuchs zu besserer Deckung nutzte. Seine Augen durchdrangen alles, seine Ohren fingen jedes Geräusch auf. Er atmete flacher, und als unter seinem Knie ein Zweig knackte, hielt er inne und schmiegte sich an die Erde. Es war langsame Arbeit, aber nicht langweilig; die Gefahr machte sie aufregend, doch ließ kein Zeichen seines Körpers die Aufregung sichtbar werden. Sein Puls war so regelmäßig, seine Nerven so ruhig, als ob er versuchte, einen Spatz zu fangen.

›Kommt mir lang vor‹, dachte er, ›aber weit kann ich noch nicht gekommen sein; ich lebe noch.‹

Er lächelte über diese seine Art, die Entfernung zu schätzen, und kroch vorwärts. Einen Augenblick später preßte er sich plötzlich flach auf die Erde und lag bewegungslos, Minute um Minute. Durch eine schmale Öffnung im Gebüsch hatte er einen kleinen Hügel aus gelbem Lehm erblickt – ein Schützenloch des Feindes. Nach einer kleinen Weile hob er vorsichtig den Kopf, Zoll um Zoll, dann seinen Körper auf die Hände, abgespreizt zu beiden Seiten, während er aufmerksam das Lehmhäufchen beobachtete. Im nächsten Moment war er auf den Beinen, das Gewehr in der Hand, und schritt schnell voran, ohne viel auf Deckung zu achten. Er hatte die Zeichen richtig gedeutet, was immer sie waren; der Feind war fort.

Um sich über jeden Zweifel hinaus Gewißheit zu verschaffen, ehe er zurückkehrte, um etwas derart Wichtiges zu melden, drang Searing über die Linie der verlassenen Schützenlöcher hinaus vor, rannte im lichter werdenden Wald von Deckung zu Deckung, die Augen wachsam, um mögliche Nachzügler zu entdecken. Er erreichte den Rand einer Pflanzung – eines jener verlorenen, verlassenen Gehöfte der letzten Kriegsjahre, überwuchert von Dornengestrüpp, entstellt durch zerbrochene Zäune, öd durch leere Gebäude mit nackten Löchern statt Türen und Fenstern. Nachdem Searing aus der sicheren Deckung einer Gruppe junger Fichten scharf Ausschau gehalten hatte, rannte er leichtfüßig über ein Feld und durch einen Obstgarten zu einem kleinen Bauwerk, das abseits von den anderen Farmgebäuden auf einer kleinen Anhöhe stand. Die, dachte er, würde es ihm ermöglichen, ein weites Stück Land in der Richtung zu überblicken, die seiner Meinung nach der Feind beim Rückzug genommen haben mußte. Der Bau, der ursprünglich aus einem einzigen Raum bestanden hatte, errichtet auf vier Pfosten, zehn Fuß hoch, war jetzt wenig mehr als ein Dach; sein Boden war durchgesackt, Balken und Planken häuften sich lose auf der Erde darunter oder hingen, wenn sie nicht ganz aus ihren Halterungen gerissen waren, kreuz und quer herab. Selbst die tragenden Pfosten standen nicht länger senkrecht. Es sah aus, als ob das ganze Gebäude einstürzen würde, wenn man es mit dem Finger berührte.

Searing verbarg sich zwischen den Trümmern aus Balken und Bohlen und blickte hinaus über das offene Gelände zwischen seinem Beobachtungsposten und einem Ausläufer des Kennesaw Mountain, eine halbe Meile entfernt. Eine Straße, die auf und über diesen Ausläufer führte, wimmelte von Truppen – die Nachhut des abziehenden Feindes; ihre Geschützrohre glänzten im Licht der Morgensonne.

Searing hatte nun alles erfahren, was zu wissen er erhoffen konnte. Es war seine Pflicht, so schnell wie möglich zu seinem Kommando zurückzukehren und seine Entdeckung zu melden. Aber die graue Kolonne der Konföderierten, die sich die Bergstraße hinaufquälte, war einzigartig verlockend. Sein Gewehr – eine einfache *Springfield*, aber mit Ringvisier und Stecher – würde leicht seine eineinviertel Unze Blei zischend in sie hineinjagen. Das würde wahrscheinlich Dauer und Ergebnis des Krieges nicht beeinflussen, doch ist es das Geschäft des Soldaten, zu töten. Auch ist es seine Gewohnheit, wenn er ein guter Soldat ist. Searing spannte den Hahn und stellte den Stecher ein.

Es war aber seit Anbeginn der Zeit bestimmt, daß der

Soldat Searing an jenem strahlenden Sommermorgen niemanden ermorden noch daß der Rückzug der Konföderierten von ihm gemeldet werden sollte. Durch ungezählte Zeiten hatten Ereignisse sich in jenem wundersamen Mosaik, davon wir einigen undeutlich wahrnehmbaren Teilen den Namen Geschichte gegeben haben, so zueinander gefunden, daß die Taten, die der Soldat sich vorgenommen, die Harmonie des Musters gestört hätten. Vor etwa fünfundzwanzig Jahren hatte jene Macht, die mit der Durchführung der Arbeit gemäß dem Entwurf betraut war, gegen dieses Mißgeschick vorgesorgt, indem sie die Geburt eines gewissen männlichen Kindes in einem kleinen Dorf zu Füßen der Karpaten verursachte, es sorgfältig aufzog, seine Erziehung überwachte, seinen Sehnsüchten eine militärische Richtung gab und es zur rechten Zeit zu einem Artillerieoffizier machte. Durch das Zusammenwirken einer infiniten Zahl günstiger Einflüsse und ihr Übergewicht über eine infinite Zahl Gegenkräfte ward dieser Offizier der Artillerie dazu gebracht, einen Verstoß gegen die Disziplin zu begehen und aus seinem Vaterland zu fliehen, um der Bestrafung zu entkommen. Er wurde nach New Orleans geleitet (statt nach New York), wo ihn ein Werbeoffizier am Kai erwartete. Er wurde angeworben und befördert, und es wurden die Dinge so geordnet, daß er nun eine Batterie der Konföderierten kommandierte, etwa zwei Meilen von jener Stelle, an der Jerome Searing stand, der Aufklärer der Unionstruppen, und sein Gewehr spannte. Nichts war vernachlässigt worden – zu jedem Schritt im Fortgang des Lebens dieser beiden Männer und in den Leben ihrer Zeitgenossen und ihrer Ahnen ebenso wie in den Leben der Zeitgenossen ihrer Ahnen war jeweils das Richtige getan worden, um das gewünschte Ergebnis hervorzubringen. Wäre in dieser unermeßlichen Verkettung irgend etwas übersehen worden, hätte Soldat Searing womöglich an jenem Morgen auf die sich zurückziehenden Konföderierten geschossen und hätte vielleicht gefehlt. Es ergab sich aber, daß ein Artilleriehauptmann der Konföderierten, der während des Wartens auf den Abmarschbefehl nichts Besseres zu tun hatte, sich damit vergnügte, ein Feldgeschütz schräg zu seiner Rechten auf etwas auszurichten, das er fälschlich für einige Unionsoffiziere auf einem Hügelkamm hielt, und es abfeuerte. Die Kugel flog hoch über ihr Ziel hinweg.

Als Jerome Searing den Hahn seines Gewehrs zurückzog und, mit den Augen auf den fernen Konföderierten, erwog, wohin er seinen Schuß setzen könne in der besten Hoffnung, eine Witwe oder eine Waise oder eine kinderlose Mutter zu machen – vielleicht alles gleichzeitig, denn Soldat Searing war, wiewohl er verschiedentlich Beförderung abgelehnt hatte, nicht ohne eine gewisse Art Ehrgeiz –, hörte er einen rauschenden Ton in der Luft, ähnlich dem der Flügel eines großen Vogels, der sich auf seine Beute stürzt. Schneller als er die Steigerung begreifen konnte, wuchs das Geräusch zu einem rauhen und schrecklichen Brüllen an, als das Geschoß, das es schuf, ihn aus dem Himmel heraus ansprang, mit betäubender Wucht einen der Pfosten traf, die die Wirrnis von Hölzern über ihm hielten, diesen zu Splittern zerschmetterte und das ganze verdrehte Gebäude mit einem lauten Poltern in Wolken blendenden Staubs niederwarf!

Als Jerome Searing wieder zu Bewußtsein kam, begriff er nicht sofort, was geschehen war. Es verging tatsächlich einige Zeit, ehe er die Augen öffnete. Eine Zeitlang glaubte er, daß er gestorben und begraben sei, und er versuchte, sich an einzelne Teile der Begräbnisfeier zu erinnern. Er dachte, daß seine Frau auf seinem Grabe knie und ihr Gewicht dem der Erde auf seiner Brust hinzufüge. Beide gemeinsam, Witwe und Erde, hatten seinen Sarg eingedrückt. Wenn die Kinder sie nicht dazu überreden konnten, nach Hause zu gehen, würde er nicht mehr viel länger atmen können. Er hatte das Gefühl, daß ihm ein Unrecht geschah. ›Ich kann nicht zu ihr sprechen‹, dachte er; ›die Toten haben keine Stimme; und wenn ich die Augen öffne, kriege ich sie voll Erde.‹

Er öffnete die Augen. Ein weitgespannter blauer Himmel hob sich empor aus einem Saum von Baumkronen. Im Vordergrund, einige der Bäume verdeckend, ein hoher stumpfbrauner Hügel mit eckigem Umriß und durchkreuzt von einem verworrenen planlosen System gerader Linien; das Ganze in unermeßlich weiter Ferne – einer so unvorstellbar großen Entfernung, daß sie ihn ermüdete, und er schloß seine Augen. In dem Augenblick aber, da er das tat, wurde er sich einer unerträglichen Helligkeit bewußt. In seinen Ohren war ein Ton wie der leise rhythmische Donner einer fernen See, die in einander folgenden Wellen auf den Strand bricht, und aus diesem Geräusch kamen, so wie ein Teil davon, vielleicht aber gar von jenseits und mit dem unaufhörlichen Unterton des Geräuschs vermischt, die deutlichen Worte: »Jerome Searing, du steckst wie eine Ratte in einer Falle – in einer Falle, Falle, Falle.«

Plötzlich sank ein großes Schweigen herab, eine schwarze Dunkelheit, eine unendliche Ruhe. Und Jerome Searing, seines Rattentums vollständig bewußt und völlig sicher der Falle, in der er war, aller Erinnerung mächtig und in keiner Weise beunruhigt, öffnete wiederum seine Augen, um zu rekognoszieren, die Stärke seines Feindes zu erkennen, seine Verteidigung zu planen.

Er war in einer zurückgelehnten Haltung gefangen, sein

Rücken fest von einem starken Balken gestützt. Ein anderer lag quer über seine Brust, doch hatte er ein wenig von ihm abrücken können, so daß er ihn nicht länger bedrückte, obwohl er sich nicht bewegen ließ. Eine Strebe, die mit dem Balken einen Winkel bildete, hatte Searing gegen einen Haufen Bretter zu seiner Linken verkeilt und klemmte dort den Arm fest. Seine Beine, leicht gespreizt und lang am Boden ausgestreckt, waren bis über die Knie von einem Trümmerhaufen bedeckt, der über seinen engen Gesichtskreis emporragte. Sein Kopf war so unbeweglich festgehalten wie in einem Schraubstock; er konnte seine Augen bewegen, sein Kinn – nicht mehr. Nur sein rechter Arm war teilweise frei. »Du mußt uns hier raushelfen«, sagte er zu ihm. Aber er konnte ihn weder unter dem schweren Balken quer über seiner Brust hervorholen, noch ihn mehr als sechs Zoll am Ellenbogen nach außen bewegen.

Searing war nicht ernsthaft verletzt und hatte keine Schmerzen. Ein kräftiger Schlag auf den Kopf durch ein fliegendes Bruchstück des zersplitterten Pfostens sowie der gleichzeitige, entsetzlich plötzliche Nervenschock hatten ihn vorübergehend betäubt. Die Zeit seiner Bewußtlosigkeit einschließlich jener, in der er wieder zu sich kam und diese eigenartigen Phantasien hatte, dürfte wohl nur wenige Sekunden gedauert haben, denn der Staub des Zusammenbruchs war noch nicht ganz verflogen, als er mit einer vernünftigen Prüfung der Lage begann.

Mit seiner teilweise freien rechten Hand versuchte er nun den Balken zu packen, der über, aber nicht ganz auf seiner Brust lag. Er schaffte es auf keine Weise. Er konnte die Schulter nicht weit genug hinabdrücken, um den Ellenbogen unter der Kante jener Planke wegzuschieben, die seinen Knien am nächsten war; da das mißlang, konnte er

Unterarm und Hand nicht heben, um den Balken zu packen. Die Strebe, die mit ihm einen Winkel nach unten und hinten bildete, hinderte ihn daran, irgend etwas in dieser Richtung zu unternehmen, und der Abstand zwischen ihr und seinem Körper war nicht halb so breit wie die Länge seines Unterarms. Offensichtlich konnte er seine Hand weder unter noch über den Balken bekommen; die Hand konnte ihn in der Tat nicht einmal berühren. Nachdem sich diese Unmöglichkeit erwiesen hatte, ließ er ab und begann darüber nachzudenken, ob er irgendeines der Trümmerstücke erreichen könnte, die auf seine Beine getürmt waren.

Als er den Haufen in der Absicht überprüfte, diese Frage zu entscheiden, wurde seine Aufmerksamkeit von etwas gefesselt, das ein Ring schimmernden Metalls unmittelbar vor seinen Augen zu sein schien. Zuerst erschien es ihm, als umgebe er irgendeine vollkommen schwarze Substanz, und er maß etwas mehr als einen Halbzoll im Durchmesser. Plötzlich kam es ihm in den Sinn, daß die Schwärze lediglich Schatten war und der Ring in Wirklichkeit die Mündung seines Gewehrs, die aus dem Trümmerhaufen herausragte. Er brauchte nicht lange, um befriedigt festzustellen, daß es so war – falls das befriedigend war. Wenn er ein Auge schloß, konnte er ein kleines Stück den Lauf entlangblikken – bis dahin, wo er im Schutt verborgen war, der ihn festhielt. Er konnte die eine Seite mit dem entsprechenden Auge scheinbar im gleichen Winkel sehen wie die andere Seite mit dem anderen Auge. Wenn er mit dem rechten Auge blickte, schien die Waffe auf einen Punkt links von seinem Kopf gerichtet zu sein, und umgekehrt. Die obere Außenseite des Laufes konnte er nicht sehen, wohl aber in leichtem Neigungswinkel die untere Außenseite des Schafts. Die Waffe zielte tatsächlich genau in die Mitte seiner Stirn.

Als er diesen Umstand erkannte und sich daran erinnerte, daß er unmittelbar vor jenem Mißgeschick, dessen Ergebnis diese ungemütliche Lage war, den Hahn gespannt und den Stecher eingestellt hatte, so daß die geringste Bewegung den Schuß lösen würde, beschlich den Soldaten Searing ein Gefühl des Unbehagens. Doch das war so weit wie nur möglich von Furcht entfernt; er war ein tapferer Mann und ziemlich gewöhnt an den Anblick von Gewehren aus diesem Blickwinkel, und auch an den von Kanonen. Und jetzt erinnerte er sich mit einer Art Erheiterung eines Zwischenfalls, den er beim Sturm auf Missionary Ridge erlebt hatte, wo er, zu einer der feindlichen Schießscharten hinaufkletternd, aus der er eine schwere Kanone Kartätsche auf Kartätsche in die Stürmenden hatte schleudern sehen, für einen Augenblick geglaubt hatte, das Geschütz sei zurückgezogen worden. Er konnte in der Öffnung nichts als einen ehernen Ring sehen. Was das war, hatte er gerade noch rechtzeitig begriffen, um zur Seite zu treten, ehe es einen weiteren Eisenhagel den wimmelnden Abhang hinabschleuderte. Sich Feuerwaffen zu stellen ist eine der alltäglichsten Begebenheiten im Leben eines Soldaten – auch Feuerwaffen, hinter denen böswillige Augen blitzen. Dafür ist ein Soldat da. Dennoch gefiel dem Gemeinen Searing die Lage nicht besonders, und er wandte die Augen ab.

Nachdem er eine Weile ziellos mit der rechten Hand umhergetastet hatte, unternahm er einen ergebnislosen Versuch, seine Linke zu befreien. Dann versuchte er, den Kopf zu lösen, dessen Unbeweglichkeit ihm um so ärgerlicher war, als er nicht wußte, was ihn festhielt. Alsdann versuchte er, seine Füße zu befreien, doch während er die kraftvollen Muskeln seiner Beine hierzu anspannte, wurde ihm klar, daß eine Bewegung der Trümmer, die sie festhielten, das Gewehr entladen könnte; wie es alles überstanden hatte, was ihm bisher widerfahren war, konnte er nicht begreifen, obwohl seine Erinnerung ihm mit mehreren Beispielen beistand. Insbesondere eines Falls entsann er sich, da er in einem Augenblick geistiger Abwesenheit sein Gewehr wie eine Keule geschwungen und einem anderen Gentleman das Gehirn herausgeprügelt hatte, wobei er anschließend feststellte, daß die Waffe, die er so emsig am Lauf geschwungen hatte, geladen, mit Zündhütchen versehen und gespannt war – die Kenntnis dieses Umstandes hätte seinen Widerpart zweifellos zu längerem Durchhalten ermutigt. Er hatte immer gelächelt, wenn er sich dieses Schnitzers aus »seiner Jugend grüner Maienblüte« als Soldat erinnerte, aber jetzt lächelte er nicht. Er wandte den Blick erneut der Mündung des Gewehrs zu und bildete sich für einen Augenblick ein, sie habe sich bewegt; sie schien irgendwie näher.

Wieder blickte er weg. Die Wipfel der fernen Bäume jenseits der Grenzen der Pflanzung interessierten ihn; zuvor hatte er weder bemerkt, wie leicht und federig sie waren, noch wie dunkelblau der Himmel war, selbst zwischen ihren Zweigen, wo sie ihn mit ihrem Grün irgendwie blasser machten; über ihm schien er fast schwarz. ›Es wird hier unangenehm heiß werden‹, dachte er, ›je älter der Tag wird. Ich frage mich, in welche Richtung ich schaue.‹

Nach den Schatten, die er sehen konnte, entschied er, daß sein Gesicht genau nach Norden wies; so würde er wenigstens die Sonne nicht in den Augen haben, und Norden – na ja, das war hin zu seiner Frau und den Kindern.

»Pah!« rief er laut, »was haben die damit zu tun?«

Er schloß die Augen. ›Wenn ich schon nicht rauskomme, kann ich genausogut schlafen. Die Rebellen sind fort, und einige von unseren Jungs streifen auf der Suche nach Proviant sicher bis hierher. Die werden mich schon finden.‹

Aber er schlief nicht. Allmählich nahm er einen Schmerz in der Stirn wahr – einen dumpfen Schmerz, zunächst kaum spürbar, dann aber immer unangenehmer. Er öffnete die Augen, und der Schmerz war weg – schloß sie, und er kehrte zurück. »Zum Teufel!« sagte er eher ziellos und starrte wieder in den Himmel. Er hörte Vögel zwitschern, den seltsam metallischen Ruf der Feldlerche, der das Klirren vibrierender Degen heraufbeschwor. Er versank in angenehmen Erinnerungen an seine Kindheit, spielte wieder mit Bruder und Schwester, rannte über die Felder, schrie, um seßhafte Lerchen aufzuschrecken, ging in den düsteren Wald dahinter und folgte mit scheuen Schritten dem schwachen Pfad zum Geisterfelsen und stand schließlich mit hörbar pochendem Herzen vor der Höhle des Toten Mannes, wo er versuchte, sein schauerliches Geheimnis zu durchdringen. Zum ersten Mal bemerkte er, daß die Öffnung der verwunschenen Höhle von einem Metallring umschlossen war. Dann verschwand alles übrige, verließ ihn, und wie zuvor starrte er in den Lauf seines Gewehrs. Doch während er zuvor nähergerückt erschienen war, schien er nun eine unfaßbare Entfernung weit weg, doch dafür nur um so unheilvoller. Er schrie; etwas in seiner eigenen Stimme – der Klang von Angst – erschreckte ihn, und abwehrend belog er sich selbst: »Wenn ich nicht laut rufe, bleib ich am Ende hier, bis ich sterbe.«

Er unternahm nun keinen weiteren Versuch mehr, dem drohenden Starren des Gewehrlaufs auszuweichen. Wenn er die Augen einen Moment abwandte, so um nach Hilfe auszuschauen (obwohl er auf keiner Seite der Ruine den Boden sehen konnte), und dann erlaubte er ihnen zurückzukehren, der gebieterischen Faszination gehorchend. Wenn er sie schloß, so aus Erschöpfung, und sofort zwang ihn der stechende Schmerz in der Stirn – Ankündigung und Drohung der Kugel –, sie wieder zu öffnen.

Die Spannung von Nerven und Hirn war zu straff; die Natur kam ihm zur Hilfe mit Zeiten der Bewußtlosigkeit. Als er aus einer davon wieder zu sich kam, empfand er einen scharfen schneidenden Schmerz in seiner rechten Hand, und wenn er seine Finger zusammenbrachte oder mit ihnen seine Handfläche rieb, konnte er fühlen, daß sie naß und glitschig waren. Er konnte die Hand nicht sehen, aber er kannte das Gefühl; es war rinnendes Blut. In seinem Fieberwahn hatte er sie gegen zackige Trümmerstücke geschlagen und sie voll Splitter gerissen. Er beschloß, seinem Schicksal mannhafter zu begegnen. Er war ein einfacher gewöhnlicher Soldat, ohne Religion und mit wenig Philosophie; er konnte nicht wie ein Held sterben mit großen und weisen letzten Worten, selbst wenn jemand dagewesen wäre, sie zu hören, aber er konnte »mit Haltung« sterben, und das würde er. Aber wenn er doch nur wüßte, wann er den Schuß erwarten sollte!

Ein paar Ratten, die vermutlich den Schuppen bewohnt hatten, kamen und huschten und wuselten umher. Eine kletterte auf den Schutthaufen, der das Gewehr festhielt; eine andere folgte, und noch eine. Searing betrachtete sie zunächst gleichgültig, dann mit freundlichem Interesse; dann, als ihm der Gedanke in den verwirrten Geist fuhr, sie könnten vielleicht den Abzug seines Gewehrs berühren, verfluchte er sie und befahl ihnen zu verschwinden. »Das geht euch nichts an«, schrie er.

Die Tiere verschwanden; später würden sie wiederkehren, sein Gesicht angreifen, seine Nase wegnagen, seine Gurgel durchbeißen – er wußte es, doch hoffte er, dann tot zu sein.

Nichts konnte nun seinen Blick mehr von dem kleinen Ring aus Metall mit dem schwarzen Inneren lösen. Der Schmerz in seiner Stirn war wüst und unaufhörlich. Er fühlte, wie er sich immer tiefer und tiefer in sein Gehirn hineinbohrte, bis schließlich das Holz hinter seinem Kopf dem Vordringen ein Ende bereitete. Es wurde immer unerträglicher; er begann mutwillig seine schon zerfetzte Hand wieder gegen die Splitter zu schlagen, um so jenem grauenhaften Schmerz entgegenzuwirken. Der schien in langsamer, regelmäßiger Wiederkehr zu pulsieren, bei jedem Pulsschlag schärfer als beim vorigen, und manchmal schrie er und glaubte, er spüre die tödliche Kugel. Kein Gedanke mehr an daheim, an Frau und Kinder, an Vaterland, an Ruhm. Die ganze Summe der Erinnerung war ausgelöscht. Die Welt war verschwunden – nicht eine Spur verblieb. Hier in diesem Wirrwarr von Balken und Bohlen ist das ganze Universum. Hier ist Unsterblichkeit in der Zeit – jeder Schmerz ein ewiges Leben. Mit jeder Schmerzwelle vertickt eine Ewigkeit.

Jerome Searing, der mutige, der furchtbare Gegner, der starke entschlossene Krieger, war fahl wie ein Geist. Sein Kinn hing herunter; seine Augen quollen hervor; er zitterte mit allen Fasern; kalter Schweiß badete seinen ganzen Körper; er kreischte vor Angst. Er war nicht wahnsinnig – er war von Entsetzen gepackt.

Mit der zerfleischten, blutenden Hand umhertastend, hatte er endlich eine Latte ergriffen, zerrte daran, fühlte, wie sie nachgab. Sie lag parallel zu seinem Körper, und indem er seinen Ellenbogen so weit bog, wie es der beengte Raum gestattete, konnte er jedesmal ein paar Zoll herausziehen. Schließlich war sie vollständig aus dem Schutt gelöst, der seine Beine bedeckte; er konnte sie in ganzer Länge vom

Boden heben. Eine große Hoffnung erfüllte seinen Geist: Vielleicht konnte er sie hochdrücken, das heißt zurück, weit genug, um das Ende zu heben und das Gewehr beiseitezustoßen; oder, wenn das zu fest verkeilt war, die Latte so legen, daß sie die Kugel ablenkte. Mit diesem Ziel schob er sie Zoll für Zoll zurück und wagte kaum luftzuholen, damit nicht das Atmen irgendwie seine Absicht vereitelte, und war mehr denn je unfähig, seinen Blick von dem Gewehr abzuwenden, das sich jetzt vielleicht beeilen würde, seine schwindenden Chancen zu verbessern. Etwas aber wenigstens war gewonnen: Die Beschäftigung seines Geistes mit diesem Versuch der Selbstverteidigung hatte ihn weniger empfindlich für die Schmerzen in seinem Kopf gemacht, und er hatte aufgehört zusammenzuzucken. Aber immer noch erfüllte ihn furchtbare Angst, und seine Zähne klapperten wie Kastagnetten.

Die Latte hörte auf, sich unter dem Druck seiner Hand zu bewegen. Er zerrte an ihr mit aller Kraft, änderte ihre Längsausrichtung, so weit er nur konnte, aber sie war hinter ihm auf irgendein ausgedehntes Hindernis gestoßen, und das vordere Ende war noch zu weit entfernt, um den Schutthaufen zu überwinden und die Mündung des Gewehrs zu erreichen. Sie reichte tatsächlich fast bis zum Abzugbügel, den er, da nicht von Schutt bedeckt, mit dem rechten Auge undeutlich erkennen konnte. Er versuchte, die Latte mit der Hand zu zerbrechen, hatte aber keinen Hebelpunkt. Bei seinem Scheitern kehrte alles Entsetzen zurück, zehnfach verstärkt. Die schwarze Öffnung des Gewehrs schien als Strafe für seine Auflehnung einen schlimmeren und baldigeren Tod anzudrohen. Die Bahn des Geschosses durch seinen Kopf schmerzte mit heftigerer Qual. Wieder begann er zu zittern.

Plötzlich war er gefaßt. Sein Zittern schwand. Er biß auf

die Zähne und kniff die Augenbrauen zusammen. Er hatte seine Verteidigungsmittel noch nicht erschöpft; ein neuer Entwurf formte sich in seinem Geiste – ein weiterer Schlachtplan. Indem er das vordere Ende der Latte anhob, stieß er sie sorgfältig vorwärts durch die Trümmer seitlich des Gewehrs, bis sie gegen den Abzugbügel drückte. Dann bewegte er das Ende langsam nach außen, bis er fühlen konnte, daß es den Bügel hinter sich hatte, dann schloß er die Augen und stieß es mit aller Kraft gegen den Abzug! Es gab keine Detonation; das Gewehr hatte sich entladen, als es beim Zusammenbruch des Gebäudes aus seiner Hand fiel. Aber es erreichte seinen Zweck.

Leutnant Adrian Searing, der das Kommando über die Vorpostenkette an jenem Frontabschnitt führte, den sein Bruder Jerome zur Erfüllung seines Auftrags passiert hatte, saß aufmerksam lauschend in seiner Brustwehr hinter der Linie. Nicht der geringste Laut entging ihm; ein Vogelruf, das Belfern eines Eichhörnchens, das Rauschen des Winds in den Kiefern – alle wurden sorgsam von seinen aufs höchste angespannten Sinnen wahrgenommen. Plötzlich hörte er unmittelbar vor seiner Frontlinie ein schwaches verworrenes Rumpeln, ähnlich dem aus der Ferne herangetragenen Gepolter beim Zusammenstürzen eines Hauses. Der Leutnant blickte automatisch auf seine Uhr. 6 Uhr und 18 Minuten. Im gleichen Augenblick trat von hinten ein Offizier heran und salutierte.

»Leutnant«, sagte der Offizier, »der Oberst weist Sie an, Ihre Front vorzuverlegen und mit dem Feind, wenn Sie ihn finden, Fühlung zu nehmen. Wenn nicht, vorrücken, bis der Befehl zum Haltmachen kommt. Es gibt Grund anzunehmen, daß der Feind sich zurückgezogen hat.«

Der Leutnant nickte und sagte nichts; der andere Offizier zog sich zurück. Einen Augenblick später schwärmten die Männer, von den Unteroffizieren leise über ihren Auftrag unterrichtet, aus den Schützenlöchern aus und rückten in Schützenlinie vor, mit zusammengebissenen Zähnen und pochenden Herzen.

Diese Schützenlinie schwärmt über die Pflanzung vor Richtung Gebirge. Sie passieren auf beiden Seiten das zusammengestürzte Bauwerk und bemerken nichts. In kurzem Abstand folgt ihnen ihr Kommandeur. Er blickt neugierig auf den Trümmerhaufen und sieht einen Toten, halb unter Bohlen und Planken begraben. Die Leiche ist so mit Staub bedeckt, daß die Kleidung konföderiertes Grau ist. Das Gesicht ist gelblichweiß; die Wangen sind eingefallen, die Schläfen auch, von scharfen Rändern umgeben, die die Stirn abstoßend schmal machen; die Oberlippe, leicht angehoben, zeigt die weißen Zähne, starr zusammengebissen. Das Haar ist schwer von Feuchtigkeit, das Gesicht so naß wie das betaute Gras ringsum. Von seinem Blickpunkt aus kann der Offizier das Gewehr nicht sehen; der Mann wurde offenbar durch den Zusammensturz des Gebäudes getötet.

»'ne Woche tot«, sagte der Offizier kurz; dann ging er weiter und zog geistesabwesend die Uhr hervor, wie um sich seine Zeitschätzung zu bestätigen. 6 Uhr und 40 Minuten.

TOT BEI RESACA

Der beste Offizier in unserem Stab war Leutnant Herman Brayle, einer der beiden Adjutanten. Ich erinnere mich nicht, wo der General ihn aufgegabelt hat; in irgendeinem Ohio-Regiment vermutlich; keiner von uns hatte ihn vorher gekannt, und das wäre auch merkwürdig gewesen, denn von uns kamen nicht zwei aus demselben Staat, nicht einmal aus benachbarten Staaten. Der General schien zu glauben, daß eine Stelle in seinem Stab eine Auszeichnung sei, die höchst bedachtsam verliehen werden sollte, damit sie keine regionalen Eifersüchteleien zeuge und so die Integrität jenes Teils des Staates gefährde, der noch zusammenhielt. Er hätte nicht einmal Offiziere aus seinem eigenen Kommando genommen, sondern beschaffte sie sich durch allerlei Kunststückchen im Abteilungshauptquartier von anderen Brigaden. Unter solchen Umständen mußten die Leistungen eines Mannes schon besonders hervorragend sein, damit seine Familie und die Freunde seiner Jugend davon hörten; und die »sprechende Posaune des Ruhmes« war vor Geschwätzigkeit ohnehin etwas heiser geworden.

Leutnant Brayle war über sechs Fuß hoch und von vollendeten Proportionen, mit dem hellen Haar und den graublauen Augen, von denen Männer, die derlei besitzen, oft sagen, sie seien Zeichen besonders hehren Muts. Da er meist in Paradeuniform war, vor allem in der Schlacht, in der die meisten Offiziere mit weniger prunkvoller Kleidung zufrieden sind, war er eine sehr auffällige und hervorstechende Erscheinung. Im übrigen hatte er die Manieren eines Gentleman, den Kopf eines Gelehrten und das Herz eines Löwen. Er war ungefähr dreißig Jahre alt.

Wir alle mochten Brayle bald so sehr, wie wir ihn bewunderten, und deshalb bemerkten wir mit ehrlicher Besorgnis während des Gefechts bei Stones River – unserer ersten Kampfhandlung, nachdem er zu uns gestoßen war –, daß er eine höchst tadelnswerte und unsoldatische Eigenschaft hatte: Er war eitel ob seines Mutes. Während all der Wechselfälle und Umschwünge jenes gräßlichen Treffens, ob unsere Truppen nun auf den offenen Baumwollfeldern kämpften, in den Zederndickichten oder hinter dem Eisenbahndamm, ging er nicht ein einziges Mal in Deckung, außer als der General es ihm strikt befahl, der normalerweise andere Sorgen hatte, als an das Leben seiner Stabsoffiziere zu denken – oder auch an das seiner Männer.

Bei jedem weiteren Gefecht, während Brayle bei uns war, ging es ebenso. Er saß dann auf seinem Pferd wie eine Reiterstatue, in einem Sturm von Kugeln und Kartätschen, an den exponiertesten Stellen – überall dort, wo ihm die Pflicht, die ihm eigentlich gebot zu verschwinden, zu verbleiben gestattete –, obwohl er ohne Schwierigkeiten und mit deutlichem Gewinn für den Ruf seines gesunden Menschenverstandes sich in solche Sicherheit hätte begeben können, wie sie auf einem Schlachtfeld in den kurzen Pausen persönlicher Untätigkeit nur eben möglich ist.

Zu Fuß, ob aus Notwendigkeit oder aus Achtung vor seinem abgesessenen Kommandeur oder den abgesessenen Kameraden, war sein Verhalten ebenso. Er stand dann wie ein Fels im Freien, wenn Offiziere und Mannschaft gleichermaßen in Deckung gegangen waren; während Männer, an Dienst- und Lebensjahren älter, höher im Rang und fraglos unerschrocken, hinter der Kuppe eines Hügels dem Vaterlande so unendlich kostbare Leben loyal schonten, stand dieser Kerl da, gleichermaßen tatenlos, auf dem Kamm und blickte in die Richtung des schärfsten Feuers.

Wenn Schlachten sich auf offenem Gelände abspielen, geschieht es häufig, daß die feindlichen Reihen, die einander stundenlang auf Steinwurfweite gegenüberliegen, sich so eng an die Erde pressen, als liebten sie sie. Die Frontoffiziere quetschen sich an ihren Plätzen nicht weniger platt, und die Stabsoffiziere, deren Pferde alle tot sind oder hinter die Linien geschickt wurden, kauern sich unter dem höllischen Baldachin aus pfeifendem Blei und kreischendem Eisen hin ohne einen Gedanken an persönliche Würde.

Unter solchen Umständen ist das Leben eines Stabsoffiziers einer Brigade entschieden »kein glückliches«, hauptsächlich wegen seiner unsicheren Dienststellung und der sich ständig entnervend ändernden Gefühle, denen er ausgesetzt ist. Aus einer Stellung jener relativen Sicherheit, aus der heil zu entfliehen ein Zivilist einem »Wunder« zuschreiben würde, mag er mit einem Befehl zu irgendeinem Kommandeur eines mit den Nasen im Dreck liegenden Regiments in der vordersten Linie geschickt werden – einer im Augenblick unsichtbaren Person, die nicht immer leicht zu finden ist ohne viel Suchen zwischen Männern, die ein bißchen beschäftigt sind, und in einem Getöse, in dem Frage wie Antwort in der Zeichensprache ausgetauscht werden müssen. In solchen Fällen ist es üblich, den Kopf einzuziehen und in scharfem Laufschritt loszuhetzen, als Objekt des lebhaften Interesses einiger Tausend bewundernder Scharfschützen. Und bei der Rückkehr – naja, Rückkehr ist nicht üblich.

Brayles Verfahren war anders. Er pflegte sein Pferd in die Obhut einer Ordonnanz zu geben – er liebte sein Pferd – und dann gelassen auf seinen gefährlichen Botengang zu gehen, ohne den Rücken auch nur ein einziges Mal zu beugen, wobei seine prachtvolle Gestalt, durch die Uniform betont, die Blicke mit eigenartiger Anziehungskraft fesselte. Wir beobachteten ihn mit angehaltenem Atem, die Herzen pochten uns im Hals. Bei einem solchen Vorfall wurde einer von uns, ein ungestümer Stotterer, von seinen Gefühlen dermaßen hingerissen, daß er mir zurief:

»Ich w-w-wette zwei D-d-dollar, daß sie ihn k-k-kriegen, eh er d-d-den Graben d-d-da schafft!«

Ich nahm die brutale Wette nicht an; ich war der gleichen Ansicht.

Laßt mich dem Andenken eines tapferen Mannes gerecht werden; bei all diesen nutzlosen Gefährdungen seines Lebens gab es keinerlei offensichtliche Prahlerei, noch brüstete er sich hinterher damit. Bei jenen seltenen Gelegenheiten, da einige von uns ihm Vorhaltungen zu machen wagten, hatte Brayle freundlich gelächelt und irgendeine lockere Antwort gegeben, die aber nicht dazu ermutigte, das Thema weiter zu verfolgen. Einmal sagte er:

»Hauptmann, falls ich je zu Schaden komme, weil ich Ihren Rat vergesse, hoffe ich, daß mein letzter Augenblick vom Klang Ihrer lieben Stimme aufgeheitert wird, die mir ins Ohr die gesegneten Worte haucht: ›Ich hab's dir ja gesagt‹.«

Wir lachten über den Hauptmann – warum, hätten wir wohl kaum erklären können –, und an jenem Nachmittag, da er aus einem Hinterhalt zu Fetzen zerschossen wurde, blieb Brayle noch eine Weile bei dem Leichnam und legte die Gliedmaßen mit überflüssiger Sorgfalt zurecht – dort mitten auf der Straße, über die Kartätschen und Schrapnells in schweren Böen fegten! Es ist leicht, solcherlei Dinge zu verurteilen, und nicht sehr schwierig, sich der Nachahmung zu enthalten, aber es ist unmöglich, sie nicht zu achten, und Brayle war nicht weniger beliebt wegen seiner Schwäche, die solch heroischen Ausdruck fand. Wir wünschten, er wäre nicht solch ein Trottel, aber er ging diesen Weg bis zum Ende, manchmal schwer verwundet, kehrte aber immer so gut wie neu zum Dienst zurück.

Natürlich geschah es dann schließlich; wer das Gesetz der Wahrscheinlichkeit mißachtet, fordert einen Gegner heraus, der selten geschlagen wird. Es war bei Resaca, Georgia, während jener Unternehmung, die zur Einnahme von Atlanta führte. Vor unserer Brigade verliefen die feindlichen Verschanzungen durch offene Felder eine leichte Anhöhe entlang. Zu beiden Seiten dieses offenen Geländes waren wir ihm im Wald ziemlich nahe, konnten aber nicht hoffen, das freie Gelände vor Einbruch der Nacht zu besetzen; dann würde die Dunkelheit es uns ermöglichen, uns wie Maulwürfe vorzuwühlen und Erde aufzuwerfen. An dieser Stelle verlief unsere Front eine Viertelmeile entfernt durch einen Waldsaum. Grob gesprochen bildeten wir einen Halbkreis, wobei die feindliche befestigte Linie die Bogensehne war.

»Leutnant, gehen Sie zu Oberst Ward, er soll sich so nahe heranarbeiten, wie er Deckung findet, und keine Munition sinnlos verfeuern. Sie können Ihr Pferd zurücklassen.«

Als der General diesen Befehl gab, lagen wir am Waldrand, nahe dem äußersten rechten Ende des Bogens. Oberst Ward war am linken. Die Anweisung, das Pferd zurückzulassen, bedeutete eindeutig genug, daß Brayle den längeren Weg nehmen sollte, durch den Wald und zwischen den Mannschaften hindurch. Eigentlich war die Anweisung überflüssig; den kurzen Weg zu gehen bedeutete mit absoluter Sicherheit Scheitern bei der Überbringung der Botschaft. Bevor aber irgend jemand dazwischentreten konnte, war Brayle bereits in leichtem Galopp aufs Feld hinausgeritten, und die feindlichen Befestigungen loderten prasselnd auf.

»Stoppt den verdammten Trottel!« schrie der General.

Ein einfacher Soldat der Eskorte mit mehr Ehrgeiz als Hirn preschte gehorsam los, und nach nicht einmal zehn Yards blieben er und sein Pferd tot auf dem Feld der Ehre.

Brayle war außer Rufweite, galoppierte leicht dahin, parallel zum Feind und weniger als zweihundert Yards entfernt. Wahrhaftig ein Anblick! Der Hut war ihm vom Kopf geweht oder geschossen, und sein langes blondes Haar stieg und sank mit den Bewegungen des Pferds. Er saß senkrecht im Sattel, hielt die Zügel leicht mit der Linken, die Rechte hing achtlos an der Seite herab. Ein gelegentlicher Blick auf sein gutgeschnittenes Profil, wenn er den Kopf zur einen oder anderen Seite wandte, zeigte, daß sein Interesse an den Vorgängen natürlich und ungekünstelt war.

Das Bild war ungeheuer dramatisch, aber in keiner Weise theatralisch. Nacheinander spien ihn Gewehrsalven gehässig an, sowie er in Reichweite kam, und unsere eigene Reihe im Waldrand brach sichtbar und hörbar in Deckungsfeuer aus. Jetzt sprangen ohne Rücksicht auf sich oder ihre Befehle unsere Jungs auf, schwärmten ins Freie und sandten breite Kugelvorhänge gegen den flammenden Kamm der anstößigen Erdwälle, die zur Antwort Gegenfeuer in ihre ungeschützten Gruppen schickten, mit tödlicher Wirkung. Die Artillerie beider Seiten schloß sich dem Gefecht an und interpunktierte das Rattern und Brausen mit tiefen erderschütternden Abschüssen und zerfetzte die Luft mit Hagelstürmen von Schrapnell, wovon die gegnerischen bei uns die Bäume zerfetzten und mit Blut bespritzten und die unseren den Qualm seiner Waffen mit Sandfontänen und Staubwolken aus seiner eigenen Brustwehr besudelten.

Meine Aufmerksamkeit war für einen Augenblick auf das Kampfgeschehen insgesamt gezogen worden; nun aber, da ich die unverdunkelte Schneise zwischen den beiden Ungewittern entlangblickte, sah ich Brayle, die Ursache des Gemetzels. Von beiden Seiten unsichtbar und gleichermaßen von Freund und Feind dem Untergang preisgegeben, stand er in dem von Schüssen durchfegten Raum, reglos, das Gesicht dem Gegner zugekehrt. Nicht weit entfernt lag sein Pferd. Ich sah sofort, was ihn angehalten hatte.

Als Vermessungsingenieur hatte ich am frühen Morgen eine hastige Untersuchung des Geländes durchgeführt und erinnerte mich jetzt, daß sich an dieser Stelle ein tiefer gewundener Einschnitt befand, der das halbe Feld von der feindlichen Front her kreuzte, wobei er generell in rechten Winkeln zu ihr verlief. Von unserem jetzigen Standpunkt aus war er unsichtbar, und Brayle hatte offensichtlich nichts davon gewußt. Natürlich war er unpassierbar. Seine vorspringenden Ecken hätten ihm absolute Sicherheit geboten, wenn er sich entschlossen hätte, mit dem bereits zu seinen Gunsten gewirkten Wunder zufrieden zu sein und hineinzuspringen. Er konnte nicht vorwärts, er wollte nicht zurück; er stand da und erwartete den Tod. Der ließ ihn nicht lange warten.

Durch ein geheimnisvolles Zusammentreffen hörte fast im gleichen Augenblick, da er fiel, das Feuern auf; einige planlose Schüsse mit langen Pausen dienten eher dazu, das Schweigen zu betonen als zu brechen. Es war, als ob beide Seiten plötzlich ihr uneinträgliches Verbrechen bereuten. Vier Bahrenträger der unseren folgten einem Sergeanten mit weißer Fahne, bewegten sich kurz danach unbelästigt übers Feld und begaben sich direkt zu Brayles Leiche. Einige konföderierte Offiziere und Mannschaften kamen heraus, um sie zu treffen, und halfen ihnen mit entblößten Köpfen, ihre geheiligte Bürde aufzunehmen. Als sie zu uns getragen wurde, hörten wir von jenseits der feindlichen Befestigungen Querpfeifen und eine gedämpfte Trommel – eine Totenklage. Ein großherziger Gegner ehrte den gefallenen Tapferen.

Unter den Sachen des toten Mannes war eine beschmutzte Brieftasche aus Juchtenleder. Bei der Verteilung der Andenken an unseren Freund, die der General als Nachlaßverwalter anordnete, fiel sie an mich.

Ein Jahr nach Kriegsende öffnete ich sie auf meinem Weg nach Kalifornien und untersuchte sie müßig. Aus einem bisher übersehenen Fach fiel ein Brief ohne Umschlag oder Anschrift. Es war die Handschrift einer Frau, und er begann mit Worten der Zärtlichkeit, doch ohne Namen.

Er war wie folgt datiert: »San Francisco, Kal., 9. Juli 1862.« Die Unterschrift war »Liebling« in Anführungszeichen. Beiläufig wurde mitten im Text der volle Name der Schreiberin gegeben – Marian Mendenhall.

Der Brief verriet Bildung und gute Herkunft, doch war es ein gewöhnlicher Liebesbrief, falls ein Liebesbrief gewöhnlich sein kann. Viel war nicht an ihm, aber doch etwas. Nämlich dies:

»Mr. Winters, den ich dafür immer hassen werde, hat herumerzählt, daß Du während einer Schlacht in Virginia, während der er seine Verletzung erhielt, hinter einem Baum kauernd gesehen wurdest. Ich glaube, er wollte Dich in meinen Augen herabsetzen, was, wie er weiß, die Geschichte erreicht hätte, wenn ich sie glaubte. Ich könnte es ertragen, von meines Soldaten-Liebsten Tod zu hören, nicht aber von seiner Feigheit.«

Das waren die Worte, die an jenem sonnigen Nachmittag in einer weit entfernten Gegend hundert Männer töteten. Sind Frauen schwach?

Eines Abends besuchte ich Miss Mendenhall, um ihr den Brief zurückzubringen. Ich hatte auch die Absicht, ihr zu erzählen, was sie getan hatte – aber nicht, daß sie es getan hatte. Ich traf sie in einer prächtigen Wohnung auf dem Rincon Hill an. Sie war schön, wohlerzogen – mit einem Wort bezaubernd.

»Sie haben Leutnant Herman Brayle gekannt«, sagte ich einigermaßen abrupt. »Sie wissen sicherlich, daß er im Kampf gefallen ist. Bei seinen Sachen hat man diesen Brief von Ihnen gefunden. Mein Anliegen hier ist, ihn Ihnen zurückzubringen.«

Sie nahm den Brief mechanisch, überflog ihn errötend und sagte dann, wobei sie mich lächelnd ansah:

»Das ist sehr freundlich von Ihnen, obwohl ich kaum glaube, daß es der Mühe wert war.« Plötzlich schrak sie auf und wechselte die Farbe. »Dieser Fleck«, sagte sie, »ist das … das ist doch nicht …«

»Madame«, sagte ich, »verzeihen Sie, aber das ist das Blut des treuesten und tapfersten Herzens, das je schlug.«

Sie schleuderte den Brief hastig auf die glühenden Kohlen. »Oh! Ich kann den Anblick von Blut nicht ertragen!« sagte sie. »Wie ist er gestorben?«

Ich war unwillkürlich aufgesprungen, um den Fetzen Papier zu retten, der selbst mir heilig war, und stand nun halb hinter ihr. Als sie die Frage stellte, wandte sie ihr Gesicht herum und leicht nach oben. Das Licht des brennenden Briefes spiegelte sich in ihren Augen und überzog die

Wange mit einem Hauch von Karmesin, gleich dem Fleck auf seinem Blatt. Ich hatte nie zuvor etwas so Schönes gesehen wie dieses verabscheuungswürdige Geschöpf.

»Ihn hat eine Schlange gebissen«, erwiderte ich.

DAS GEFECHT BEI COULTER'S NOTCH

»Glauben Sie, Oberst, daß Ihr tapferer Coulter gern eine seiner Kanonen hier drin aufstellen würde?« fragte der General.

Er nahm das offenbar nicht ganz ernst; es erschien sicherlich nicht wie ein Platz, an dem irgendein Artillerist, wie tapfer auch immer, gern eine Kanone aufgestellt hätte. Der Oberst überlegte, daß möglicherweise sein Divisionskommandeur launig andeuten wollte, der Mut von Hauptmann Coulter sei in einem kürzlichen Gespräch zwischen ihnen zu sehr gerühmt worden.

»General«, erwiderte er überzeugt, »Coulter würde überall in Schußweite zu diesen Leuten eine Kanone aufstellen wollen«, mit einer Handbewegung in Richtung Feind.

»Hier ist die einzige Stelle«, sagte der General. Er meinte es also doch ernst.

Die Stelle war eine Vertiefung, ein *notch* [Einkerbung] im scharfen Grat eines Hügels. Es war ein Paß, und durch ihn lief eine Überlandstraße, die diesen höchsten Punkt ihres Verlaufs nach kurvenreichem Anstieg durch einen lichten Wald erreichte und dann einen ähnlichen, obwohl weniger steilen Abstieg zum Feind hin begann. Auf eine Meile zur Linken wie auf eine Meile zur Rechten war der Bergrücken – wiewohl von Unionsinfanterie besetzt, die eng hinter dem scharfen Grat lag und durch den Luftdruck dort festgehalten schien – für Artillerie unzugänglich. Es gab keine andere Stelle als die Sohle des *notch*, und die war kaum breit genug für das Straßenbett. Auf konföderierter Seite wurde dieser Punkt beherrscht von zwei Batterien, postiert auf einer etwas niedrigeren Erhebung jenseits eines Bachs, eine halbe Meile entfernt. Alle Kanonen bis auf eine waren durch die Bäume eines Obstgartens getarnt; diese eine – es schien ein bißchen unverschämt – stand auf einer offenen Rasenfläche vor einem ziemlich protzigen Gebäude, dem Wohnhaus des Plantagenbesitzers. Die Kanone war in ihrer freien Stellung sicher genug – aber nur, weil die Unionsinfanterie nicht schießen durfte. Coulter's Notch – wie er später genannt wurde – war an jenem lieblichen Sommernachmittag durchaus kein Platz, wo man »eine Kanone aufstellen würde«.

Drei oder vier tote Pferde lagen mitten auf der Straße, drei oder vier tote Männer in einer ordentlichen Reihe am Straßenrand, ein wenig nach hinten, bergab. Alle bis auf einen waren Kavalleristen von der Vorhut der Unionstruppen. Einer war ein Quartiermeister. Der General, der die Division kommandierte, und der Oberst, der die Brigade befehligte, waren mit ihren Stäben und Eskorten in den *notch* geritten, um einen Blick auf die feindlichen Kanonen zu werfen – die sich prompt selbst mit steilen Rauchwolken einhüllten. Es ist nicht gerade förderlich, auf Kanonen neugierig zu sein, die den Trick des Tintenfischs beherrschen, und die Dauer der Beobachtung war kurz gewesen. Zu ihrem Abschluß – eine kurze Strecke rückwärts vom Punkt ihres Beginns – fand das bereits teilweise berichtete Gespräch statt. »Hier ist die einzige Stelle«, wiederholte der General nachdenklich, »um an sie ranzukommen.«

Der Oberst sah ihn ernst an. »Hier ist nur Platz für eine Kanone, General – eine gegen zwölf.«

»Das stimmt – für nur eine auf einmal«, sagte der Kommandeur mit so etwas wie einem Lächeln, das doch nicht ganz eines war. »Aber immerhin, Ihr tapferer Coulter – allein eine ganze Batterie.«

Der ironische Tonfall war nun unmißverständlich. Es ärgerte den Obersten, aber er wußte nicht, was er sagen sollte. Der Geist der militärischen Subordination ist dem Widerspruch nicht günstig, nicht einmal der Bitte.

In diesem Augenblick kam ein junger Artillerieoffizier langsam die Straße heraufgeritten, begleitet von seinem Hornisten. Es war Hauptmann Coulter. Er konnte kaum älter als dreiundzwanzig sein. Er war mittelgroß, aber sehr schlank und geschmeidig, und er saß zu Pferde eher nach Art eines Zivilisten. Dem Gesicht nach war er ein den ihn umgebenden Männern überaus unähnlicher Typus; mager, kühne Nase, grauäugig, mit einem kleinen blonden Schnurrbart und langen, eher wirren Haaren der gleichen Farbe. In seiner Kleidung war etwas sichtlich Nachlässiges. Die Mütze trug er so, daß der Schirm leicht schief war; sein Waffenrock war nur am Degenkoppel zugeknöpft und zeigte eine beachtliche Fläche weißen Hemdes, erträglich sauber für diese Phase des Feldzugs. Aber Nachlässigkeit war nur in Kleidung und Haltung; das Gesicht zeigte höchstes Interesse an der Umgebung. Die grauen Augen, die ab und zu die Landschaft links und rechts wie Scheinwerfer zu überblitzen schienen, waren meist auf den Himmel jenseits des *notch* gerichtet; ehe er nicht den höchsten Punkt der Straße erreichte, war in der Richtung nichts anderes zu sehen. Als er am Straßenrand gegenüber den Kommandeuren seiner Division und seiner Brigade ankam, salutierte er mechanisch und wollte schon weiterreiten. Der Oberst hielt ihn mit einem Zeichen an.

»Hauptmann Coulter«, sagte er, »der Feind hat da drüben auf dem nächsten Rücken zwölf Geschütze. Wenn ich den General richtig verstehe, will er, daß Sie eine Kanone herbringen und die da in ein Gefecht verwickeln.«

Leeres Schweigen; der General beobachtete ausdruckslos ein fernes Regiment, das langsam durch grobes Unterholz den Hügel hinaufschwärmte, wie eine zerfetzte und zerlumpte Wolke blauen Rauchs; der Hauptmann schien ihn nicht zu bemerken. Dann sprach der Hauptmann, langsam und offenbar mit Mühe:

»Auf dem nächsten Rücken sagten Sie, Sir? Stehn die Kanonen nahe beim Haus?«

»Ach, Sie waren schon mal auf dieser Straße. Direkt neben dem Haus.«

»Und es ist … notwendig…, sie ins Gefecht zu ziehen? Der Befehl ist unumstößlich?«

Seine Stimme war heiser und brüchig. Er war nun sichtlich bleicher. Der Oberst war erstaunt und verärgert. Er warf einen verstohlenen Blick auf den Kommandeur. In dessen gesetztem, unbeweglichen Gesicht war nichts zu sehen; es war hart wie Bronze. Einen Augenblick später ritt der General davon, gefolgt von Stab und Eskorte. Der Oberst, gedemütigt und empört, wollte eben Hauptmann Coulter in Arrest nehmen lassen, als dieser mit leiser Stimme einige Worte zu seinem Hornisten sagte, salutierte und geradewegs vorwärts in den *notch* ritt, wo er kurz danach auf dem höchsten Punkt der Straße, den Feldstecher am Auge, sich gegen den Himmel abzeichnete, er und sein Pferd, scharf umrissen und wie eine Statue. Der Hornist war die Steigung hinabgesprengt und verschwand hinter einem Gehölz. Unmittelbar danach hörte man sein Horn durch die Zedern singen, und nach unglaublich kurzer Zeit kam eine einzelne Kanone mit ihrem Munitionswagen, jeweils von sechs Pferden gezogen und mit vollständiger Kanonierbemannung, den Hang in einem Staubsturm heraufgeschlingert und -geholpert, wurde in Deckung abgeprotzt und dann von Hand vorwärts auf den verhängnisvollen Kamm gerollt, zwischen die toten Pferde. Eine Armbewegung des Hauptmanns, einige seltsam gewandte Griffe der Männer beim Laden, und fast noch ehe für die Truppe entlang der Straße das Rattern der Räder aufgehört hatte, sprang eine mächtige weiße Wolke vorwärts den Hang hinab, und mit einem betäubenden Donner hatte das Gefecht an Coulter's Notch begonnen.

Es ist nicht beabsichtigt, in allen Einzelheiten den Fortgang und die Ereignisse dieses grausigen Wettkampfs zu berichten – eines Wettkampfs ohne Wechselfälle, die Abwechslungen lediglich unterschiedliche Grade der Verzweiflung. Fast im gleichen Augenblick, in dem Hauptmann Coulters Kanone ihre herausfordernde Wolke ausstieß, rollten zwölf antwortende Wolken zwischen den Bäumen um das Haus des Pflanzers hervor und aufwärts, ein tiefer vielfacher Donner brüllte zurück wie ein gebrochenes Echo, und fortan fochten die Unionskanoniere bis ans Ende ihren hoffnungslosen Kampf in einer Atmosphäre aus lebendem Eisen, dessen Gedanken Blitze, dessen Taten Tod waren.

Nicht willens, der Mühe, bei der er nicht helfen, und der Metzelei, die er nicht einhalten konnte, zuzuschauen, bestieg der Oberst den Bergrücken an einer Stelle etwa eine viertel Meile zur Linken, von wo aus der selbst unsichtbare *notch*, der aber aufeinanderfolgende Rauchmassen ausstieß, wie der Krater eines Vulkans in donnernder Eruption erschien. Durch sein Glas beobachtete er die Kanonen des Gegners und nahm, soweit er konnte, die Wirkungen von Coulters Feuer zur Kenntnis – falls Coulter noch lebte und es leitete. Er sah, daß die Unionskanoniere jene Geschütze des Gegners unbeachtet ließen, deren Stellungen nur durch ihren Rauch auszumachen waren, und ihre ganze Aufmerksamkeit jenem widmeten, das seine Stellung im Freien beibehielt – auf dem Rasen vor dem Haus. Über und neben diesem kühnen Geschütz explodierten die Granaten in Abständen von wenigen Sekunden. Einige explodierten im Haus, wie an dünnen Rauchfahnen aus dem zerschossenen Dach zu erkennen war. Gestalten von hingestreckten Männern und Pferden waren deutlich sichtbar.

»Wenn unsre Jungs schon mit einem einzigen Rohr so gute Arbeit leisten«, sagte der Oberst zu einem Adjutanten, der zufällig am nächsten stand, »dann müssen sie unter zwölfen höllisch leiden. Gehn Sie hin und übermitteln Sie dem Befehlshaber der Kanone meine Glückwünsche zur Genauigkeit seines Feuers.«

Dann wandte er sich an seinen Stabsadjutanten und sagte: »Haben Sie Coulters verdammtes Zögern bei der Ausführung des Befehls bemerkt?«

»Ja, Sir, hab ich.«

»Na gut, reden Sie bitte nicht drüber. Ich glaub nicht, daß der General Wert auf eine Anklage legt. Er wird wahrscheinlich genug damit zu tun haben, seinen eigenen Anteil an dieser ungewöhnlichen Art zu erklären, die Nachhut eines abrückenden Feindes zu unterhalten.«

Ein junger Offizier näherte sich von unten; atemlos erklomm er den Steilhang. Fast noch bevor er salutiert hatte, keuchte er heraus:

»Oberst, Oberst Harmon läßt ausrichten, daß die Kanonen des Feindes in bequemer Schußweite für unsere Gewehre sind und die meisten von mehreren Stellen des Grats aus sichtbar.«

Der Brigadekommandeur betrachtete ihn ohne die geringste Spur von Interesse in seinem Ausdruck. »Ich weiß das«, sagte er ruhig.

Der junge Adjutant war sichtlich verwirrt. »Oberst Harmon hätte gern die Erlaubnis, die Kanonen zum Schweigen zu bringen«, stammelte er.

»Die hätte ich auch gern«, sagte der Oberst im gleichen Tonfall. »Übermitteln Sie Oberst Harmon meine Empfehlungen und sagen Sie ihm, daß die Befehle des Generals, die Infanterie solle nicht feuern, weiter in Kraft sind.«

Der Adjutant salutierte und verschwand. Der Oberst bohrte seinen Absatz in den Boden und wandte sich, um wieder die Kanonen des Gegners zu beobachten.

»Oberst«, sagte der Stabsadjutant, »ich weiß nicht, ob ich überhaupt etwas sagen sollte, aber irgendwas stimmt hier nicht. Wissen Sie zufällig, daß Hauptmann Coulter aus dem Süden stammt?«

»Nein; wirklich?«

»Ich hab gehört, daß im letzten Sommer die Division, die der General damals kommandierte, in der Nähe von Coulters Heim stand ... wochenlang da kampiert hat, und...«

»Hören Sie!« sagte der Oberst; er unterbrach ihn mit einer aufwärts gerichteten Geste. »Hören Sie *das*?«

»Das« war das Schweigen der Unionskanone. Der Stab, die Ordonnanzen, die Reihen der Infanterie hinter dem Kamm – alle hatten »gehört« und blickten neugierig in Richtung des Kraters, aus dem jetzt kein Rauch emporstieg, ausgenommen verstreute Wölkchen von Granaten des Gegners. Dann kam das Schmettern eines Horns, ein schwaches Rattern von Rädern; eine Minute später begann das scharfe Donnern mit verdoppelter Stärke. Die zerstörte Kanone war durch eine unbeschädigte ersetzt worden.

»Na ja«, sagte der Stabsadjutant, indem er seine Erzählung wiederaufnahm, »der General hat die Bekanntschaft von Coulters Familie gemacht. Dann gab es Schwierigkeiten... Genaues weiß ich nicht... irgendwas mit Coulters Frau. Sie ist eine glühende Sezessionistin, wie alle anderen außer Coulter selbst, aber eine gute Frau aus bestem Stall. Es gab eine Beschwerde beim Armeehauptquartier. Der General ist zu dieser Division versetzt worden. Komisch, daß Coulters Batterie ihr später auch zugeteilt wurde.«

Der Oberst war von dem Felsen aufgestanden, auf dem sie gesessen hatten. Seine Augen loderten reichlich unwillig.

»Hören Sie, Morrison«, sagte er und blickte seinem schwatzhaften Stabsoffizier gerade ins Gesicht, »haben Sie diese Geschichte von einem Gentleman oder von einem Lügner?«

»Ich möchte nicht sagen, Oberst, wie ich sie erfahren habe, solange das nicht nötig ist« – er errötete leicht –, »aber ich wette meinen Kopf, daß sie im Prinzip stimmt.«

Der Oberst wandte sich zu einem kleinen Knäuel von Offizieren in einiger Entfernung um. »Leutnant Williams!« rief er.

Einer der Offiziere löste sich von der Gruppe, trat vor, salutierte und sagte: »Entschuldigen Sie, Oberst, ich dachte, Sie wüßten es. Williams ist tot, da unten bei der Kanone. Was kann ich tun, Sir?«

Leutnant Williams war der Adjutant, der das Vergnügen gehabt hatte, dem befehlshabenden Offizier an der Kanone die Glückwünsche seines Brigadekommandeurs zu überbringen.

»Gehn Sie«, sagte der Oberst, »und veranlassen Sie, daß die Kanone sofort zurückgezogen wird. Nein – ich gehe selbst.«

Er eilte mit halsbrecherischer Geschwindigkeit den Abhang hinab, hin zum Ende des *notch*, über Felsen und durch Dornengestrüpp, gefolgt von seinem kleinen Stab in wilder

Unordnung. Am Fuß des Abhangs bestiegen sie ihre wartenden Tiere und ritten die Straße in lebhaftem Trab entlang, um eine Krümmung und in den *notch* hinein. Das Schauspiel, dem sie dort begegneten, war grauenhaft!

In dem Engpaß, kaum breit genug für eine Kanone, türmten sich die Trümmer von nicht weniger als vieren. Man hatte das Verstummen nur der letzten zerschossenen bemerkt – es hatte da ein Mangel an Männern geherrscht, sie schnell durch eine andere zu ersetzen. Die Trümmer lagen zu beiden Seiten der Straße; die Männer hatten es geschafft, zwischen ihnen eine Öffnung freizuhalten, durch die das fünfte Geschütz nun feuerte. Die Männer? – sie sahen aus wie Dämonen der Hölle! Alle waren ohne Hut, alle nackt bis zu den Hüften, die dampfende Haut schwarz von Pulverflecken und übersät mit Blutspritzern. Sie schufteten wie die Verrückten mit Ladestock und Kartusche, mit Lafettenschwanz und Abzugsleine. Sie stemmten ihre geschwollenen Schultern und blutenden Hände nach jedem Rückstoß gegen die Räder und hievten die schwere Kanone zurück in ihre Stellung. Es gab keine Kommandos; in dieser grauenvollen Umgebung aufbrüllender Abschüsse, explodierender Granaten, kreischender Eisenstücke und umherfliegender Holzsplitter konnte man niemanden hören. Offiziere, wenn da Offiziere waren, waren nicht zu unterscheiden; alle arbeiteten zusammen – jeder solange er durchhielt – durch Blicke gelenkt. Wenn das Rohr ausgewischt war, wurde es geladen; wenn geladen, wurde es gerichtet und abgefeuert. Der Oberst beobachtete etwas für seine militärischen Erfahrungen Neues – etwas Grauenhaftes und Unnatürliches: Das Rohr blutete aus der Mündung! Wegen zeitweiligen Wassermangels hatte der Auswischer seinen Schwamm in eine Pfütze Kameradenblut getaucht. Bei alledem gab es keine

Zusammenstöße; die Notwendigkeiten des Augenblicks waren offenkundig. Wenn einer fiel, schien ein anderer, ein bißchen sauberer, sich aus dem Boden in die Fußstapfen des Toten zu erheben, um zu seiner Zeit zu fallen.

Bei den zerstörten Kanonen lagen die zerstörten Männer – neben den Trümmern, unter ihnen und auf ihnen; und hinten die Straße hinab – eine grauenvolle Prozession! – krochen auf Händen und Knien die von den Verwundeten, die sich noch bewegen konnten. Der Oberst – er hatte seine Kavalkade aus Mitgefühl weiter nach rechts geschickt – mußte über jene reiten, die ganz tot waren, um jene nicht zu zertreten, die teilweise noch lebten. In jene Hölle nahm er ruhig seinen Weg, ritt neben die Kanone und klopfte in der Verfinsterung nach dem letzten Abschuß dem Mann mit Ladestock sanft auf die Wange – der prompt hinschlug, weil er sich für getötet hielt. Ein Teufel, in die siebte Hölle verflucht, sprang aus dem Rauch, um seinen Platz einzunehmen, hielt aber inne und starrte zu dem berittenen Offizier mit einem Blick aus einer anderen Welt empor; die Zähne blitzten zwischen seinen schwarzen Lippen, die Augen, wild und aufgerissen, brannten wie Kohle unter seiner blutigen Stirn. Der Oberst machte eine herrische Geste und wies nach rückwärts. Der Teufel verbeugte sich zum Zeichen des Gehorsams. Es war Hauptmann Coulter.

Gleichzeitig mit dem einhaltgebietenden Zeichen des Obersten senkte sich Schweigen auf das ganze Gefechtsfeld. Die Prozession der Geschosse strömte nicht länger in diesen Engpaß des Todes, denn auch der Gegner hatte zu feuern aufgehört. Seine Armee war schon seit Stunden abgerückt, und der Kommandeur der Nachhut, der die Stellung gefährlich lange in der Hoffnung gehalten hatte, das Unionsfeuer zum Schweigen zu bringen, hatte sein eigenes im gleichen Moment eingestellt. »Ich wußte gar nicht, daß meine Befehlsgewalt so weit reicht«, sagte der Oberst zu irgendwem, als er vorwärts zum Kamm ritt, um zu sehen, was wirklich geschehen war.

Eine Stunde später befand sich seine Brigade im Biwak auf feindlichem Gebiet, und die dortigen Anwohner untersuchten mit jener Art ehrfurchtsvoller Scheu, mit der ein Gläubiger die Reliquien eines Heiligen untersucht, ein gutes Dutzend hingestreckter toter Pferde und drei unbrauchbare Kanonen, alle vernagelt. Die gefallenen Männer waren weggetragen worden; ihre zerfetzten und zerbrochenen Körper hätten eine zu große Befriedigung gewährt.

Natürlich quartierte der Oberst sich und seine nächste Umgebung im Herrenhaus ein. Es war ein wenig beschädigt, aber besser als unter freiem Himmel. Die Einrichtung war arg derangiert und zerbrochen. Wände und Decken waren hier und da weggeschossen, und ein zäher Geruch von Pulverdampf hing überall. Die Betten, die Wandschränke mit Frauenkleidung, die Geschirrschränke waren nicht sehr beschädigt. Die neuen Bewohner für eine Nacht machten es sich bequem, und die buchstäbliche Auslöschung von Coulters Batterie lieferte ihnen interessanten Gesprächsstoff.

Während des Abendessens kam eine Ordonnanz der Eskorte in den Speiseraum und bat um Erlaubnis, den Obersten sprechen zu dürfen.

»Was ist los, Barbour?« fragte der Offizier freundlich, der die Bitte gehört hatte.

»Oberst, im Keller stimmt was nicht; ich weiß nicht was – irgendwer ist da. Ich hab da unten rumgestöbert.«

»Ich gehe runter und sehe nach«, sagte ein Stabsoffizier; er erhob sich.

»Ich auch«, sagte der Oberst; »die anderen können hierbleiben. Gehen Sie voraus, Ordonnanz.«

Sie nahmen eine Kerze vom Tisch und stiegen die Kellertreppe hinab, die Ordonnanz sichtlich aufgeregt. Die Kerze gab nur ein schwaches Licht, dann aber, als sie voranschritten, enthüllte ihr enger Lichtkreis eine menschliche Gestalt, die auf dem Boden saß, gegen die schwarze Steinmauer gelehnt, an der sie entlangkamen, mit angezogenen Knien, den Kopf weit nach vorn gebeugt. Das Gesicht, das im Profil hätte sichtbar sein sollen, war unsichtbar, denn der Mann hatte sich so weit vorgebeugt, daß sein langes Haar es verbarg. Und, seltsam zu berichten, der Bart, von sehr viel dunklerer Farbe, fiel als dichte verflochtene Masse herab und lag seitlich auf dem Boden. Unwillkürlich blieben sie stehen; dann näherte sich der Oberst, der die Kerze aus der zitternden Hand der Ordonnanz genommen hatte, dem Mann und betrachtete ihn aufmerksam. Der lange dunkle Bart war das Haar einer Frau – tot. Die tote Frau umklammerte mit ihren Armen ein totes Kind. Beide waren von den Armen des Mannes umklammert, gegen seine Brust gedrückt, gegen seine Lippen. Blut war im Haar der Frau; Blut war im Haar des Mannes. Einen Yard weiter, nahe einer unregelmäßigen Vertiefung im gestampften Erdreich, das den Boden des Kellers bildete – einem frischen Aushub durch ein konvexes Stück Eisen mit zackigen Rändern, die an einer Seite sichtbar waren –, lag ein Kinderfuß. Der Oberst hielt das Licht, so hoch er konnte. Der Boden des Raums darüber war durchbrochen, die Splitter wiesen wirr nach unten. »Diese Kasematte ist nicht bombensicher«, sagte der Oberst ernsthaft. Es kam ihm nicht in den Sinn, daß seine Zusammenfassung der Dinge leicht frivol war.

Sie standen eine Weile schweigend um die Gruppe; der

Stabsoffizier dachte an sein unbeendetes Abendessen, die Ordonnanz daran, was möglicherweise in einem der Fässer auf der anderen Seite des Kellers sein mochte. Plötzlich hob der Mann, den sie für tot gehalten hatten, den Kopf und starrte ruhig in ihre Gesichter. Seine Haut war kohlenschwarz; die Wangen waren anscheinend tätowiert, mit unregelmäßigen Schlangenlinien von den Augen herab. Auch die Lippen waren weiß, wie die eines Bühnennegers. Blut war auf seiner Stirn.

Der Stabsoffizier trat einen Schritt zurück, die Ordonnanz zwei.

»Was machen Sie hier, guter Mann?« sagte der Oberst unbewegt.

»Dieses Haus gehört mir, Sir«, war die Antwort, höflich gegeben.

»Ihnen? Ah ja! Und die da?«

»Meine Frau und mein Kind. Ich bin Hauptmann Coulter.«

DER GNADENSTOSS

Der Kampf war hart und langwierig gewesen; alle Sinne bestätigten das. Noch war der Geschmack von Schlacht in der Luft. Alles war jetzt vorbei; es blieb nur, die Verwundeten zu versorgen und die Toten zu begraben – »bißchen aufräumen«, wie der Humorist eines Begräbnistrupps es nannte. Ziemlich viel »aufräumen« war nötig. So weit man durch den Wald und die zersplitterten Bäume blicken konnte, lagen zerschossene Männer und Pferde. Zwischen ihnen bewegten sich die Bahrenträger und sammelten und trugen die wenigen fort, die Zeichen von Leben zeigten. Die meisten Verwundeten waren an Nichtversorgung gestorben, während man sich um das Recht stritt, ihren Bedürfnissen beizustehen. Es ist Teil der Heeresdienstvorschrift, daß die Verwundeten warten müssen; die beste Weise, für sie zu sorgen, ist, die Schlacht zu gewinnen. Man muß einräumen, daß der Sieg ein herausragender Vorteil für einen Mann ist, der der Versorgung bedarf, aber viele leben nicht lang genug, sich seiner zu bedienen.

Die Toten wurden in Gruppen von zwölf oder zwanzig gesammelt und Seite an Seite in Reihen gelegt, während man die Gräben aushob, die sie aufnehmen sollten. Einige, von diesen Sammelpunkten zu weit entfernt gefunden, begrub man, wo sie lagen. Es gab wenig Mühen um Identifizierung, obwohl in den meisten Fällen die siegreichen Toten bekannt waren und aufgelistet wurden, denn die Begräbnistrupps waren zur Nachlese auf dasselbe Feld kommandiert worden, auf dem zu ernten sie geholfen hatten. Die Gefallenen des Gegners hatten sich mit Zählung zu bescheiden. Davon aber bekamen sie ausreichend: Manche wurden mehrmals gezählt, und die Gesamtzahl, die später im offiziellen Bericht des siegreichen Kommandeurs erschien, bezifferte eher eine Hoffnung denn ein Ergebnis.

In geringer Entfernung von der Stelle, an der einer der Begräbnistrupps sein »Leichenbiwak« eingerichtet hatte, lehnte ein Mann in der Uniform eines Unionsoffiziers an einem Baum. Von den Füßen bis zum Hals zeugte seine Haltung von rastender Erschöpfung; aber den Kopf wandte er unruhig hin und her; sein Geist rastete offenbar keineswegs. Vielleicht war er unsicher, in welche Richtung er zu gehen hatte; er würde wohl nicht lange bleiben, wo er war, denn schon verloren sich die flachen Strahlen der untergehenden Sonne rötlich in den Waldlichtungen, und die erschöpften Soldaten ließen für diesen Tag ihre Arbeit ruhen. Er würde kaum die Nacht allein hier zwischen den Toten verbringen. Neun Männer von zehn, die man nach einer Schlacht trifft, erfragen den Weg zu irgendeinem Truppenteil – als ob irgendwer den wüßte. Zweifellos hatte sich dieser Offizier verirrt. Nachdem er sich einen Augenblick ausgeruht hatte, würde er wahrscheinlich einem der abziehenden Begräbnistrupps folgen.

Als alle verschwunden waren, schritt er geradewegs in den Wald hinein zum roten Westen, dessen Licht sein Gesicht wie Blut färbte. Die Gewißheit, mit der er ausschritt, zeigte, daß er sich auf wohlbekanntem Boden befand; er hatte seine Haltung wiedergewonnen. Die Toten rechts und links blieben unbeachtet, als er vorüberkam. Das gelegentliche schwache Stöhnen, das irgendein schwergetroffener armer Teufel ausstieß, den die Suchtrupps nicht erreicht hatten und der nun eine erquickungslose Nacht unter den Sternen mit seinem Durst als Gefährten zu bestehen hatte, blieb gleichfalls unbeachtet. Was hätte der Offizier schließlich auch tun können, da er weder Arzt war noch Wasser hatte?

Am Kopfe einer flachen Schlucht, fast nur einer Vertiefung im Boden, lag eine kleine Gruppe Leichen. Er sah sie, wich plötzlich von seinem Kurs ab und ging schnell auf sie zu. Er betrachtete jede einzelne scharf, als er vorüberkam, und hielt schließlich bei einer an, die etwas von den anderen entfernt lag, nahe einer Gruppe kleiner Bäume. Er sah sie genau an. Sie schien sich zu bewegen. Er beugte sich nieder und legte seine Hand auf ihr Gesicht. Sie schrie.

Der Offizier war Hauptmann Downing Madwell, von einem Infanterieregiment aus Massachusetts, ein mutiger und kluger Offizier, ein Ehrenmann.

In dem Regiment gab es zwei Brüder namens Halcrow – Caffal und Creede Halcrow. Caffal Halcrow war Sergeant in Hauptmann Madwells Kompanie, und diese beiden Männer, der Sergeant und der Hauptmann, waren enge Freunde. Soweit Rangunterschied, unterschiedliche Pflichten und Fragen der militärischen Disziplin es zuließen, waren sie ständig zusammen. Sie waren tatsächlich von Kindheit an gemeinsam aufgewachsen. Eine Gewohnheit des Herzens ist nicht leicht zu beenden. Caffal Halcrow hatte nichts Militärisches in Geschmack oder Veranlagung, aber der Gedanke einer Trennung von seinem Freund war ihm zuwider; er trat in die Kompanie ein, in der Madwell Unterleutnant war. Beide waren im Rang zwei Schritte vorgerückt, aber zwischen dem ranghöchsten Unteroffizier und dem rangniedrigsten Offizier klafft eine tiefe und weite Schlucht, und die alte Beziehung wurde nur mühsam und verändert aufrechterhalten.

Creede Halcrow, Caffals Bruder, war der Major des Regiments – ein zynischer düsterer Mann; zwischen ihm und Hauptmann Madwell herrschte eine natürliche Antipathie, durch die Umstände genährt und bis zu aktiver Feindseligkeit verstärkt. Ohne den dämpfenden Einfluß ihrer jeweiligen Beziehungen zu Caffal hätten diese beiden Patrioten zweifellos versucht, das Vaterland der Dienste des anderen zu berauben.

Bei Beginn der Schlacht an jenem Morgen hatte das Regiment eine Meile vor der Hauptfront Vorpostendienste getan. Es wurde angegriffen und im Wald fast eingekesselt, hatte sich aber hartnäckig gehalten. Während eines Nachlassens der Gefechtstätigkeit kam Major Halcrow zu Hauptmann Madwell. Die beiden salutierten förmlich voreinander, und der Major sagte: »Hauptmann, der Oberst weist Sie an, mit Ihrer Kompanie an den Kopf dieser Schlucht vorzudringen und Ihre Stellung dort zu halten, bis Sie zurückbefohlen werden. Ich brauche Sie kaum auf die Gefährlichkeit dieses Unternehmens aufmerksam zu machen, aber ich nehme an, daß Sie, wenn Sie das wünschen, das Kommando Ihrem Leutnant übertragen können. Ich bin natürlich nicht angewiesen, diesen Wechsel zu genehmigen; es ist das lediglich eine Anregung meinerseits, inoffiziell gemacht.«

Auf diese tödliche Beleidigung antwortete Hauptmann Madwell kühl:

»Sir, ich lade Sie ein, das Unternehmen zu begleiten. Ein berittener Offizier würde ein unübersehbares Ziel abgeben, und ich bin seit langem der Ansicht, daß es besser wäre, wenn Sie tot wären.«

Die Kunst treffsicherer Schlagfertigkeit wurde in militärischen Kreisen schon 1862 gepflegt.

Eine halbe Stunde später wurde Hauptmann Madwells Kompanie aus ihrer Stellung am Kopf der Schlucht vertrieben und verlor ein Drittel ihrer Stärke. Unter den Gefallenen war Sergeant Halcrow. Das Regiment wurde kurz danach auf die Hauptkampflinie zurückgeworfen und war am Ende der Schlacht Meilen entfernt. Der Hauptmann stand nun an der Seite seines Untergebenen und Freundes.

Sergeant Halcrow war tödlich getroffen. Seine Kleidung war zerfetzt; sie schien gewaltsam auseinandergerissen, der Bauch lag frei. Einige Jackenknöpfe waren abgerissen und lagen auf dem Boden neben ihm; Teile seiner sonstigen Bekleidung waren umhergestreut. Sein Lederkoppel war zertrennt und anscheinend unter ihm weggezogen worden, während er dalag. Es hatte keine große Blutung gegeben. Die einzige sichtbare Wunde war eine weite gezackte Öffnung im Bauch. Sie war mit Erde und welken Blättern beschmutzt. Daraus hing eine Schlinge Dünndarm. Noch nie hatte Hauptmann Madwell bei aller Erfahrung eine solche Wunde gesehen. Er konnte sich weder ihr Entstehen vorstellen noch die Begleitumstände erklären – die eigenartig zerfetzte Kleidung, das zertrennte Koppel, die Beschmutzung der weißen Haut. Er kniete nieder und untersuchte es genauer. Als er sich erhob, blickte er in verschiedene Richtungen, als ob er einen Gegner suchte. Fünfzig Yards entfernt sah er auf dem Rücken eines niedrigen, dünn bewaldeten Bergs einige dunkle Objekte, die sich zwischen den gefallenen Männern bewegten – eine Herde Schweine. Eines stand mit dem Rücken zu ihm, die Schultern hochgereckt. Die Vorderfüße standen auf einem menschlichen Körper, der Kopf war gesenkt und unsichtbar. Der borstige Grat des Rückens ragte schwarz vor dem roten Westen auf.

Hauptmann Madwell wandte den Blick ab und richtete ihn wieder auf das Ding, das sein Freund gewesen war.

Der Mann, der diese ungeheuerliche Verstümmelung erlitten hatte, lebte. Ab und zu bewegte er die Glieder; er stöhnte bei jedem Atemzug. Blicklos starrte er ins Gesicht seines Freundes; bei jeder Berührung kreischte er. In seiner unermeßlichen Todesqual hatte er den Boden aufgerissen, auf dem er lag; die zusammengekrampften Hände waren voller Blätter und Zweige und Erde. Artikuliert zu sprechen war jenseits seiner Kraft; es war unmöglich zu erkennen, ob er noch irgend etwas anderes empfand als Schmerz. Der Ausdruck seines Gesichtes war ein Hilfeschrei; seine Augen waren voll der inständigsten Bitte. Um was?

Dieser Blick war nicht mißzuverstehen; der Hauptmann hatte ihn zu häufig in den Augen jener gesehen, deren Lippen noch die Kraft hatten, ihn als Bitte um den Tod zu formulieren. Bewußt oder unbewußt flehte dieses sich windende Bruchstück Mensch, dieses Muster und Beispiel glühender Empfindung, dieses Produkt des Werks von Mensch und Tier, dieser schlichte unheroische Prometheus alles, alle, das ganze Nicht-Ich um die Gnadengabe der Auslöschung an. An die Erde wie den Himmel, an die Bäume, an den Mann, an was immer in Sinnen oder Bewußtsein Form annahm, richtete diese verkörperlichte Qual die stumme Bitte.

Um was denn wirklich? Um das, was wir selbst der niedrigsten Kreatur ohne den Verstand, es zu fordern, gewähren und nur den Elendesten unserer eigenen Rasse verweigern: um die selige Erlösung, die feierliche Handlung höchsten Erbarmens, den Gnadenstoß.

Hauptmann Madwell sprach den Namen seines Freundes aus. Er wiederholte ihn wieder und wieder ohne Wirkung, bis die Emotion seine Äußerung erstickte. Seine Tränen strömten auf das fahle Gesicht unter dem seinen hinab und blendeten ihn selbst. Er sah nichts als ein verschwommenes, sich bewegendes Etwas, aber das Stöhnen wurde deutlicher denn je, in immer kürzeren Abständen von immer schärferen Schreien unterbrochen. Er wandte sich ab, schlug die Hand gegen die Stirn und ging von der Stelle fort. Die Schweine warfen, als sie ihn erblickten, ihre karmesinroten Rüssel hoch, betrachteten ihn mißtrauisch eine Sekunde, und rasten dann mit einem rauhen gleichzeitigen Gegrunz außer Sicht. Ein Pferd, das Vorderbein von einem Kanonenschuß zersplittert, hob den Kopf seitlich vom Boden und wieherte erbärmlich. Madwell trat vor, zog den Revolver und schoß dem armen Tier zwischen die Augen, wobei er aufmerksam den Todeskampf beobachtete, der wider sein Erwarten heftig war und lange dauerte; aber endlich lag es still. Die angespannten Muskeln seiner Lippen, die die Zähne in einem schrecklichen Grinsen entblößt hatten, erschlafften; das scharfe, klar geschnittene Profil nahm den Ausdruck tiefen Friedens und tiefer Ruhe an.

Die ferne, dünn bewaldete Kuppe gegen Westen entlang waren die Fransen des Sonnenuntergangsfeuers nahezu ausgebrannt. Das Licht auf den Stämmen der Bäume war zu einem zarten Grau verblaßt; Schatten waren in ihren Wipfeln, wie große dunkle kauernde Vögel. Die Nacht fiel, und Meilen gespenstischen Waldes lagen zwischen Hauptmann Madwell und dem Lager. Aber er stand da neben dem toten Tier und hatte offenbar jeden Sinn für seine Umgebung verloren. Die Augen waren auf die Erde zu seinen Füßen gerichtet; die linke Hand hing lose an seiner Seite, die rechte hielt immer noch den Revolver. Dann hob er sein Gesicht, wandte es dem sterbenden Freund zu und ging rasch zurück an seine Seite. Er ließ sich auf ein Knie nieder, spannte die Waffe, hielt die Mündung an die Stirn des Mannes, wandte die Augen ab und feuerte. Es gab keinen Knall. Er hatte die letzte Patrone für das Pferd verbraucht.

Der Leidende stöhnte, seine Lippen zuckten. Der Schaum, der von ihnen niederrann, war mit Blut gefärbt.

Hauptmann Madwell erhob sich und zog den Degen aus der Scheide. Er strich mit den Fingern der Linken über die Schneide, vom Knauf zur Spitze. Er hielt ihn ausgestreckt vor sich, wie um seine Nerven zu prüfen.

Kein sichtbares Zittern der Klinge; der Strahl des trüben Abendlichts, den sie reflektierte, war stetig und getreu. Er beugte sich nieder und riß mit der Linken das Hemd des Sterbenden beiseite, richtete sich auf und setzte die Spitze des Degens genau auf das Herz. Diesmal wandte er die Augen nicht ab. Er umklammerte das Heft mit beiden Händen, stieß mit aller Kraft und seinem ganzen Gewicht abwärts. Die Klinge versank im Körper des Mannes – durch den Körper in die Erde; Hauptmann Madwell stürzte beinahe vornüber, auf sein Werk. Der Sterbende zog die Knie an, reckte zugleich den rechten Arm über die Brust und umklammerte den Stahl so fest, daß die Knöchel der Hand sichtbar weiß wurden. Durch eine gewaltige, aber vergebliche Anstrengung, die Klinge herauszureißen, wurde die Wunde vergrößert; ein Rinnsal Blut trat aus und schlängelte sich hinab in die zerfetzte Kleidung. In diesem Augenblick kamen drei Männer stumm hinter der Gruppe junger Bäume hervor, die ihre Annäherung verborgen hatte. Zwei waren Sanitäter und trugen eine Bahre.

Der dritte war Major Creede Halcrow.

PARKER ADDERSON, PHILOSOPH

»Gefangener, Ihr Name?«

»Da ich ihn morgen früh bei Tagesanbruch verlieren soll, ist es kaum der Mühe wert, ihn zu verheimlichen. Parker Adderson.«

»Dienstgrad?«

»Ein ziemlich niedriger; Offiziere sind zu kostbar, um im gefährlichen Geschäft des Spionierens aufs Spiel gesetzt zu werden. Ich bin Sergeant.«

»Welches Regiment?«

»Um Vergebung; meine Antwort könnte Ihnen, nach allem was ich weiß, eine Ahnung davon vermitteln, wessen Streitkräfte Ihnen gegenüberstehen. Ich bin hinter Ihre Linien gekommen, um solches Wissen zu erwerben, nicht zu vermitteln.«

»Sie sind nicht ohne Witz.«

»Wenn Sie genug Geduld haben zu warten, werden Sie mich morgen reichlich langweilig finden.«

»Woher wissen Sie, daß Sie morgen früh sterben werden?«

»Bei Spionen, die nachts gefaßt werden, ist das so üblich. Das ist eine der netten Gepflogenheiten dieses Berufs.«

Der General legte die einem konföderierten Offizier hohen Ranges und weiten Ruhmes angemessene Würde so weit ab, daß er lächelte. Aber niemand innerhalb seiner Gewalt und außerhalb seiner Gunst würde irgendein glückverheißendes Omen aus diesem äußerlichen und sichtbaren Zeichen der Zustimmung abgeleitet haben. Es war weder heiter noch ansteckend; es sprang nicht auf die anderen ihm ausgesetzten Personen über – den gefangenen Spion, der es verursacht, und die bewaffnete Wache, die ihn ins Zelt gebracht hatte und nun ein wenig abseits stand und ihren Gefangenen beim gelben Kerzenschein überwachte. Es gehörte nicht zu jenes Kriegers Pflichten zu lächeln; er war zu einem anderen Zweck abgestellt. Das Gespräch wurde wiederaufgenommen; seinem Wesen nach war es ein Verhör über ein Kapitalverbrechen.

»Sie geben also zu, daß Sie ein Spion sind – daß Sie in mein Lager gekommen sind, verkleidet wie Sie sind in der Uniform eines konföderierten Soldaten, um insgeheim Informationen zu sammeln über Zahl und Disposition meiner Truppen.«

»Insbesondere über ihre Zahl. Ihre Disposition kannte ich schon. Sie ist lausig.«

Der General erheiterte sich wiederum; die Wache, mit strengerer Auffassung ihrer Verantwortlichkeit, betonte die Härte ihres Ausdrucks und stand noch ein bißchen strammer als zuvor. Der Spion musterte, während er den grauen Schlapphut um seinen Zeigefinger kreiseln ließ, nachlässig die Umgebung. Sie war einfach genug. Das Zelt war ein einfaches »Hauszelt«, etwa acht mal zehn Fuß, beleuchtet durch eine einsame Talgkerze, die in das Heft eines Bajonetts gesteckt war, das seinerseits in einem Kiefertisch stak, an dem der General saß, der jetzt eifrig schrieb und dem Anschein nach seinen unfreiwilligen Gast vergessen hatte. Ein alter Flickenteppich bedeckte den gestampften Boden; ein noch älterer Lederkoffer, ein zweiter Stuhl und eine Deckenrolle waren so ziemlich alles, was das Zelt ansonsten enthielt; in General Claverings Kommando hatten konföderierte Einfachheit und Mangel an »Pomp und Aufwand« ihre höchste Entwicklung erreicht. An einem großen Nagel, in den Zeltpfosten am Eingang geschlagen, hing ein Degenkoppel mit einem langen Säbel, einer Pistole in ihrem Halfter und, absurd genug, einem großen Jagdmesser. Zu dieser höchst unmilitärischen Waffe pflegte der General zu erklären, sie sei ein Souvenir der friedlichen Tage, da er noch Zivilist war.

Es war eine stürmische Nacht. Der Regen stürzte in Strömen auf die Zeltplane, mit dem dumpfen trommelähnlichen Geräusch, das Zeltbewohnern vertraut ist. Wenn die heulenden Sturmböen angriffen, bebte und schwankte der schwache Bau und zerrte an den haltenden Pfosten und Stricken.

Der General beendete sein Schreiben, faltete den Halbbogen Papier und sagte zu dem Soldaten, der Adderson bewachte: »Hier, Tassman, bringen Sie das zum Stabsadjutanten; dann kommen Sie zurück.«

»Und der Gefangene, General?« sagte der Soldat; er salutierte und warf einen fragenden Blick auf diesen Unseligen.

»Tun Sie, was ich gesagt habe«, antwortete der Offizier kurz.

Der Soldat nahm das Schreiben und verließ geduckt das Zelt. Der General wandte sein anziehendes Gesicht dem Unionsspion zu, sah ihm in die Augen, nicht unfreundlich, und sagte: »Das ist eine schlimme Nacht, mein Lieber.«

»Für mich, ja.«

»Können Sie erraten, was ich geschrieben habe?«

»Etwas Lesenswertes, möchte ich meinen. Und – vielleicht bin ich da eitel – ich gestatte mir die Vermutung, daß ich darin erwähnt werde.«

»Ja; es ist der Entwurf eines Befehls, der den Truppen bei der *Reveille* verlesen werden soll, im Hinblick auf Ihre Exekution. Und ein paar Anweisungen an den Generalprofoß wegen der Vorbereitung der Einzelheiten dieses Ereignisses.«

»Ich hoffe, General, daß das Schauspiel intelligent inszeniert sein wird, denn ich will ihm selbst beiwohnen.«

»Möchten Sie selbst noch irgendwelche Vorkehrungen treffen? Wollen Sie zum Beispiel einen Geistlichen sehen?«

»Ich könnte mir wohl kaum eine längere Ruhe sichern, wenn ich ihn um einen Teil der seinen beraubte.«

»Lieber Gott, Mann! Wollen Sie wirklich in den Tod gehen mit nichts als Witzen auf den Lippen? Wissen Sie denn nicht, daß das eine ernsthafte Angelegenheit ist?«

»Wie könnte ich das wissen? Ich bin in meinem ganzen Leben noch nie tot gewesen. Zwar habe ich gehört, daß der Tod eine ernsthafte Angelegenheit sei, aber niemals von einem derer, die ihn erlebt haben.«

Der General war einen Moment still; der Mann interessierte ihn, amüsierte ihn vielleicht – ein Typ, dem er bisher noch nicht begegnet war.

»Der Tod«, sagte er, »ist zumindest ein Verlust – ein Verlust solchen Glückes, wie wir es haben, und von Möglichkeiten zu weiterem.«

»Einen Verlust, dessen wir uns nie bewußt sein werden, kann man mit Haltung ertragen und daher ohne Furcht erwarten. Sie müssen beobachtet haben, General, daß von all den Toten, mit denen Ihren Weg zu säumen Ihr soldatisches Vergnügen ist, keiner Zeichen des Bedauerns zeigt.«

»Wenn tot sein auch vielleicht kein bedauerlicher Zustand ist, scheint doch tot werden – der Akt des Sterbens – höchst unangenehm für einen zu sein, der die Fähigkeit zu fühlen nicht verloren hat.«

»Schmerz ist unangenehm, kein Zweifel. Ich ertrage ihn nie ohne mehr oder weniger großes Unbehagen. Aber wer am längsten lebt, ist ihm am meisten ausgesetzt. Was Sie sterben nennen, ist einfach der letzte Schmerz – in Wirklichkeit gibt es so etwas wie Sterben nicht. Nehmen wir zur Illustration an, daß ich zu fliehen versuche. Sie heben den Revolver, den Sie höflich im Schoß verbergen, und...«

Der General errötete wie ein Mädchen, dann lachte er leise, wobei er seine blendenden Zähne enthüllte, neigte leicht seinen wohlgeformten Kopf und sagte nichts. Der Spion fuhr fort: »Sie feuern, und ich habe etwas im Bauch, was ich nicht geschluckt habe. Ich falle, aber bin nicht tot. Nach einer halben Stunde Todeskampf bin ich tot. Aber in jedem einzelnen Augenblick dieser halben Stunde war ich entweder lebendig oder tot. Es gibt keine Übergangszeit.

Wenn ich morgen früh gehängt werde, wird es genau das gleiche sein; bewußt bin ich lebendig; tot unbewußt. Die Natur scheint diese Angelegenheit offenbar ganz in meinem Interesse geordnet zu haben – so wie ich sie selbst geordnet hätte. Es ist so einfach«, fügte er mit einem Lächeln hinzu, »daß es kaum die Mühe zu lohnen scheint, überhaupt aufgehängt zu werden.«

Nachdem er seine Bemerkungen beendet hatte, trat ein langes Schweigen ein. Der General saß reglos da, sah dem Mann ins Gesicht, schien aber dem, was gesagt worden war, keine Aufmerksamkeit geschenkt zu haben. Es war, als seien seine Augen als Posten für den Gefangenen aufgezogen, während sein Geist sich mit anderen Dingen beschäftigte. Schließlich tat er einen langen tiefen Atemzug, schauderte wie einer, der aus einem furchtbaren Traum erwacht, und stieß fast unhörbar hervor: »Der Tod ist grauenhaft!« – dieser Mann des Todes.

»Er war grauenhaft für unsere wilden Ahnen«, sagte der Spion ernst, »weil sie nicht genug Intelligenz hatten, die

Idee des Bewußtseins von der Idee der physischen Formen zu trennen, in denen es sich manifestiert – so wie eine noch niedrigere Form der Intelligenz, die der Affen beispielsweise, unfähig sein mag, sich ein Haus ohne Bewohner vorzustellen und sich beim Anblick einer zerfallenen Hütte einen leidenden Besitzer einbildet. Für uns ist er grauenhaft, weil wir die Neigung geerbt haben, ihn für grauenhaft zu halten, und ihr durch wilde und phantasievolle Theorien über eine andere Welt Rechnung tragen – so wie Ortsnamen Legenden zu ihrer Erklärung entstehen lassen und vernunftloses Handeln Philosophien zu seiner Rechtfertigung. Sie können mich hängen, General, aber damit endet Ihre Macht zum Bösen; zum Himmel verdammen können Sie mich nicht.«

Der General schien nicht zugehört zu haben; die Worte des Spions hatten seine Gedanken lediglich in ungewohnte Bahnen gelenkt, wo sie unabhängig ihrem Willen folgend zu eigenen Schlüssen kamen. Der Sturm hatte aufgehört, und etwas vom feierlichen Geist der Nacht hatte sich seinen Überlegungen mitgeteilt und gab ihnen den düsteren Anstrich übernatürlicher Schrecknis. Vielleicht wohnte dem ein Element der Vorahnung inne. »Ich würde nicht gern sterben«, sagte er, »nicht heute nacht.«

Er wurde unterbrochen – falls er tatsächlich hatte weitersprechen wollen – durch den Eintritt eines Offiziers aus seinem Stab, Hauptmann Hasterlick, des Generalprofoß. Das brachte ihn wieder zu sich; der abwesende Ausdruck verschwand aus seinem Gesicht.

»Hauptmann«, sagte er, wobei er den Gruß des Offiziers erwiderte, »der Mann hier ist ein Yankee-Spion, innerhalb unserer Linien mit belastenden Papieren gefaßt. Er hat gestanden. Wie ist das Wetter?«

»Der Sturm ist vorbei, Sir, und der Mond scheint.«

»Gut; nehmen Sie einen Zug Männer, bringen Sie den Mann sofort zum Exerzierplatz und lassen ihn erschießen.«

Ein schriller Schrei brach von den Lippen des Spions. Er warf sich vor, reckte den Hals, riß die Augen auf, ballte die Hände.

»Lieber Gott!« schrie er heiser, fast unartikuliert; »das meinen Sie doch nicht ernst! Sie vergessen – ich brauche nicht vor dem Morgen zu sterben.«

»Ich habe nichts von Morgen gesagt«, erwiderte der General kalt; »das war Ihre eigene Annahme. Sie sterben jetzt.«

»Aber General, ich flehe – ich beschwöre Sie, sich zu erinnern; ich muß gehängt werden! Es dauert einige Zeit, den Galgen zu errichten – zwei Stunden – eine Stunde. Spione werden gehängt; ich habe Rechte nach dem Kriegsrecht. Um Himmels willen, General, bedenken Sie, wie kurz...«

»Hauptmann, Sie haben Ihre Befehle.«

Der Offizier zog den Degen und wies, den Blick auf den Gefangenen gerichtet, stumm zur Zeltöffnung. Der Gefangene zögerte; der Offizier packte ihn am Kragen und schob ihn sanft vorwärts. Als er dem Zeltpfosten nahe war, sprang der Rasende hin, ergriff mit katzengleicher Gewandtheit den Griff des großen Jagdmessers, riß die Waffe aus der Scheide und sprang, indem er den Hauptmann beiseite stieß, mit der Wut des Wahnsinnigen auf den General, schleuderte ihn zu Boden und stürzte, als er lag, kopfüber auf ihn. Der Tisch war umgestoßen, die Kerze erloschen, sie kämpften blind in der Dunkelheit. Der Generalprofoß sprang seinem vorgesetzten Offizier zu Hilfe und landete selbst auf den zappelnden Gestalten. Flüche und unartikulierte Schreie von Zorn und Schmerz kamen aus dem Wälzen von Gliedern und Körpern; das Zelt stürzte auf sie herab, und unter seinen hinderlichen und einhüllenden Falten ging der Kampf weiter. Der Gemeine Tassman, der von seinem Botengang zurückkehrte und die Lage dunkel erahnte, warf sein Gewehr zu Boden, griff auf gut Glück nach der umherschlagenden Zeltbahn und versuchte vergeblich, sie von den Männern unter ihr wegzuzerren; und der Wachtposten, der vorn auf und nieder schritt und nicht wagte, seine Wache zu verlassen, wenn auch der Himmel einstürzte, feuerte sein Gewehr ab. Der Schuß alarmierte das Lager; Trommelwirbel riefen zum Appell, und Hörner bliesen zum Sammeln, jagten Schwärme halbbekleideter Männer ins Mondlicht, die sich im Laufen anzogen und auf die scharfen Kommandos ihrer Offiziere hin in Reih und Glied traten. Das war gut so; in Reih und Glied waren die Männer unter Kontrolle; sie standen Gewehr bei Fuß, während der Stab des Generals und die Männer seiner Eskorte Ordnung aus dem Durcheinander schufen, indem sie das zusammengebrochene Zelt hochhoben und die atemlosen und blutenden Mitwirkenden des sonderbaren Streits auseinanderzerrten.

Einer war wirklich atemlos: Der Hauptmann war tot; der Griff des Jagdmessers, das aus seiner Kehle ragte, war weit unter sein Kinn zurückgepreßt, bis sich das Ende im Winkel des Unterkiefers verfangen hatte und die Hand, die den Stoß ausführte, die Waffe nicht mehr zurückziehen konnte. In der Hand des Toten war sein Degen, umkrampft mit einem Griff, der der Stärke der Lebenden widerstand. Die Klinge war rot gestreift bis ans Heft.

Auf die Füße gestellt, sank der General mit einem Stöhnen zurück zur Erde und wurde ohnmächtig. Neben Quetschungen wies er zwei Degenstöße auf – einen durch die Hüfte, den anderen durch die Schulter.

Der Spion hatte den geringsten Schaden erlitten. Abgesehen von einem gebrochenen rechten Arm waren seine Wunden nur solche, wie man sie sich in einer gewöhnlichen Rauferei mit den Waffen der Natur einhandeln mag. Doch war er verstört und schien kaum zu begreifen, was sich ereignet hatte. Er schrak vor denen, die sich um ihn kümmerten, zurück, kauerte auf dem Boden und stieß unverständliche Einwendungen hervor. Sein Gesicht, von Schlägen geschwollen und mit Blutspritzern befleckt, schimmerte dennoch weiß unter seinem zerrauften Haar hervor – so weiß wie das einer Leiche.

»Der Mann ist nicht verrückt«, sagte in Beantwortung einer Frage der Stabsarzt, der Verbände vorbereitete; »er steckt in einem Angstschock. Wer und was ist er?«

Der Gemeine Tassman begann zu erklären. Es war die Gelegenheit seines Lebens; er ließ nichts aus, was nur im geringsten die Bedeutung seiner eigenen Beziehungen zu den Ereignissen der Nacht betonen konnte. Als er seine Geschichte beendet hatte und bereit war, sie erneut zu beginnen, schenkte ihm niemand die geringste Aufmerksamkeit.

Der General hatte jetzt das Bewußtsein wiedergewonnen. Er stützte sich auf den Ellenbogen und blickte um sich; als er den Spion bewacht an einem Lagerfeuer kauern sah, sagte er einfach:

»Bringt den Mann zum Exerzierplatz und erschießt ihn.«

»Der General ist nicht ganz bei sich«, sagte ein nahebei stehender Offizier.

»Der General ist durchaus bei sich«, sagte der Stabsadjutant. »Ich habe von ihm eine schriftliche Anweisung in dieser Sache erhalten; er hat den gleichen Befehl Hasterlick erteilt« – mit einer Handbewegung zum toten Generalprofoß hin – »und, bei Gott! der wird ausgeführt.«

Zehn Minuten später wurde Sergeant Parker Adderson

von der Unionsarmee, Philosoph und Mann von Geist, der im Mondlicht kniete und zusammenhanglos um sein Leben bettelte, von zwanzig Männern erschossen. Als die Salve in die scharfe Luft der Mitternacht krachte, öffnete General Clavering, der weiß und still im roten Glühen des Lagerfeuers lag, seine großen blauen Augen, sah freundlich auf die Umstehenden und sagte: »Wie still alles ist!«

Der Stabsarzt sah den Stabsadjutanten an, ernst und bedeutungsvoll. Die Augen des Patienten schlossen sich langsam, und so lag er einige Momente; dann erhellte ein Lächeln von unsäglicher Milde sein Gesicht, und er sagte schwach: »Ich nehme an, das muß der Tod sein«, und schied so dahin.

EIN VORPOSTENGEFECHT

I

Betreffend den Wunsch, tot zu sein

Zwei Männer saßen im Gespräch. Einer war der Gouverneur des Staats. Das Jahr war 1861; der Krieg war in Gang und der Gouverneur bereits berühmt ob der Intelligenz und des Eifers, mit dem er alle Machtmittel und Hilfsquellen seines Staats in den Dienst der Union stellte.

»Was! *Sie?*« sagte der Gouverneur sichtlich überrascht, »auch Sie bewerben sich um eine Offiziersstelle? Wirklich, das Pfeifen und Trommeln muß eine tiefgreifende Änderung Ihrer Überzeugungen bewirkt haben. In meiner Eigenschaft als Rekrutierungsbeauftragter sollte ich wahrscheinlich nicht zu genau sein, aber« – ein Hauch von Ironie lag in seinem Benehmen – »naja, haben Sie vergessen, daß ein Treueeid verlangt wird?«

»Ich habe weder meine Überzeugungen noch meine Sympathien geändert«, sagte der andere ruhig. »Während meine Sympathien mit dem Süden sind, wie sich zu erinnern Sie mir die Ehre erweisen, habe ich niemals daran gezweifelt, daß der Norden im Recht ist. Ich bin nach Geburt und Gefühl Südstaatler, aber es ist meine Gewohnheit, in Angelegenheiten von Bedeutung zu handeln, wie ich denke, nicht wie ich fühle.«

Der Gouverneur pochte zerstreut mit einem Bleistift auf seinen Schreibtisch; er antwortete nicht sofort. Nach einer Weile sagte er: »Ich habe gehört, daß es alle möglichen Arten Menschen auf der Welt gibt, und so wird es auch von dieser

Art welche geben, und zweifellos zählen Sie sich dazu. Ich kenne Sie schon seit langem, und – um Vergebung – ich glaube es nicht.«

»Habe ich das so zu verstehen, daß meine Bewerbung abgelehnt ist?«

»Wenn Sie meine Ansicht nicht widerlegen können, daß Ihre Südstaatensympathien in gewisser Weise eine Disqualifizierung darstellen, ja. Ich zweifle nicht an Ihren guten Absichten, und ich weiß, daß Sie durch Intelligenz und besondere Ausbildung für die Pflichten eines Offiziers hervorragend geeignet sind. Ihre Überzeugungen, sagen Sie, begünstigen die Sache der Union, aber ich ziehe einen Mann vor, der sein Herz daran setzt. Das Herz ist das, womit Männer kämpfen.«

»Hören Sie, Gouverneur«, sagte der Jüngere mit einem Lächeln, in dem mehr Helle als Wärme war. »Ich hab noch was im Ärmel – eine Qualifikation, von der ich gehofft hatte, es würde nicht nötig werden, sie zu erwähnen. Eine große Autorität in Militärfragen hat ein einfaches Rezept gegeben, wie man ein guter Soldat ist: ›Bemühe dich immer, getötet zu werden.‹ Mit diesem Ziel wünsche ich, in den Dienst einzutreten. Ich bin vielleicht nicht gerade ein Musterpatriot, aber ich möchte tot sein.«

Der Gouverneur sah ihn ziemlich scharf an, und dann ein wenig kühl. »Da gibt es einen einfacheren und ehrlicheren Weg«, sagte er.

»In meiner Familie, Sir«, war die Antwort, »tun wir so etwas nicht – kein Armisted hat das je getan!«

Langes Schweigen folgte, und keiner der Männer sah den anderen an. Schließlich hob der Gouverneur den Blick vom Bleistift empor, der wieder mit dem Pochen begonnen hatte, und sagte:

»Wer ist sie?«

»Meine Frau.«

Der Gouverneur warf den Bleistift in den Schreibtisch, stand auf und schritt zwei- oder dreimal durch den Raum. Dann wandte er sich zu Armisted um, der ebenfalls aufgestanden war, sah ihn noch kälter als zuvor an und sagte: »Aber der Mann – wäre es nicht besser, wenn er – könnte das Land nicht eher auf ihn verzichten als auf Sie? Oder sind die Armisteds gegen das ›ungeschriebene Gesetz‹?«

Die Armisteds konnten anscheinend eine Beleidigung fühlen; das Gesicht des Jüngeren errötete, erbleichte dann, aber er unterwarf sich dem Dienst seiner Sache.

»Die Identität des Mannes ist mir unbekannt«, sagte er ziemlich gelassen.

»Verzeihen Sie«, sagte der Gouverneur mit noch weniger sichtbarem Bedauern, als diesen Worten normalerweise unterliegt. Nach einem Augenblick der Überlegung fügte er hinzu: »Ich werde Ihnen morgen ein Hauptmannspatent für das Zehnte Infanterieregiment schicken, jetzt in Nashville, Tennessee. Gute Nacht.«

»Gute Nacht, Sir. Ich danke Ihnen.«

Allein gelassen blieb der Gouverneur eine Weile reglos, an seinen Schreibtisch gelehnt. Dann zuckte er mit den Schultern, als würfe er eine Bürde ab. »Das ist eine schlimme Sache«, sagte er.

Er setzte sich an einen Lesetisch vor dem Feuer, nahm das Buch auf, das seiner Hand am nächsten lag, und öffnete es zerstreut. Sein Blick fiel auf diesen Satz:

»Wenn Gott es für eine ungetreue Ehefrau notwendig macht, zur Rechtfertigung ihrer eigenen Sünden über ihren Ehemann Lügen zu verbreiten, hat Er die Güte, Männer mit der Torheit zu begaben, ihr zu glauben.«

Er sah nach dem Titel des Buches; er war *Seine Exzellenz der Narr.*

Er warf den Band ins Feuer.

II
Wie man sagt, was hörenswert ist

Der Feind, besiegt an zwei Schlachttagen bei Pittsburg Landing, hatte sich widerwillig auf Corinth zurückgezogen, woher er gekommen war. Wegen erwiesener Unfähigkeit war Grant, dessen geschlagene Armee vor Vernichtung und Gefangennahme durch Buells soldatische Entschlußkraft und Geschicklichkeit gerettet worden war, seines Kommandos enthoben worden, das aber nicht etwa Buell übertragen wurde, sondern Halleck, einem Mann unerprobter Fähigkeiten, einem Theoretiker, schwerfällig und unentschlossen. Schritt für Schritt waren seine Truppen, ständig in Gefechtsformation entwickelt gegen schnelle Vorstöße gegnerischer Plänkler, ständig sich eingrabend gegen Kolonnen, die nie kamen, über dreißig Meilen Wald und Sumpf auf einen Feind vorgerückt, der darauf eingestellt war, bei Feindberührung zu verschwinden wie ein Gespenst beim ersten Hahnenschrei. Es war ein Feldzug der »Ausfälle und blinden Alarme«, von Erkundungsvorstößen und Rückzugsmärschen, von Mißverständnissen und Gegenbefehlen. Durch Wochen fesselte die feierliche Farce die Aufmerksamkeit und lockte ausgezeichnete Zivilisten von den Feldern politischen Ehrgeizes, um von den Schrecknissen des Kriegs zu sehen, was sie in Sicherheit sehen konnten. Unter ihnen war unser Freund, der Gouverneur. Im Hauptquartier der Armee und in den Feldlagern der Truppen aus seinem Staat war er eine bekannte Erscheinung, umsorgt von den zahlreichen Mitgliedern seines persönlichen Stabes, prunkvoll beritten, tadellos beschneidert, wacker zylinderbehütet. Märchenwesen waren sie, die reichlich Erinnerungen an friedvolle Lande jenseits eines Meers von Hader heraufbeschworen. Der schmutzverkrustete Soldat blickte aus dem Graben auf, wenn sie vorüberritten, lehnte sich auf den Spaten und fluchte ihnen lauthals nach, um so seinen Ansichten über ihre dekorative Bedeutungslosigkeit für die Entbehrungen seines Handwerks Ausdruck zu verleihen.

»Ich glaube, Gouverneur«, sagte General Masterson eines Tages, wobei er auf seinem Pferd eine formlose Haltung einnahm und ein Bein über den Sattelknopf warf, seine Lieblingsstellung –, »ich glaube, ich würde nicht weiter in diese Richtung reiten, wenn ich Sie wäre. Wir haben da draußen nichts mehr, nur eine Plänklerkette. Deshalb, nehme ich an, habe ich wohl die Anweisung erhalten, die Belagerungsgeschütze hier aufzufahren. Wenn die Plänkler reingejagt werden, wird der Feind an Niedergeschlagenheit sterben, weil er sie nicht abschleppen kann – sie sind ein bißchen schwer.«

Es besteht Grund zur Befürchtung, daß die ungezwungene Weise dieses militärischen Humors nicht als sanfter Himmelstau auf die Stelle unter des Zivilisten Zylinder niederrieselte. Jedenfalls gab er nichts von seiner Würde zum Zeichen einer Anerkennung preis.

»Soviel ich weiß«, sagte er ernst, »befinden sich einige meiner Männer da draußen – eine Kompanie vom Zehnten, unter Hauptmann Armisted. Ich würde ihn gern sehen, wenn Sie nichts dagegen haben.«

»Er ist eine Besichtigung wert. Aber da draußen gibt's ein böses Stück Dschungel, und ich möchte Ihnen raten, Ihr

Pferd und« – mit einem Blick auf das Gefolge des Gouverneurs – »Ihre anderen Behinderungen zurückzulassen.«

Der Gouverneur ging allein und zu Fuß nach vorn. Nach einer halben Stunde hatte er sich durch verfilztes Unterholz auf sumpfigem Boden gearbeitet und betrat festes und offeneres Gelände. Hier fand er eine halbe Kompanie Infanterie, die hinter einer Reihe von Gewehrpyramiden herumlungerte. Die Männer trugen ihre Ausrüstung umgeschnallt – Koppel, Patronentaschen, Brotbeutel und Feldflaschen. Einige, die ausgestreckt auf dem trockenen Laub lagen, schliefen fest; andere schwatzten in kleinen Gruppen müßig von diesem und jenem; ein paar spielten Karten; keiner war weit von der Reihe zusammengestellter Gewehre entfernt. Für das Auge des Zivilisten war das eine Szene von Sorglosigkeit, Durcheinander, Gleichgültigkeit; ein Soldat hätte Erwartung und Bereitschaft gesehen.

In geringer Entfernung saß allein ein Offizier in Felduniform, bewaffnet, auf einem umgestürzten Baum und nahm die Annäherung des Besuchers wahr, auf den nun ein Sergeant zutrat, der sich aus einer der Gruppen erhoben hatte.

»Ich möchte Hauptmann Armisted sprechen«, sagte der Gouverneur.

Der Sergeant sah ihn scharf an, sagte nichts, wies auf den Offizier, nahm ein Gewehr aus einer der Pyramiden und begleitete ihn.

»Dieser Mann will Sie sprechen, Sir«, sagte der Sergeant; er salutierte. Der Offizier stand auf.

Nur ein scharfes Auge hätte ihn wiedererkannt. Sein Haar, noch vor wenigen Monaten braun, war grau gestreift. Das Gesicht, gebeizt vom Wetter, war durchfurcht wie von Alter. Eine lange fahlgraue Narbe quer über der Stirn markierte den Hieb eines Säbels; eine Wange war verzerrt und verzogen durch das Werk einer Kugel. Nur eine Frau aus dem loyalen Norden hätte den Mann anziehend gefunden.

»Armisted – Hauptmann«, sagte der Gouverneur; er streckte die Hand aus; »erkennen Sie mich nicht?«

»Ich kenne Sie, Sir, und ich grüße Sie – als den Gouverneur meines Staats.«

Er hob die rechte Hand in Augenhöhe und stieß sie nach außen und nach unten. Im Kodex militärischer Etikette ist ein Druck der Hand nicht vorgesehen. Die des Zivilisten wurde zurückgezogen. Falls er Überraschung oder Verdruß verspürte, verriet sein Gesicht das nicht.

»Das ist die Hand, die Ihr Patent unterzeichnet hat«, sagte er.

»Und es ist die Hand...«

Der Satz bleibt unbeendet. Der scharfe Knall eines Gewehrs kam von der Front, gefolgt von noch einem und wieder einem.

Eine Kugel zischte durch den Wald und schlug in einen nahen Baum. Die Männer sprangen vom Boden auf und waren, noch ehe die hohe klare Stimme des Offiziers das Kommando »Aaaach-tung!« beendet hatte, in Reih und Glied hinter den Gewehrpyramiden angetreten. Und wieder – jetzt durch den Lärm eines knatternden Gewehrfeuers – erscholl der kräftige überlegte Singsang der Autorität: »Geweeehr ... auf!«, gefolgt vom Rasseln sich voneinander lösender Bajonette.

Kugeln vom ungesehenen Gegner flogen nun dicht und schnell, wiewohl sie meist schon ermattet jenen summenden Ton von sich gaben, der Einmischung von Zweigen und Rotation in der Flugbahn bedeutete. Zwei oder drei Mann in der Reihe waren bereits getroffen und gestürzt. Ein paar

Verwundete kamen schwerfällig aus dem Unterholz von der Plänklerlinie vorn herangehinkt; die meisten blieben nicht stehen, sondern setzten mit weißen Gesichtern und zusammengebissenen Zähnen ihren Weg nach hinten fort.

Plötzlich gab es einen tiefen kreischenden Abschuß vor der Front, gefolgt von dem aufschreckenden Rauschen einer Granate, die, nachdem sie über die Köpfe hinweggeflogen war, am Rand eines Dickichts explodierte und dabei die abgefallenen Blätter in Brand setzte. Den Lärm durchdringend ertönten – und schienen über ihm zu schwimmen wie das Lied eines hochsteigenden Vogels – die langsamen hervorgestoßenen Einzeltöne der unterschiedlichen Befehle des Hauptmanns, ohne Nachdruck, ohne Betonung, melodiös und geruhsam wie ein Abendlied unterm Erntemond. Vertraut mit diesem beruhigenden Singsang im Moment unmittelbarer Gefahr, überließen sich diese unerfahrenen Soldaten mit weniger als einem Jahr Ausbildung dem Zauber und versahen ihre Aufgaben mit der Gelassenheit und Genauigkeit von Veteranen. Selbst der hochmögende Zivilist hinter seinem Baum, schwankend zwischen Stolz und Furcht, war zugänglich für diese Bezauberung und Besänftigung. Er wurde sich einer verstärkten Entschlossenheit bewußt und riß erst aus, als die Plänkler auf den Befehl hin, sich auf die Reserve zurückzuziehen, aus den Wäldern kamen wie gejagte Hasen und sich links an die standhafte kleine Linie anschlossen, schwer atmend und dankbar für die Gnade des Atems.

III
Wie einer kämpft, der sein Herz nicht daran setzt

Bei seinem Rückzug durch den der flüchtenden Verwundeten geleitet, kämpfte sich der Gouverneur tapfer nach hinten zurück durch das »böse Stück Dschungel«. Er war ziemlich außer Atem und ein bißchen verwirrt. Abgesehen von einzelnen Gewehrschüssen ab und an gab es keinerlei Kampfgeräusch hinter ihm; der Gegner sammelte sich für einen neuen Angriff gegen einen Feind, über dessen Stärke und taktische Aufstellung er im Zweifel war. Der Flüchtige fühlte, daß er seinem Land wahrscheinlich erhalten bleiben würde, und konnte die diesbezüglichen Vorkehrungen der Vorsehung nur loben, doch als er in offenerem Gelände einen schmalen Bach übersprang, umfaßte eine jener Vorkehrungen das Mißgeschick einer hemmenden Verstauchung des Knöchels. Er konnte seine Flucht nicht fortsetzen, denn zum Hüpfen war er zu fett, und nach verschiedenen vergeblichen Versuchen, die unerträgliche Schmerzen verursachten, setzte er sich auf die Erde, um seine unedle Untauglichkeit zu hätscheln und die militärische Lage ernsthaft zu mißbilligen.

Lebhaft flammte das Feuer wieder auf, und verirrte Kugeln flitzten und brummten vorüber. Dann kam das Krachen zweier sauberer klarer Salven, gefolgt von einem ununterbrochenen Knattern, durch das er Schreie und Hurragebrüll der Kämpfenden hören konnte, interpunktiert von Donnerschlägen der Kanonen. All das sagte ihm, daß Armisteds kleine Truppe hart bedrängt war und im Nahkampf stand. Die Verwundeten, die er hinter sich gelassen hatte, kamen nun zu beiden Seiten vorbei, an Zahl sichtlich verstärkt durch Neuzugänge von der Front. Einzeln, zu zweit, zu dritt, wobei manche schwerer verwundete Kameraden stützten, alle aber taub für seine Hilferufe, drangen sie durch das Unterholz und verschwanden. Das Feuern wurde immer lauter und deutlicher, und dann folgten den verwundeten Flüchtigen Männer mit festerem Schritt, die sich gelegentlich umwandten und ihre Waffen abfeuerten, dann den Rückzug verbissen fortsetzten und im Gehen nachluden. Zwei oder drei fielen, während er zusah, und lagen reglos. Einer hatte noch genügend Leben in sich für einen erbarmungswürdigen Versuch, sich in Deckung zu schleppen. Ein Kamerad kam vorüber, hielt neben ihm lange genug inne, um zu feuern, schätzte des armen Teufels Verwundung mit einem Blick ab und zog verdrossen weiter, während er eine Patrone in seine Waffe schob.

In all dem war nichts vom Glanz des Krieges – keine Spur von Ruhm. Selbst in seiner Bedrängnis und Gefährdung konnte der hilflose Zivilist es sich nicht versagen, dies mit den prunkvollen Paraden und Truppenschauen zu seinen Ehren zu vergleichen – mit den glänzenden Uniformen, der Musik, den Fahnen und dem Parademarsch. Es war ein häßliches und ekelerregendes Geschäft: für alles Künstlerische in seinem Wesen abstoßend, brutal, von schlechtem Geschmack.

»Uhh!« grunzte er schaudernd – »das ist ja widerlich! Wo ist der Zauber des Ganzen? Wo sind die edlen Gefühle, die Hingabe, das Heldentum, der...«

Von einer ziemlich nahen Stelle in Richtung auf den verfolgenden Feind erhob sich der klare überlegte Singsang von Hauptmann Armisted.

»Ruuu-hig, Leute – ruuu-hig. Halt! Foiii-errr.«

Das Knattern von weniger als zwanzig Gewehren konnte im allgemeinen Getöse unterschieden werden, und wieder das durchdringende Falsett:

»Foii-errr halt. Zuuu-rück ... maaarsch!«

In wenigen Augenblicken war dieser Rest langsam am Gouverneur vorbeigezogen, alle zu seiner Rechten, entsprechend ihrer Blickrichtung beim Rückzug, mit Zwischenräumen von einem halben Dutzend Schritten entwickelt. Auf der äußersten Linken und einige Yards zurück folgte der Hauptmann. Der Zivilist schrie seinen Namen, aber er hörte nicht. Ein Schwarm von Männern in Grau brach jetzt verfolgend aus der Deckung, direkt auf die Stelle zu, wo der Gouverneur lag – Zufälle der Bodenbeschaffenheit hatten sie veranlaßt, auf diesen Punkt zuzuhalten: Ihre Linie wurde zur Menge. In einer letzten verzweifelten Anstrengung für Leben und Freiheit versuchte der Gouverneur sich zu erheben, und der Hauptmann, der sich umblickte, sah ihn. Sofort sang er, aber mit der gleichen langsamen Genauigkeit wie zuvor, seine Kommandos:

»Plääää-nkler, halt!« Die Männer blieben stehen, wandten sich vorschriftsgemäß um und machten Front gegen den Feind.

»Aufschließen reee-chts!« – und sie kamen gerannt, pflanzten die Bajonette auf und richteten sich locker nach dem Mann an diesem Ende der Reihe aus.

»Vorwärts ... den Gou-ver-neur eures Staats retten ... Laufschritt ... maaa-rsch!«

Lediglich ein Mann gehorchte diesem erstaunlichen Befehl nicht! Er war tot. Mit Hurragebrüll setzten sie vorwärts über die zwanzig oder dreißig Schritt zwischen ihnen und ihrer Aufgabe. Der Hauptmann, der eine kürzere Strecke zu gehen hatte, kam als erster an – gleichzeitig mit dem Gegner. Ein halbes Dutzend hastiger Schüsse wurde auf ihn gefeuert, und der vorderste Mann – ein Kerl von heroischer Gestalt, ohne Hut und barbrüstig – führte mit dem Gewehrkolben einen tückischen Streich nach Armisteds Kopf. Der Offizier parierte den Hieb auf Kosten eines gebrochenen Arms und trieb seinen Degen bis an den Griff in die Brust des Riesen. Als die Leiche stürzte, wurde ihm die Waffe aus der Hand gewunden, und ehe er den Revolver aus dem Halfter an seinem Koppel reißen konnte, sprang ihn ein anderer Mann wie ein Tiger an, klammerte beide Hände um seine Kehle und riß ihn rücklings auf den am Boden liegenden Gouverneur, der sich immer noch mühte, hochzukommen. Dieser Mann wurde prompt auf das Bajonett eines Unionssergeanten gespießt und sein Todesgriff um den Hals des Hauptmanns durch Tritte auf die Handgelenke gelöst. Nachdem der Hauptmann sich erhoben hatte, befand er sich im Rücken seiner Männer, die alle über und um ihn passiert waren und nun wild auf ihre zahlreicheren, aber weniger dicht geballten Widersacher einstachen. Fast alle Gewehre beider Seiten waren leer, und im Zusammenprall gab es weder Zeit noch Raum zum Nachladen. Die Konföderierten waren insofern im Nachteil, als fast alle kein Bajonett hatten; sie kämpften mit Kolbenhieben – und ein Gewehrkolben ist eine furchtbare Waffe. Das Geräusch des Zusammenstoßes war ein Klappern wie das vom Zusammendröhnen des Gehörns kämpfender Stiere – dann und wann das Krachen eines zerschmetterten Schädels, ein Fluch, oder ein Grunzen, hervorgerufen durch das Aufprallen einer Gewehrmündung auf einen Bauch, den das Bajonett durchbohrte. Durch eine Lücke, die der Fall eines seiner Männer öffnete, sprang Hauptmann Armisted mit baumelndem linken Arm; in seiner rechten Hand ein vollgeladener Revolver, den er schnell und mit fürchterlicher Wirkung in die Mitte der grauen Menge abfeuerte; aber über die Leichen der Erschlagenen wurden die Überlebenden vorn von ihren Kameraden hinten vorwärtsgedrückt, bis sie wieder ihre Brust den unermüdlichen Bajonetten boten. Es waren jetzt weniger Bajonette da für die dargebotene Brust – ein jämmerliches halbes Dutzend, alles in allem. Noch ein paar Minuten dieser rauhen Arbeit – ein kurzer Kampf Rücken an Rücken – und alles wäre vorüber.

Plötzlich hörte man rechts und links lebhaftes Feuern: eine frische Reihe Unionsplänkler stürmte im Laufschritt vor und trieb die Teile der Konföderierten vor sich her, die abgespalten worden waren, als sie das Vordringen des Zentrums aufhielten. Und hinter diesen neuen lärmenden Kombattanten war in einer Entfernung von zwei- oder dreihundert Yards undeutlich zwischen den Bäumen eine Schlachtordnung zu sehen!

Instinktiv machte die Menge in Grau, ehe sie sich zurückzog, einen verheerenden Ausfall gegen die Handvoll ihrer Widersacher, überrannte sie durch den bloßen Aufprall und, im Zusammenprall unfähig zum Waffengebrauch, trampelte sie nieder, stampfte wild auf ihre Glieder, ihre Leiber, ihre Hälse, ihre Gesichter; zog sich dann mit blutigen Füßen über die eigenen Toten hinweg zurück und schloß sich der allgemeinen Fluchtbewegung an, und der Zwischenfall war beendet.

IV

Große ehren Große

Der Gouverneur, der bewußtlos gewesen war, öffnete die Augen und starrte um sich; langsam entsann er sich der Ereignisse des Tages. Ein Mann in der Uniform eines Majors kniete neben ihm; er war Stabsarzt. Ihn umstanden die zivilen Mitglieder des Gouverneursstabes, deren Gesichter eine natürliche Besorgnis um ihre Posten ausdrückten. Ein wenig abseits stand General Masterson, sprach mit einem anderen Offizier und gestikulierte mit einer Zigarre. Er sagte: »Das war das herrlichste Gefecht, das je geliefert wurde – bei Gott, Sir, es war großartig!«

Herrlichkeit und Größe wurden durch eine Reihe Toter bezeugt, sauber ausgerichtet, und eine weitere Reihe Verwundeter, weniger förmlich gelagert, ruhelos, halbnackt, aber wacker bebandagiert.

»Wie fühlen Sie sich, Sir?« sagte der Stabsarzt. »Ich kann keine Wunde finden.«

»Ich glaube, ich bin in Ordnung«, erwiderte der Patient und setzte sich auf. »Es ist dieser Knöchel.«

Der Stabsarzt übertrug seine Aufmerksamkeit auf den Knöchel und schnitt den Stiefel auf. Aller Augen folgten dem Messer.

Beim Bewegen des Beins wurde ein zusammengefaltetes Blatt Papier aufgedeckt. Der Patient hob es auf und öffnete es achtlos. Es war ein drei Monate alter Brief, unterzeichnet »Julia«. Da er seinen eigenen Namen in ihm sichtete, las er ihn. Es war nichts sonderlich Bemerkenswertes – nur einer schwachen Frau Bekenntnis uneinträglicher Sünde – die Reue einer treulosen Frau, die ihr Verführer verlassen hat. Der Brief war aus der Tasche von Hauptmann Armisted gefallen; der Leser steckte ihn ruhig in seine eigene.

Ein Adjutant ritt heran und saß ab. Er trat zum Gouverneur und salutierte.

»Sir«, sagte er, »es tut mir leid, Sie verwundet vorzufinden – der Kommandierende General ist davon nicht unterrichtet. Er läßt seine Empfehlungen übermitteln und ich soll ausrichten, daß er zu Ihren Ehren für morgen eine große

Truppenschau des Reservekorps angeordnet hat. Ich erlaube mir hinzuzufügen, daß der Wagen des Generals zu Ihrer Verfügung stehen wird, falls Sie imstande sind beizuwohnen.«

»Seien Sie so freundlich, dem Kommandierenden General mitzuteilen, daß ich von seiner Liebenswürdigkeit zutiefst berührt bin. Wenn Sie die Geduld haben, ein paar Augenblicke zu warten, werden Sie eine genauere Antwort überbringen können.«

Er lächelte breit und fügte mit Blick auf den Stabsarzt und seine Assistenten hinzu: »Im Augenblick befinde ich mich – wenn Sie mir eine Anspielung auf die Schrecken des Friedens erlauben – ›in den Händen meiner Freunde‹.«

Der Humor der Großen ist ansteckend; alle, die es hörten, lachten.

»Wo ist Hauptmann Armisted?« fragte der Gouverneur, nicht völlig sorglos.

Der Stabsarzt blickte von seiner Arbeit auf und wies stumm auf die nächstliegende Leiche in der Reihe der Toten, das Antlitz diskret von einem Taschentuch verhüllt. Sie lag so nahe, daß der große Mann seine Hand auf sie hätte legen können, aber das tat er nicht. Er mag gefürchtet haben, sie würde bluten.

DIE GESCHICHTE EINES GEWISSENS

I

Hauptmann Parrol Hartroy stand beim Vorposten seiner Feldwache und unterhielt sich leise mit dem Wachtposten. Dieser Posten befand sich auf einer Überlandstraße, die das Lager des Hauptmanns durchschnitt, eine halbe Meile zurück, aber das Lager war von dieser Stelle aus nicht sichtbar. Der Offizier gab dem Soldaten offenbar bestimmte Anweisungen – oder fragte nur, ob vorn alles ruhig sei. Während die beiden dort standen und redeten, kam ein Mann vom Lager her auf sie zu; er pfiff sorglos und wurde prompt von dem Soldaten angehalten. Offensichtlich war er Zivilist – grob gekleidet mit jenem selbstgemachten Zeug in gelbem Grau, »Butternuß« genannt, das in den späten Tagen der Konföderation die einzige Männerkleidung war. Auf seinem Kopf saß ein Schlapphut, vormals weiß, unter dem Massen ungeordneten Haares hingen, offenbar weder mit Schere noch Kamm vertraut. Das Gesicht des Mannes war ziemlich auffällig; eine breite Stirn, scharfe Nase und hagere Wangen, der Mund unsichtbar in dem vollen dunklen Bart, der ebenso vernachlässigt schien wie das Haar. Die Augen waren groß und hatten jene Stetigkeit und aufmerksame Festigkeit, die so oft eine abwägende Intelligenz und einen Willen kennzeichnen, der nicht leicht von seinem Ziel abzulenken ist – sagen jene Physiognomen, die eben diese Sorte Augen haben. Insgesamt war dies ein Mann, den man sicherlich wahrnahm, und von dem man wahrgenommen wurde. Er trug einen im Wald frisch geschnittenen Stock, und seine abgetragenen Rindslederstiefel waren weiß von Staub.

»Zeigen Sie Ihren Passierschein«, sagte der Unionssoldat, vielleicht ein wenig herrischer, als er für nötig befunden hätte, wäre er nicht unter den Augen seines Kommandeurs gewesen, der mit verschränkten Armen vom Straßenrand her zusah.

»Ich hätt gedacht, Sie erinnern sich an mich, General«, sagte der Wandersmann gelassen, während er das Papier aus der Tasche seiner Jacke hervorzog. In seinem Tonfall war irgend etwas – vielleicht ein leichter Hauch von Ironie –, was diese Beförderung seines Hinderers zu erlauchtem Rang dem würdigen Krieger minder angenehm machte, als Beförderungen gewöhnlich befunden werden. »Ihr müßt es ja wohl alle verdammt genau nehmen«, fügte er hinzu, in einem versöhnlicheren Ton, als wolle er sich halbwegs entschuldigen, daß er aufgehalten wurde.

Nachdem der Soldat den Passierschein gelesen hatte, wobei das Gewehr auf dem Boden stand, gab er das Dokument ohne ein Wort zurück, schulterte die Waffe und kehrte zu seinem Kommandeur zurück. Der Zivilist ging mitten auf der Straße weiter, und nachdem er einige Yards in die umliegende Konföderation eingedrungen war, begann er wieder zu pfeifen und geriet bald außer Sicht hinter einer Biegung der Straße, die hier in einen lichten Wald lief. Plötzlich löste der Offizier die Arme vor der Brust, zog einen Revolver aus dem Koppel und rannte in derselben Richtung davon, während der Wachtposten in offenmundigem Erstaunen auf dem Posten verblieb. Nachdem er den verschiedenen sichtbaren Formen der Natur ein feierliches Versprechen geleistet hatte, daß er verdammt sein wolle, nahm dieser Gentleman wieder den Ausdruck des Stumpfsinns an, der als einem Zustand wachsamer militärischer Aufmerksamkeit angemessen gilt.

II

Hauptmann Hartroy führte ein selbständiges Kommando. Seine Streitmacht bestand aus einer Kompanie Infanterie, einer Schwadron Kavallerie und einer Artillerieabteilung, die von der Armee, zu der sie gehörten, abkommandiert waren, um einen wichtigen Hohlweg in den Cumberland-Bergen Tennessees zu verteidigen. Es war das Kommando eines Stabsoffiziers, einem Frontoffizier übertragen, der aus dem Mannschaftsstand aufgestiegen war, in dem er unauffällig gedient hatte, bis er »entdeckt« wurde. Sein Posten war von unüblicher Gefährlichkeit; seine Verteidigung barg eine schwere Verantwortung, und daher waren ihm klugerweise entsprechend weitgespannte Vollmachten übertragen worden, die wegen seiner Entfernung zur Hauptarmee, der unsicheren Verbindungslinien und der Gesetzlosigkeit der irregulären feindlichen Truppen, die diese Gegend verpesteten, desto notwendiger waren. Er hatte sein kleines Lager stark befestigt; es umfaßte ein Dorf mit einem halben Dutzend Gebäuden und einem Landladen; und er hatte eine beträchtliche Menge an Vorräten angesammelt. Einigen ortsansässigen Zivilisten von bekannter Loyalität, mit denen Handel zu treiben wünschenswert war und derer Dienste er sich manchmal auf die verschiedensten Arten bediente, hatte er Passierscheine ausgestellt, die ihnen Zutritt zu seinen Linien gestatteten. Es versteht sich, daß ein Mißbrauch dieses Privilegs im Interesse des Gegners ernsthafte Folgen haben konnte. Hauptmann Hartroy hatte einen Befehl erlassen, demzufolge jeder, den man bei einem solchen Mißbrauch ertappte, summarisch zu erschießen war.

Während der Wachtposten den Passierschein des Zivilisten prüfte, hatte der Hauptmann letzteren aufmerksam betrachtet. Sein Äußeres kam ihm bekannt vor, und zunächst zweifelte er nicht, daß er ihm den Passierschein ausgestellt hatte, der den Wachtposten befriedigte. Erst nachdem der Mann außer Sicht und Gehör war, hatte sich seine Identität durch ein offenbarendes Licht aus der Erinnerung enthüllt. Mit soldatisch prompter Entscheidung hatte der Offizier auf die Offenbarung hin gehandelt.

III

Für jeden außer einem einzigartig selbstbewußten Mann ist die Erscheinung eines Offiziers der Streitkräfte, imposant gewandet, in der einen Hand den Degen samt Scheide und in der anderen einen gespannten Revolver, und in wilder Verfolgung rennend, zweifellos in hohem Maße beunruhigend; auf den Mann, dem die Verfolgung in diesem Fall galt, schien sie keine andere Wirkung zu haben, als seine Gelassenheit irgendwie zu vertiefen. Er hätte leicht genug rechts oder links in den Wald fliehen können, entschied sich aber für ein anderes Vorgehen – er wandte sich um, sah den Hauptmann ruhig an und sagte, als der ihn eingeholt hatte: »Ich nehm an, Sie haben mir was zu sagen, was Ihnen jetzt erst einfällt. Was wär's denn, Nachbar?«

Aber der »Nachbar« antwortete nicht, sondern war unnachbarlich damit befaßt, ihn mit gespanntem Revolver zu decken.

»Ergeben Sie sich«, sagte der Hauptmann so ruhig, wie eine leichte Atemlosigkeit von der Anstrengung es gestattete, »oder Sie sterben.«

In der Form dieser Forderung lag keine Drohung; die stak im Inhalt und in den Mitteln, sie zu erzwingen. Auch war da etwas nicht eben Beruhigendes in den kalten grauen Augen, die den Lauf der Waffe entlangblickten. Einen Moment standen die beiden Männer und sahen einander schweigend an; dann zog der Zivilist mit keinerlei Anzeichen von Furcht – mit ebenso großer offensichtlicher Unbetroffenheit wie gegenüber der weniger strengen Forderung des Wachtpostens – langsam aus seiner Tasche das Papier, das jenen niedrigen Funktionär befriedigt hatte, hielt es hin und sagte:

»Ich nehm an, dieser Passierschein von Mister Hartroy ist...«

»Der Passierschein ist eine Fälschung«, unterbrach der Offizier. »Ich bin Hauptmann Hartroy – und Sie sind Dramer Brune.«

Es hätte eines scharfen Auges bedurft, um das leichte Erblassen im Gesicht des Zivilisten bei diesen Worten zu bemerken, und das einzige weitere Anzeichen, das ihre Bedeutung bezeugte, war die willkürliche Entspannung von Daumen und Finger, die das entehrte Papier hielten; es fiel unbeachtet auf die Straße, wurde von einem sanften Wind weggeweht und lag dann still, von Staub bedeckt, wie in Erniedrigung ob der Lüge, die es trug. Einen Augenblick später sagte der Zivilist, der noch immer ungerührt in den Lauf des Revolvers blickte:

»Ja, ich bin Dramer Brune, Spion der Konföderierten und Ihr Gefangener. Ich trage bei mir, wie Sie bald entdecken werden, einen Plan Ihres Forts und seiner Bestückung, einen Bericht über die Verteilung Ihrer Männer und ihre Anzahl, eine Skizze der Zugangswege, die die Stellung all Ihrer Vorposten zeigt. Mein Leben gehört Ihnen, aber wenn Sie es in einer förmlicheren Weise als durch Ihre eigene Hand zu nehmen wünschen und wenn Sie bereit sind, mir die Würdelosigkeit eines Einzugs ins Lager vor der Mündung Ihres Revolvers zu ersparen, verspreche ich Ihnen, daß ich weder Widerstand leisten noch fliehen, noch Einspruch erheben, sondern mich jeder Strafe unterwerfen werde, die verhängt wird.«

Der Offizier senkte die Waffe, stellte den Hahn in Ruhe und steckte sie an ihren Platz in seinem Koppel. Brune trat einen Schritt vor und streckte die rechte Hand aus.

»Das ist die Hand eines Verräters und eines Spions«, sagte der Offizier kalt und nahm sie nicht an. Der andere verneigte sich.

»Los«, sagte der Hauptmann, »wir wollen ins Lager gehen; Sie sterben erst morgen früh.«

Er wandte dem Gefangenen den Rücken zu, und diese beiden rätselhaften Männer nahmen ihren Weg zurück und kamen bald an dem Wachtposten vorüber, der sein umfassendes Verständnis der Gegebenheiten durch unnötiges und übertriebenes Salutieren vor seinem Kommandeur ausdrückte.

IV

Am frühen Morgen nach diesen Ereignissen saßen die beiden Männer, Häscher und Gefangener, im Zelt des ersteren. Ein Tisch stand zwischen ihnen, auf dem unter einer Anzahl amtlicher und privater Briefe, die der Hauptmann in der Nacht geschrieben hatte, die belastenden Papiere lagen, die bei dem Spion gefunden worden waren. Dieser Gentleman hatte die Nacht in einem Nebenzelt durchgeschlafen, unbewacht. Nachdem sie gefrühstückt hatten, rauchten sie jetzt beide.

»Mr. Brune«, sagte Hauptmann Hartroy, »Sie werden wahrscheinlich nicht verstehen, warum ich Sie in Ihrer Verkleidung erkannt habe oder wieso ich Ihren Namen wußte.«

»Ich habe mich nicht darum bemüht, Hauptmann«, sagte der Gefangene mit gelassener Würde.

»Dennoch möchte ich, daß Sie es wissen – wenn die Geschichte Sie nicht kränkt. Sie werden feststellen, daß meine Kenntnis von Ihnen auf den Herbst 1861 zurückgeht. Damals waren Sie Gemeiner in einem Ohio-Regiment – ein tapferer und vertrauenswürdiger Soldat. Zur Überraschung und zum Kummer Ihrer Offiziere und Ihrer Kameraden sind Sie desertiert und zum Feind übergelaufen. Bald danach wurden Sie bei einem Scharmützel gefangen, erkannt, vors Kriegsgericht gestellt und verurteilt, erschossen zu werden. Während Sie auf die Vollstreckung des Urteils warteten, hatte man Sie ungefesselt in einen Güterwagen gesperrt, der auf einem Nebengleis der Eisenbahn stand.«

»In Grafton, Virginia«, sagte Brune; dabei streifte er mit dem kleinen Finger der Hand, mit der er sie hielt, und ohne aufzuschauen die Asche von der Zigarre.

»In Grafton, Virginia«, wiederholte der Hauptmann. »In einer dunklen und stürmischen Nacht wurde ein Soldat, der gerade von einem langen ermüdenden Marsch zurückgekehrt war, abkommandiert, um Sie zu bewachen. Er saß auf einer Kiste mit Schwärmern im Waggon, nahe der Tür, das Gewehr geladen und das Bajonett aufgepflanzt. Sie saßen in einer Ecke, und seine Befehle lauteten, Sie zu töten, wenn Sie versuchen sollten aufzustehen.«

»Aber wenn ich um die Erlaubnis aufzustehen *bat,* konnte er den Korporal der Wache rufen.«

»Ja. Als die langen schweigenden Stunden dahinschlichen, gab der Soldat der Forderung der Natur nach: Er selbst hat sich der Todesstrafe schuldig gemacht, indem er auf Posten eingeschlafen ist.«

»Stimmt; das haben Sie.«

»Was! Sie erkennen mich? Sie haben mich schon die ganze Zeit wiedererkannt?«

Der Hauptmann war aufgesprungen und ging auf dem Boden seines Zeltes hin und her, sichtlich erregt. Sein Gesicht war gerötet, die grauen Augen hatten den kalten, gnadenlosen Blick verloren, den sie zeigten, als Brune sie über dem Revolverlauf gesehen hatte; sie waren wundersam sanft geworden.

»Ich habe Sie erkannt«, sagte der Spion mit seiner üblichen Gelassenheit, »in dem Augenblick, in dem Sie vor mir standen und meine Kapitulation verlangten. Unter den Umständen hätte es mir kaum zugestanden, an jene Dinge zu erinnern. Vielleicht bin ich ein Verräter; sicherlich ein Spion; aber ich würde nicht gern als ein um Gnade Winselnder erscheinen.«

Der Hauptmann war stehengeblieben und sah seinen Gefangenen an. In seiner Stimme war eine eigentümliche Heiserkeit, als er wieder sprach.

»Mr. Brune, was immer Ihr Gewissen Ihnen zu sein gestattet, Sie haben mein Leben gerettet, auf Kosten, wie Sie annehmen mußten, Ihres eigenen. Bis ich Sie gestern sah, als Sie von meinem Wachtposten angehalten wurden, hatte ich Sie für tot gehalten – hatte angenommen, Sie hätten das Schicksal erlitten, dem Sie durch mein eigenes Vergehen leicht hätten entfliehen können. Sie brauchten nur aus dem Waggon zu klettern und mir Ihren Platz vor dem Peloton zu überlassen. Sie haben göttliches Erbarmen bewiesen. Sie hatten Mitleid mit meiner Müdigkeit. Sie haben mich schlafen lassen, über mich gewacht, und als die Zeit für meine Ablösung kam, die mich in meinem Verbrechen entdeckt hätte, haben Sie mich sanft geweckt. Ach Brune, Brune, das war edel – das war großartig – das…«

Die Stimme des Hauptmanns versagte; Tränen rannen über sein Gesicht und funkelten auf Bart und Brust. Er setzte sich wieder an den Tisch, vergrub das Gesicht in den Händen und schluchzte. Alles sonst war Stille.

Plötzlich war das klare Schmettern eines Horns zu hören, das »Sammeln« blies. Der Hauptmann schreckte hoch und hob das nasse Gesicht von den Armen; es war gespenstisch fahl geworden. Draußen im Sonnenlicht waren die Geräusche der Mannschaft zu hören, die in Reihen antrat; die Stimmen der Sergeanten, die Appell hielten; das leise Pochen der Trommler, die ihre Trommeln spannten. Der Hauptmann sprach wieder:

»Ich hätte mein Vergehen gestehen müssen, um die Geschichte Ihrer Großmut bekanntzumachen; sie hätte Ihnen vielleicht die Begnadigung eingebracht. Hundert Mal war ich entschlossen, es zu tun, aber die Scham hat es verhindert. Außerdem war Ihre Verurteilung richtig und gerecht. Der Himmel vergebe mir! Ich habe nichts gesagt, und mein Regiment wurde kurz darauf nach Tennessee kommandiert, und ich habe nie wieder von Ihnen gehört.«

»Das war schon recht so, Sir«, sagte Brune, ohne sichtbare Bewegung; »ich bin entflohen und zu meiner Fahne zurückgekehrt – der Fahne der Konföderierten. Vielleicht sollte ich hinzufügen, daß ich vor meiner Desertion aus Unionsdiensten ernsthaft um Entlassung eingekommen war, wegen veränderter Überzeugungen. Die Antwort war Bestrafung.«

»Aber wenn ich die Strafe für mein Verbrechen erlitten hätte – wenn Sie mir nicht so großherzig das Leben geschenkt hätten, das ich ohne Dankbarkeit angenommen habe, dann würden Sie nicht wieder im Schatten und der unmittelbaren Nähe des Todes stehen.«

Der Gefangene schreckte leicht zusammen, und ein Ausdruck der Besorgnis kam in sein Gesicht. Man hätte auch sagen können, daß er überrascht war. In dem Augenblick erschien ein Leutnant, der Adjutant, in der Öffnung des Zeltes und salutierte. »Hauptmann«, sagte er, »das Bataillon ist angetreten.«

Hauptmann Hartroy hatte die Fassung wiedergewonnen. Er wandte sich zu dem Offizier um und sagte: »Leutnant, gehen Sie bitte zu Hauptmann Graham und sagen ihm, daß ich ihn ersuche, das Kommando über das Bataillon zu übernehmen und es außerhalb der Befestigung antreten zu lassen. Dieser Gentleman ist ein Deserteur und Spion; er ist in Anwesenheit der Truppe zu erschießen. Er wird Sie begleiten, ungebunden und unbewacht.«

Während der Adjutant am Eingang wartete, erhoben sich die beiden Männer im Innern des Zeltes und verneigten sich feierlich voreinander, wonach Brune sich sofort zurückzog.

Eine halbe Stunde später wurde ein alter Negerkoch, die einzige im Lager verbliebene Person außer dem Kommandeur, durch das Geräusch einer Gewehrsalve so erschreckt, daß er den Kessel fallen ließ, den er gerade vom Feuer hob. Wäre da nicht seine Verwirrung gewesen und das Zischen, das der Inhalt des Kessels in der Glut veranstaltete, hätte er vielleicht auch, in größerer Nähe, den einen Revolverschuß gehört, durch den Hauptmann Hartroy auf ein Leben verzichtete, das er guten Gewissens nicht länger behalten konnte.

Gemäß dem Wortlaut einer Notiz, die er dem Offizier hinterließ, der ihm im Kommando nachfolgte, wurde er wie der Deserteur und Spion ohne militärische Ehren begraben; und im feierlichen Schatten des Berges, der nichts mehr vom Krieg weiß, schlafen die beiden gut in längst vergessenen Gräbern.

EINE SORTE OFFIZIER

I

Über Einsatzmöglichkeiten von Höflichkeitsformen

»Hauptmann Ransome, es ist Ihnen nicht erlaubt, *irgend etwas* zu wissen. Es reicht aus, daß Sie meinen Befehl befolgen – den Sie mir zu wiederholen gestatten. Wenn Sie irgendeine Truppenbewegung vor Ihrer Front bemerken, haben Sie das Feuer zu eröffnen, und wenn Sie angegriffen werden, halten Sie Ihre Stellung so lange, wie Sie können. Habe ich mich Ihnen verständlich gemacht, Sir?«

»Nichts könnte klarer sein. Leutnant Price« – dies zu einem Offizier seiner Batterie, der gerade rechtzeitig herangeritten war, um den Befehl zu hören –, »die Anweisung des Generals ist klar, nicht wahr?«

»Absolut.«

Der Leutnant ritt weiter zu seinem Posten. Für einen Augenblick noch saßen General Cameron und der Kommandeur der Batterie in den Sätteln und starrten einander schweigend an. Mehr war nicht zu sagen; offenbar war schon zuviel gesagt worden. Dann nickte der höhere Offizier kalt und wendete sein Pferd, um fortzureiten. Der Artillerist salutierte langsam, gemessen und äußerst förmlich. Ein mit den Feinheiten militärischer Etikette Vertrauter würde gesagt haben, daß er auf diese Weise sein Begreifen des Rüffels bezeugte, den er sich zugezogen hatte. Es gehört zu den wichtigsten Einsatzmöglichkeiten von Höflichkeitsformen, seinem Unwillen Ausdruck zu verleihen.

Nachdem der General sich Stab und Eskorte wieder zugesellt hatte, die ihn nicht weit entfernt erwarteten, bewegte sich die ganze Kavalkade nach rechts von der Batterie fort und verschwand im Nebel. Hauptmann Ransome war allein, stumm, reglos wie ein Reiterstandbild. Der graue Nebel, der ständig dichter wurde, schloß sich um ihn wie ein sichtbares Verhängnis.

II

Unter welchen Umständen Soldaten nicht erschossen werden möchten

Die Kämpfe des Vortages waren planlos und ohne Entscheidung verlaufen. Wo es zu Zusammenstößen gekommen war, hatte der Gefechtsqualm in blauen Schichten zwischen den Ästen der Bäume gehangen, bis ihn der niederströmende Regen zu nichts zerschlug. In die aufgeweichte Erde schnitten die Räder von Kanonen und Munitionswagen tiefe schorfige Furchen, und die Bewegungen der Infanterie schienen durch den Schlamm behindert, der um die Füße der Soldaten klumpte, als sie sich, mit durchweichten Uniformen und durch übergestülpte Mantelkapuzen nur unvollkommen geschützten Gewehren, in Schlängellinien durch tropfende Wälder und überflutete Felder hin und her schleppten. Berittene Offiziere, deren Köpfe aus Gummiponchos hervorragten, die wie schwarze Rüstungen glänzten, suchten sich allein und in losen Gruppen ihren Weg durch die Mannschaft, kamen und gingen scheinbar ziellos und forderten von niemandem Beachtung als von ihresgleichen. Hier und da trug ein Toter in erdbeschmutzter Uniform, das Gesicht von einer Decke verhüllt oder gelb und lehmig im Regen schimmernd, seinen entmutigenden Einfluß zu dem der übrigen trübseligen Züge der Szene bei und steigerte das allgemeine Unbehagen durch eine besondere Niedergeschlagenheit. Sehr abstoßend sahen diese Kadaver aus – überhaupt nicht heroisch, und niemand war anfällig für Ansteckung durch ihr patriotisches Beispiel. Tot auf dem Feld der Ehre, ja; aber das Feld der Ehre war so verdammt naß! Das macht schon etwas aus.

Die allgemeine Schlacht, die alle erwarteten, kam nicht zustande; keiner der kleinen Vorteile, die bald diese, bald jene Seite in isolierten und zufälligen Zusammenstößen errang, wurde genutzt. Halbherzige Angriffe verursachten nur mürrischen Widerstand, der sich mit bloßer Abwehr begnügte. Befehle wurden mechanisch befolgt; keiner tat mehr als seine Pflicht.

»Die Armee ist heute feige«, sagte General Cameron, Kommandeur einer Unionsbrigade, zu seinem Generaladjutanten.

»Die Armee friert«, erwiderte der angesprochene Offizier, »und – na ja, sie will nicht *so* sein.«

Er wies auf einen der toten Körper in einer seichten Pfütze gelben Wassers; Gesicht und Kleidung waren bespritzt mit Schlamm von Huf und Rad.

Die Waffen schienen die militärische Pflichtvergessenheit der Armee zu teilen. Das Rattern der Gewehre klang matt und schäbig. Es war bedeutungslos und erweckte kaum Aufmerksamkeit und Bereitschaft bei den unbeteiligten Frontabschnitten und den wartenden Reserven. Schon aus geringer Entfernung hörten sich die Abschüsse der Kanonen in Stärke und *timbre* schwächlich an; ihnen fehlten Biß und Widerhall. Die Kanonen schienen mit leichten Kartuschen zu feuern, nicht scharf geladen. Und so schleppte sich der unnütze Tag seinem trübsinnigen Ende zu, und dann in eine Nacht voller Unbehagen, der ein Tag voller Vorahnungen folgte.

Eine Armee hat Persönlichkeit. Unterhalb der Gedanken und Gefühle ihrer Einzelteile denkt und fühlt sie als Einheit. Und in diesem allumfassenden Seinsbewußtsein liegt eine weisere Weisheit als in der bloßen Summe des Gewußten. An jenem schauderhaften Morgen hatte diese große vernunftlose Macht, die da am Boden eines weißen Nebelozeans umhertappte, zwischen Bäumen, die Seetang schienen, eine dumpfe Ahnung, daß nicht alles zum Besten war; daß das Manövrieren eines ganzen Tages zu unbrauchbarer Aufstellung ihrer Teile, einer blinden Zersplitterung ihrer Stärke geführt hatte. Die Männer fühlten sich unsicher und sprachen untereinander über jene taktischen Fehler, die sie mit ihrem mageren militärischen Wortschatz benennen konnten. Stabs- und Frontoffiziere traten zu Gruppen zusammen und sprachen fachkundiger, wenn auch nicht klarer, über ihre Befürchtungen. Kommandeure der Brigaden und Divisionen waren um die Fühlung nach rechts und nach links ängstlich besorgt, schickten Stabsoffiziere auf Erkundungsmissionen und schoben leise und vorsichtig Schwarmlinien in die zweifelhaften Regionen zwischen dem Bekannten und dem Unbekannten vor. An einigen Stellen der Front bauten sich die Truppen offenbar aus eigenem Antrieb so viel an Deckung, wie ohne den schweigenden Spaten und die lärmige Axt möglich war.

Eine dieser Stellen wurde von Hauptmann Ransomes Batterie aus sechs Kanonen gehalten. Jederzeit mit Schanzzeug versehen, hatten seine Männer mit Fleiß in der Nacht gearbeitet, und jetzt schoben seine Kanonen ihre schwarzen Mündungen durch die Schießscharten einer wahrhaft furchterregenden Feldschanze. Sie krönte einen flachen Hang ohne

Unterholz, der unbehindertes Feuer über das Vorgelände auf eine unbekannte Entfernung hin ermöglichte. Die Stellung hätte kaum besser ausgewählt werden können. Sie wies diese Eigentümlichkeit auf, die Hauptmann Ransome, dem Gebrauch des Kompasses zutiefst ergeben, zu bemerken nicht versäumt hatte: sie wies nach Norden, indes die Hauptfront der Armee, wie er wußte, nach Osten blickte. Tatsächlich war jener Teil der Front »refüsiert« – das heißt rückwärtsgebogen, weg vom Gegner. Dies bedeutete, daß Hauptmann Ransomes Batterie irgendwo nahe der linken Flanke der Armee stand; denn eine Armee in Schlachtordnung nimmt, wenn die Gestalt des Bodens das erlaubt, ihre Flanken zurück, die ihre verwundbaren Punkte sind. Tatsächlich schien Hauptmann Ransome die äußerste Linke der Front zu halten, da in jener Richtung keine Truppen über seine eigenen hinaus mehr sichtbar waren. Unmittelbar hinter seinen Kanonen hatte jenes Gespräch zwischen ihm und seinem Brigadekommandeur stattgefunden, dessen abschließender und farbigerer Teil oben bereits berichtet wurde.

III

Wie man ohne Noten Kanone spielt

Hauptmann Ransome saß reglos und stumm zu Pferde. Wenige Yards hinter ihm standen seine Männer an ihren Kanonen. Irgendwo – überall innerhalb weniger Meilen – lagen hunderttausend Mann, Freund und Feind. Dennoch war er allein. Der Nebel hatte ihn ebenso vollständig isoliert, als hätte er sich im Herzen einer Wüste befunden. Seine Welt bestand aus wenigen Quadratyards nasser zertrampelter Erde zu Füßen seines Pferdes. Seine Kameraden in dieser gespenstischen Landschaft waren unsichtbar und unhörbar. Derlei Umstände sind dem Denken förderlich, und so dachte er. Über die Art seiner Gedanken gaben seine klargeschnittenen ansehnlichen Gesichtszüge kein bezeugendes Zeichen preis. Sein Gesicht war unergründlich wie das der Sphinx. Warum auch hätte es etwas berichten sollen, was wahrzunehmen niemand da war? Beim Geräusch eines Schrittes wandte er seinen Blick lediglich der Richtung zu, aus der er kam; einer seiner Sergeanten, der in der trügerischen Perspektive des Nebels wie ein Riese aussah, kam heran und, durch die Nähe klar umrissen und auf seine wahren Ausmaße reduziert, salutierte und stand stramm.

»Na, Morris«, sagte der Offizier; er erwiderte den Salut seines Untergebenen.

»Leutnant Price läßt Ihnen sagen, Sir, daß der größte Teil der Infanterie zurückgezogen wurde. Wir haben nicht mehr genügend Unterstützung.«

»Ja, ich weiß.«

»Ich soll melden, daß ein paar von unseren Leuten hundert Yards über die Befestigung hinaus waren und berichten, daß vor unserer Front keine Vorposten sind.«

»Ja.«

»Sie waren so weit vorne, daß sie den Feind gehört haben.«

»Ja.«

»Sie haben das Rattern von Geschützrädern und die Befehle von Offizieren gehört.«

»Ja.«

»Der Feind bewegt sich auf unsere Befestigungen zu.«

Hauptmann Ransome, der in die Richtung hinter seiner Stellung geblickt hatte – dorthin, wo der Brigadekommandeur und seine Kavalkade vom Nebel verschlungen worden waren –, wendete sein Pferd und blickte in die andere Richtung. Dann saß er reglos wie zuvor.

»Wer sind die Männer, die das berichtet haben?« fragte er, ohne den Sergeanten anzublicken; er richtete die Augen geradeaus in den Nebel über dem Kopf seines Pferds.

»Korporal Hassman und Kanonier Manning.«

Hauptmann Ransome schwieg einen Augenblick. Leichte Blässe trat in sein Gesicht, ein leichtes Zusammenpressen veränderte die Linien seiner Lippen, doch hätte es eines aufmerksameren Beobachters als Sergeant Morris bedurft, die Veränderung wahrzunehmen. Es gab keine in seiner Stimme.

»Sergeant, meine Empfehlungen an Leutnant Price; er soll mit allen Rohren das Feuer eröffnen. Kartätschen.«

Der Sergeant salutierte und verschwand im Nebel.

IV

Zwecks Vorstellung von General Masterson

Auf der Suche nach seinem Divisionskommandeur war General Cameron mit seiner Eskorte der Schlachtfront fast eine Meile nach rechts von Ransomes Batterie gefolgt und erfuhr dort, daß der Divisionskommandeur sich auf die Suche nach dem Korpskommandeur begeben habe. Jeder schien seinen unmittelbaren Vorgesetzten zu suchen – ein ominöser Umstand. Er bedeutete, daß niemandem wohl war. So ritt General Cameron eine weitere halbe Meile, wo er durch blankes Glück auf General Masterson stieß, den zurückkehrenden Divisionskommandeur.

»Ah, Cameron«, sagte der höhere Offizier; er zügelte sein Pferd und schwang das rechte Bein höchst unmilitärisch über den Sattelknopf. »Irgendwas los? Ich hoffe, Sie haben nen guten Platz für Ihre Batterie gefunden – wenn bei Nebel eine Stellung überhaupt besser ist als eine andere.«

»Jawohl, General«, sagte der andere mit der seinem niedrigeren Rang angemessenen größeren Würde. »Meine Batterie ist sehr gut placiert. Ich wünschte, ich könnte sagen, daß sie ebensogut geführt wird.«

»Eh, wieso? Ransome? Ich halte ihn für einen feinen Kerl. In der Armee sollten wir stolz auf ihn sein.«

Für Offiziere der regulären Armee war es üblich, von ihr als »der Armee« zu sprechen. Wie die größten Städte am provinziellsten sind, so ist die Selbstgefälligkeit von Aristokratien am offenherzigsten plebejisch.

»Er hält zu sehr auf seine eigene Meinung. Übrigens: Um den Hügel zu besetzen, den er hält, mußte ich meinen Frontabschnitt gefährlich verlängern. Der Hügel ist links von mir – bildet also die linke Flanke der Armee.«

»O nein, Harts Brigade steht noch jenseits. Sie ist in der Nacht von Drytown herbeordert und angewiesen worden, sich an Sie anzuschließen. Am besten gehen Sie und ...«

Der Satz blieb unvollendet: Lebhaftes Kanonenfeuer war auf der Linken losgebrochen, und beide Offiziere, gefolgt von ihrer Entourage aus Adjutanten und Ordonnanzen mit großem Geklirr und Gerassel, ritten schleunigst darauf los. Aber bald wurden sie aufgehalten, denn der Nebel zwang sie, sich in Sichtweite der Frontlinie zu halten, hinter der Soldatenschwärme ihnen ständig über den Weg liefen. Überall nahm die Front einen schärferen und härteren Umriß an, da die Männer zu den Waffen stürzten und die Offiziere mit gezogenen Degen die Reihen ausrichteten. Fahnenträger entrollten ihre Fahnen, Hornisten bliesen »Sammeln«, Sanitäter erschienen mit Tragbahren. Stabsoffiziere saßen auf und schickten ihr Gepäck in der Obhut von Negerdienern hinter die

Linien. Weiter rückwärts ließ sich in den gespenstischen Räumen des Waldes das Rascheln und Murmeln der Reserven vernehmen, die da antraten.

Auch war all diese Vorbereitung nicht vergeblich, denn kaum waren fünf Minuten verstrichen, seit Hauptmann Ransomes Kanonen den Waffenstillstand des Zweifels gebrochen hatten, als schon die ganze Gegend aufbrüllte: Der Gegner griff fast überall an.

V

Wie Geräusche Schatten bekämpfen können

Hauptmann Ransome wanderte hinter seinen Kanonen auf und ab, die schnell, aber regelmäßig feuerten. Die Kanoniere arbeiteten flink, aber ohne Hast oder erkennbare Aufregung. Es gab auch wirklich keinen Anlaß zu Aufregung; es gehört nicht viel dazu, mit einer Kanone in den Nebel zu zielen und abzufeuern. Das bringt jeder zustande.

Die Männer lächelten über ihre laute Arbeit, die sie mit nachlassender Lebhaftigkeit ausübten. Sie warfen neugierige Blicke auf ihren Hauptmann, der jetzt das Bankett der Befestigung bestiegen hatte und über die Brustwehr starrte, als ob er die Wirkung des Feuers beobachten wollte. Aber die einzige sichtbare Wirkung war die Ersetzung des Nebels durch eine gleiche Menge breiter, tiefliegender Qualmschichten. Plötzlich brach aus der Düsternis mächtiges Hurragebrüll, das die Pausen zwischen dem Donnern der Kanonen mit erschreckender Deutlichkeit füllte! Den wenigen, die Muße und Gelegenheit zu beobachten hatten, erschien der Klang unaussprechlich fremdartig – so laut, so nahe, so bedrohlich, und doch nichts zu sehen! Die Männer, die ihre Arbeit belächelt hatten, lächelten nicht mehr, sondern arbeiteten mit ernster und fieberhafter Geschäftigkeit.

Von seinem Standort an der Brustwehr sah Hauptmann Ransome jetzt eine große Menge undeutlicher grauer Gestalten im Nebel unter sich deutlicher werden und den Abhang heraufschwärmen. Aber die Arbeit der Kanonen war nun rasch und wild. Sie fegten den bevölkerten Abhang mit Böen von Kartätschen und Schrapnell, deren Pfeifen durch das Donnern der Abschüsse zu hören war. Durch diesen entsetzlichen Eisensturm kämpften sich die Angreifer Schritt für Schritt über ihre Toten vorwärts, feuerten in die Schießscharten, luden nach, feuerten wieder, und fielen zuletzt, ein bißchen weiter vorn als jene, die zuvor gefallen waren. Bald war der Rauch dicht genug, um alles zuzudecken. Er ließ sich auf den Angriff nieder, trieb zurück, umhüllte die Verteidigung. Die Kanoniere konnten kaum genug sehen, um ihre Geschütze zu bedienen, und wenn gelegentlich Gestalten des Gegners auf der Brustwehr erschienen – weil sie das Glück gehabt hatten, zwischen zwei Schießscharten nahe genug heranzukommen, um vor den Kanonen geschützt zu sein –, dann sahen sie so wesenlos aus, daß es für die wenigen Infanteristen kaum der Mühe wert erschien, auf sie mit dem Bajonett loszugehen und sie zurück in den Graben zu stürzen.

Da der Kommandeur einer feuernden Batterie Besseres zu tun finden kann, als einzelne Köpfe einzuschlagen, hatte sich Hauptmann Ransome von der Brustwehr auf seinen eigentlichen Posten hinter den Kanonen zurückgezogen, wo er mit gekreuzten Armen stand, seinen Hornisten neben sich. Hier wurde er während des hitzigsten Gefechts von Leutnant Price angesprochen, der gerade einen waghalsigen Angreifer innerhalb der Befestigung niedergesäbelt hatte. Ein lebhaftes Zwiegespräch entspann sich zwischen den beiden

Offizieren – lebhaft zumindest seitens des Leutnants, der energisch gestikulierte und wieder und wieder ins Ohr seines Kommandeurs brüllte, im Bemühen, sich ihm gegen das höllische Getöse der Kanonen hörbar zu machen. Seine Gesten, wenn von einem Schauspieler nüchtern zur Kenntnis genommen, wären als solche des Protestes erklärt worden: Man hätte gesagt, daß er sich den Vorgängen widersetzte. War er für die Übergabe?

Hauptmann Ransome lauschte ohne einen Wechsel in Ausdruck oder Haltung, und als der andere Mann seine Ansprache beendet hatte, blickte er ihm kalt ins Auge und sagte während eines vorübergehenden Abflauens des Aufruhrs:

»Leutnant Price, es ist Ihnen nicht erlaubt, *irgend etwas* zu wissen. Es reicht aus, daß Sie meine Befehle befolgen.«

Der Leutnant ging auf seinen Posten, und Hauptmann Ransome kehrte, da die Brustwehr allem Anschein nach gesäubert war, dorthin zurück, um einen Blick hinüberzuwerfen. Als er das Bankett bestieg, sprang ein Mann auf die Brüstung und schwenkte eine große farbenprächtige Fahne. Der Hauptmann zog eine Pistole aus dem Gürtel und schoß ihn tot. Der Körper stürzte vornüber und hing über den inneren Rand der Aufschüttung, die Arme senkrecht nach unten, beide Hände immer noch an der Fahne. Die wenigen, die dem Mann gefolgt waren, machten kehrt und flohen den Abhang hinab. Als er über die Brustwehr blickte, sah der Hauptmann nichts Lebendes. Er bemerkte ferner, daß keine Kugeln mehr in die Befestigung schlugen.

Er gab dem Hornisten ein Zeichen, der das Signal zur Feuereinstellung blies. An allen anderen Stellen hatte das Gefecht bereits mit der Abwehr des konföderierten Angriffs geendet; mit der Einstellung dieser Kanonade wurde die Stille vollkommen.

VI

Warum es nicht das Beste ist, B zu beleidigen, wenn einen A beleidigt hat

General Masterson ritt in die Schanze ein. Die Männer standen in Gruppen zusammen, redeten laut und gestikulierten. Sie wiesen auf die Toten und rannten von einer Leiche zur anderen. Sie vernachlässigten ihre verdreckten heißen Kanonen und vergaßen, sich die Uniformjacken wieder anzuziehen. Sie rannten zur Brustwehr und blickten hinüber, einige sprangen in den Graben hinunter. Ein gutes Dutzend hatte sich um eine Fahne geschart, die ein toter Mann starr festhielt.

»Ausgezeichnet, Jungs«, sagte der General fröhlich, »ihr habt euch mal wieder wacker gehalten.«

Sie starrten; niemand antwortete, die Anwesenheit des großen Mannes schien sie zu verwirren und zu erschrecken.

Da er auf seine freundliche Herablassung keine Antwort erhielt, pfiff der Offizier mit den zwanglosen Formen ein paar Takte eines populären Schlagers, ritt vor zur Brustwehr und sah sich die Gefallenen an. Im nächsten Augenblick riß er sein Pferd herum, raste hinter den Kanonen entlang, und seine Augen waren überall zugleich.

Ein Offizier saß auf dem Schwanzstück einer der Kanonen und rauchte eine Zigarre. Als der General heranjagte, stand er auf und salutierte gelassen.

»Hauptmann Ransome!« Die Wörter kamen scharf und harsch, wie das Klirren von Stahlklingen. »Sie haben unsere eigenen Leute beschossen – unsere eigenen Leute, Sir? Hören Sie? Harts Brigade!«

»General, das weiß ich.«

»Sie wissen das – Sie wissen das und sitzen hier und

rauchen? O verflucht, Hamilton, ich vergesse mich noch« – dies zu seinem Generalprofoß. »Sir – Hauptmann Ransome, bitte seien Sie so gütig zu erklären – zu erklären, warum Sie unsere eigenen Männer beschossen haben.«

»Das zu erklären bin ich nicht imstande. In den Befehlen wurde mir diese Information vorenthalten.«

Anscheinend begriff der General nicht. »Wer war der Angreifer bei diesem Gefecht, Sie oder General Hart?« fragte er.

»Ich.«

»Und konnten Sie nicht wissen – haben Sie denn nicht gesehen, Sir, daß Sie unsere eigenen Männer angreifen?«

Die Antwort war erstaunlich!

»Das wußte ich, General. Das schien aber nicht meine Angelegenheit zu sein.«

Dann brach er das tödliche Schweigen, das seiner Antwort gefolgt war, und sagte:

»Ich muß Sie an General Cameron verweisen.«

»General Cameron ist tot, Sir – so tot wie man nur sein kann – so tot wie nur einer in dieser Armee. Er liegt da hinten unter einem Baum. Wollen Sie behaupten, daß er irgendwas mit dieser fürchterlichen Angelegenheit zu tun hat?«

Hauptmann Ransome antwortete nicht. Da sie den Wortwechsel bemerkten, hatten sich seine Männer versammelt, um den Ausgang zu beobachten. Sie waren äußerst aufgeregt. Der Nebel, vom Feuer teilweise zerstreut, hatte sie erneut so düster eingeschlossen, daß sie enger zusammenrückten, bis der Richter zu Pferde und der ruhig vor ihm stehende Angeklagte nur noch wenig unbedrängten Platz hatten. Es war das formloseste aller Kriegsgerichte, aber alle spürten, daß das nachfolgende förmliche den Spruch nur bestätigen konnte. Zwar stand ihm die Gerichtsbarkeit nicht zu, wohl aber die Bedeutsamkeit einer Prophezeiung.

»Hauptmann Ransome«, rief der General heftig, aber mit fast so etwas wie einem Flehen in seiner Stimme, »wenn Sie irgend etwas vorbringen können, um ein günstigeres Licht auf Ihr unverständliches Verhalten zu werfen, dann, bitte, tun Sie es.«

Nachdem er seine Fassung wiedergewonnen hatte, suchte dieser hochherzige Soldat nach irgendeiner Rechtfertigung für seine natürliche Zuneigung zu einem tapferen Mann, dem ein entehrender Tod drohte.

»Wo ist Leutnant Price?« sagte der Hauptmann.

Es trat dieser Offizier vor; sein dunkles mürrisches Gesicht sah unter dem blutigen Tuch um seine Stirn einigermaßen abstoßend aus. Er begriff den Aufruf und bedurfte keiner Aufforderung, um zu sprechen. Er sah den Hauptmann nicht an, sondern wandte sich an den General.

»Während des Gefechts entdeckte ich den Stand der Dinge und unterrichtete den Kommandeur der Batterie. Ich wagte darauf zu dringen, daß das Feuer eingestellt werde. Ich wurde beleidigt und auf meinen Posten zurückbefohlen.«

»Wissen Sie irgend etwas von den Befehlen, nach denen ich zu handeln hatte?« fragte der Hauptmann.

»Von irgendwelchen Befehlen, nach denen der Kommandeur der Batterie gehandelt hat«, fuhr der Leutnant fort, immer noch an den General gewandt, »weiß ich nichts.«

Hauptmann Ransome spürte seine Welt unter den Füßen versinken. In jenen grausamen Worten hörte er das Murmeln der Jahrhunderte, die an das Gestade der Ewigkeit branden. Er hörte die Stimme des Gerichts; sie sprach in kalten mechanischen gemessenen Tönen: »Fertig, zielt,

Feuer!«, und er spürte die Kugeln sein Herz in Fetzen reißen. Er hörte die Erde auf seinen Sarg fallen und (falls der gütige Gott so barmherzig wäre) das Lied eines Vogels über seinem vergessenen Grab. Ruhig löste er den Säbel aus dem Gehenk und übergab ihn dem Generalprofoß.

EIN OFFIZIER, EIN MANN

Hauptmann Graffenreid stand an der Spitze seiner Kompanie. Das Regiment war nicht im Gefecht. Es bildete einen Teil der vorderen Hauptkampflinie, die sich nach rechts in einer sichtbaren Länge von fast zwei Meilen durch offenes Gelände hinzog. Die linke Flanke war durch Wald verborgen; nach rechts verlor die Linie sich ebenfalls außer Sicht, aber sie erstreckte sich über viele Meilen. Hundert Yards rückwärts verlief eine zweite Linie; hinter dieser standen die Brigaden und Divisionen der Reserve in Marschkolonnen. Artilleriebatterien besetzten die Zwischenräume und krönten die niedrigen Hügel. Gruppen von Reitern – Generäle mit ihren Stäben und Eskorten, und Stabsoffiziere der Regimenter mit den Fahnen – unterbrachen die Regelmäßigkeit der Reihen und Kolonnen. Viele dieser wichtigen Gestalten hatten Feldstecher vor den Augen, saßen reglos und beobachteten ungerührt das Gelände vor ihnen; andere kamen und gingen in leichtem Galopp, um Befehle zu überbringen. Da gab es Trupps von Bahrenträgern, Ambulanzen, Wagenzüge mit Munition, und Offiziersburschen hinter allem – allem, was sichtbar war –, denn hinter diesen wiederum erstreckte sich viele Meilen die Straßen entlang die riesige Menge von Nichtkombattanten, die mit ihren diversen Ausrüstungen der ruhmlosen, aber wichtigen Aufgabe nachkommen, den vielfältigen Bedarf der Kämpfer heranzuschaffen.

Eine Armee in Schlachtordnung, die den Angriff erwartet oder bereit ist, ihn vorzutragen, bietet seltsame Gegensätze.

An der Front herrschen Präzision, Förmlichkeit, Straffheit und Schweigen. Weiter hinten verlieren sich diese Charakteristika immer mehr und gehen schließlich, mit zunehmender Entfernung, in Verwirrung, Gewimmel und Gelärm unter. Homogenes wird heterogen. Abgrenzung fehlt; Ruhe wird von einer scheinbar ziellosen Geschäftigkeit abgelöst; Harmonie verschwindet in Wirrwarr, Form in Unordnung. Aufregung überall und ständige Rastlosigkeit. Die Männer, die nicht kämpfen, werden nie fertig.

Von seinem Platz zur Rechten seiner Kompanie im vordersten Glied hatte Hauptmann Graffenreid einen unbehinderten Blick zum Gegner hin. Eine halbe Meile offenen und nahezu ebenen Geländes lag vor ihm, und dahinter ein unregelmäßiger Wald, der einen leichten Geländeanstieg bedeckte; nirgends ein Mensch zu sehen. Er konnte sich nichts Friedvolleres vorstellen als diese liebliche Landschaft mit ihren langen Strecken brauner Felder, über denen die Luft in der Hitze der Morgensonne zu flimmern begann. Kein Geräusch kam aus Wald oder Feld – nicht einmal das Bellen eines Hundes oder das Krähen eines Hahns vom halb sichtbaren Gehöft auf der Kuppe zwischen den Bäumen. Und doch wußte jeder Mann aus diesen Meilen von Männern, daß er und der Tod einander von Angesicht zu Angesicht gegenüberstanden.

Hauptmann Graffenreid hatte noch nie im Leben einen bewaffneten Gegner gesehen, und der Krieg, in dem sein Regiment als eines der ersten ins Feld gezogen war, war zwei Jahre alt. Er genoß den seltenen Vorzug einer militärischen Ausbildung, und als seine Kameraden an die Front marschierten, war er zu Verwaltungsdiensten in die Hauptstadt seines Staates abgestellt worden, wo er, wie man dachte, am nützlichsten sein könnte. Wie ein schlechter Soldat protestierte er und gehorchte wie ein guter. In engen dienstlichen und persönlichen Beziehungen zum Gouverneur seines Staates und im Genuß seines Vertrauens und seiner Gunst hatte er Beförderung entschieden zurückgewiesen und Jüngere über sich erhoben gesehen. Der Tod war in seinem fernen Regiment fleißig gewesen; freie Stellen unter den Stabsoffizieren hatten sich wieder und wieder ergeben; aber aus einem ritterlichen Gefühl heraus, daß die Belohnungen des Krieges rechtens denen zustünden, die Sturm und Not der Schlacht ertrugen, hatte er seinen niedrigen Rang beibehalten und großherzig die Laufbahn anderer gefördert. Seine stille Prinzipientreue hatte zuletzt gesiegt: er war von seinen verhaßten Pflichten abgelöst und an die Front kommandiert worden und stand nun, ohne Feuerprobe, in der Vorhut der Schlacht als Kommandeur einer Kompanie harter Veteranen, für die er lediglich ein Name gewesen war, und der Name ein Spottwort. Niemand – nicht einmal jene seiner Bruderoffiziere, zu deren Gunsten er auf seine Rechte verzichtet hatte – begriff sein Pflichtbewußtsein. Sie waren zu beschäftigt, um gerecht zu sein; er wurde angesehen wie einer, der sich vor seiner Pflicht gedrückt hatte, bis er gegen seinen Willen ins Feld gezwungen wurde. Zu stolz zu erklären, aber nicht zu fühllos zu fühlen, konnte er nur durchhalten und hoffen.

Aus der ganzen Unionsarmee sah an jenem Sommermorgen niemand der Schlacht freudiger entgegen als Anderton Graffenreid. Seine Seele war erhoben, seine Sinne waren in Aufruhr. Er war in einem Zustand geistiger Erregung und konnte das Zögern des Feindes, zum Angriff überzugehen, kaum ertragen. Für ihn war dies die Gelegenheit – der Ausgang war ihm gleich. Sieg oder Niederlage, wie Gott das richten mochte; im einen wie in der anderen würde er sich als

Soldat und Held erweisen; er würde sein Anrecht auf den Respekt seiner Männer und die Gemeinschaft mit seinen Offiziersbrüdern unter Beweis stellen – auf die Anerkennung seiner Vorgesetzten. Wie ihm das Herz in der Brust sprang, als das Horn die erregenden Töne des »Sammeln« blies! Mit welch leichtem Schritt, der Erde unter seinen Füßen kaum bewußt, drang er an der Spitze seiner Kompanie vorwärts, und wie begeistert nahm er die taktischen Dispositionen zur Kenntnis, die sein Regiment in die vorderste Linie stellten! Und wenn ihm zufällig die Erinnerung an ein Paar dunkler Augen beikam, die während der Lektüre des Berichtes über jenes Tages Taten zärtlicher leuchten mochten, wer wird ihn ob des unkriegerischen Gedankens tadeln oder darin eine Herabwürdigung soldatischer Glut sehen?

Plötzlich erhob sich aus dem Wald eine halbe Meile voraus – scheinbar aus den obersten Zweigen der Bäume, in Wirklichkeit aber von der Kuppe dahinter – eine hohe Säule weißen Rauchs. Einen Augenblick später kam eine tiefe, dröhnende Explosion, gefolgt – fast begleitet – von einem scheußlichen rauschenden Ton, der mit unvorstellbarer Geschwindigkeit über den Zwischenraum vorwärtszuspringen schien, vom Flüstern zum Gebrüll mit zu schneller Steigerung anschwoll, als daß die Aufmerksamkeit die Phasen seines grausigen Nahens hätte wahrnehmen können! Sichtbares Zittern durchlief die Linien der Männer; alle wurden zu Bewegung aufgeschreckt. Hauptmann Graffenreid duckte sich und reckte die Hände an einer Seite seines Kopfes hoch, Handflächen nach außen. Dabei hörte er einen scharfen, hallenden Knall und sah auf einer Hangseite hinter der Linie eine wüste Walze aus Rauch und Staub – die Explosion der Granate. Sie war etwa hundert Fuß links von ihm vorbeigegangen! Er hörte, oder meinte zu hören, ein leises spöttisches Gelächter, und als er sich in die Richtung wandte, aus der es kam, sah er die Augen seines Leutnants auf sich gerichtet mit einem unmißverständlichen Ausdruck der Erheiterung. Er blickte die Reihe der Gesichter in den vorderen Gliedern entlang. Die Männer lachten. Über ihn? Der Gedanke brachte die Farbe zurück in sein blutleeres Gesicht – brachte zuviel davon zurück. Seine Wangen brannten vom Fieber der Scham.

Der Schuß des Gegners wurde nicht beantwortet: der kommandierende Offizier des exponierten Frontabschnitts hatte offensichtlich keine Sehnsucht, eine Kanonade zu provozieren. Ob dieser Zurückhaltung wurde Hauptmann Graffenreid sich eines Gefühls der Dankbarkeit bewußt. Er hatte nicht gewußt, daß der Flug eines Geschosses ein derart entsetzliches Phänomen ist. Seine Vorstellung vom Krieg hatte bereits eine tiefgreifende Veränderung erfahren, und er war sich bewußt, daß dieses neue Gefühl sich in sichtbarer Verstörung zeigte. Das Blut kochte in seinen Adern; er hatte ein Gefühl von Erstickung und empfand, daß, wenn er einen Befehl zu geben hätte, dieser unhörbar bliebe oder wenigstens unverständlich. Die Hand, mit der er seinen Degen hielt, zitterte; die andere bewegte sich automatisch und verkrampfte sich in verschiedene Teile seiner Kleidung. Er fand es schwierig stillzustehen und bildete sich ein, seine Männer beobachteten das. War das Furcht? Er fürchtete, ja.

Von irgendwo rechts kam, wie der Wind trug, ein leises, aussetzendes Gemurmel wie das eines Ozeans in einem Sturm – wie das einer entfernten Eisenbahn – wie das von Wind in den Kiefern – drei einander so ähnliche Geräusche, daß das Ohr sie ohne Hilfe des Urteilsvermögens nicht auseinanderhalten kann. Die Blicke der Truppe wurden dorthin gezogen; dorthin wandten die aufgesessenen Offiziere ihre

Feldstecher. Mit dem Geräusch vermischt war ein unregelmäßiges Pochen. Er hielt es zunächst für das Hämmern seines fiebernden Bluts in den Ohren; dann für fernen schwachen Paukenschlag.

»Der Ball ist auf der rechten Flanke eröffnet«, sagte ein Offizier.

Hauptmann Graffenreid verstand: Die Geräusche waren Gewehr- und Kanonenfeuer. Er nickte und versuchte zu lächeln. In dem Lächeln war offenbar nichts Ansteckendes.

Auf einmal brach eine leichte Kette blauer Rauchwölkchen aus dem Waldrand gegenüber, gefolgt von Gewehrgeknatter. In der Luft war ein schneidendes scharfes Zischen, das abrupt mit einem dumpfen Aufschlag nahebei endete. Der Mann neben Hauptmann Graffenreid ließ sein Gewehr fallen; seine Knie gaben nach, schwerfällig schlug er vornüber und fiel aufs Gesicht. Jemand schrie: »Hinlegen!«, und der tote Mann war von den Lebenden kaum zu unterscheiden. Es sah aus, als hätten jene wenigen Gewehrschüsse zehntausend Mann getötet. Nur die Stabsoffiziere blieben aufrecht; ihr Zugeständnis an den Notfall bestand darin, daß sie absaßen und ihre Pferde in den Schutz der niedrigen Hügel unmittelbar dahinter schickten.

Hauptmann Graffenreid lag neben dem toten Mann, unter dessen Brust ein kleines Blutrinnsal hervorfloß. Es hatte einen schwachen, süßlichen Geruch, der ihm Übelkeit bereitete. Das Gesicht war in die Erde gepreßt und flachgequetscht. Es sah bereits gelb aus und war abstoßend. Nichts erinnerte an die Glorie eines Soldatentodes oder milderte die Scheußlichkeit des Zwischenfalls. Er konnte der Leiche nicht seinen Rücken zukehren, ohne sich von der Kompanie abzuwenden.

Er heftete die Augen auf den Wald, wo wieder alles still

war. Er versuchte sich vorzustellen, was sich dort abspielte – die sich zum Angriff formierenden Reihen von Soldaten, die von Hand an den Rand des offenen Geländes vorgeschobenen Geschütze. Er bildete sich ein, er könne die schwarzen Schlünde aus dem Unterholz hervorragen sehen, bereit, ihren Geschoßhagel auszustoßen – solche Geschosse wie jenes, dessen Kreischen seine Nerven so zerrüttet hatte. Er hatte die Augen so weit aufgerissen, daß es zu schmerzen begann; ein Nebel schien sich vor ihnen zu sammeln; er konnte nicht mehr übers Feld hinübersehen und wollte doch den Blick nicht abwenden, damit er nicht den toten Mann an seiner Seite sah.

Das Feuer der Schlacht loderte jetzt nicht eben hell in dieses Kriegers Seele. Aus Untätigkeit war Binnenschau entstanden. Er versuchte eher, seine Gefühle zu analysieren, als sich durch Mut und Hingabe auszuzeichnen. Das Ergebnis war zutiefst enttäuschend. Er bedeckte das Gesicht mit den Händen und stöhnte laut.

Das heisere Gemurmel der Schlacht wurde rechts immer deutlicher; das Gemurmel war wirklich zu einem Gebrüll geworden, das Pochen zum Donner. Die Geräusche hatten sich schräg zur Front vorgearbeitet; offenbar wurde die linke Flanke des Gegners zurückgetrieben, und der beste Moment, gegen den vorspringenden Winkel seiner Kampflinie vorzugehen, würde bald kommen. Die Stille und das Rätselhafte da vorn waren ominös; alle spürten, daß sie für die Angreifer Übles bargen.

Hinter den hingestreckten Reihen klang der Hufschlag galoppierender Pferde; die Männer wandten sich um. Ein Dutzend Stabsoffiziere ritten zu den verschiedenen Brigade- und Regimentskommandeuren, die wieder aufgesessen waren. Noch einen Augenblick, und ein Chor von Stimmen, die alle durcheinander dieselben Worte hervorstießen: »Bataillon, Achtung!« Die Männer sprangen auf und wurden von den Kommandeuren der Kompanien ausgerichtet. Sie erwarteten das Wort »Vorwärts« – erwarteten auch, mit hämmernden Herzen und zusammengebissenen Zähnen, den Hagel von Blei und Eisen, der sie bei ihrer ersten Bewegung in Gehorsam gegenüber jenem Wort niederstrecken würde. Das Wort wurde nicht gesagt; der Sturm brach nicht los. Die Verzögerung war furchtbar, machte verrückt! Sie entnervte wie ein Aufschub unter der Guillotine.

Hauptmann Graffenreid stand an der Spitze seiner Kompanie, den toten Mann zu seinen Füßen. Er hörte rechts die Schlacht – Rattern und Krachen der Gewehre, unaufhörlicher Donner der Kanonen, vereinzeltes Hurrageschrei unsichtbarer Kämpfer. Er bemerkte aufsteigende Rauchwolken aus fernen Wäldern. Er nahm das unheimliche Schweigen des Waldes vor sich wahr. Diese widersprüchlichen Extreme verletzten sein ganzes Empfindungsvermögen. Die Anspannung seines Nervensystems war unerträglich. Abwechselnd wurde ihm heiß und kalt. Er hechelte wie ein Hund, vergaß dann zu atmen, bis ihn ein Schwindelgefühl daran erinnerte.

Plötzlich wurde er ruhig. Abwärts war sein Blick auf den nackten Degen gefallen, wie er ihn hielt, die Spitze zur Erde. Dadurch seinem Blick verkürzt glich er irgendwie, dachte er, der kurzen schweren Klinge der alten Römer. Der Gedanke barg Verlockungen – böse, schicksalhafte, heroische!

Der Sergeant im rückwärtigen Glied, unmittelbar hinter Hauptmann Graffenreid, beobachtete nun ein seltsames Schauspiel. Nachdem seine Aufmerksamkeit durch eine ungewöhnliche Bewegung des Hauptmanns angezogen war – ein plötzliches Vorwärtsgreifen der Hände und ihr kraftvolles Zurückziehen mit abgespreizten Ellenbogen, wie beim

Rudern –, sah er zwischen den Schulterblättern des Offiziers eine helle Metallspitze hervorspringen, die sich nach außen verlängerte, fast einen halben Arm lang – eine Klinge! Sie war schwach karmesinrot gestreift, und ihre Spitze näherte sich so sehr der Brust des Sergeanten und mit einer so schnellen Bewegung, daß er alarmiert zurückfuhr. In diesem Augenblick stürzte Hauptmann Graffenreid schwer vornüber auf den Toten und starb.

Eine Woche später reichte der Generalmajor, der das linke Korps der Unionsarmee kommandiert hatte, den folgenden offiziellen Bericht ein:

»Sir: Ich habe die Ehre, im Hinblick auf die Aktion vom 19. ds. zu berichten, daß infolge des Rückzugs des Feindes von meiner Front, um seine geschlagene linke Flanke zu verstärken, meine Truppen nicht ernsthaft ins Gefecht kamen. Meine Verluste waren wie folgt: gefallen ein Offizier, ein Mann.«

GEORGE THURSTON

Drei Zwischenfälle im Leben eines Mannes

George Thurston war Leutnant und Stabsadjutant von Oberst Brough, der eine Unionsbrigade kommandierte. Oberst Brough führte das Kommando nur zeitweilig, als dienstältester Oberst, da der Brigadegeneral schwer verwundet worden war und einen Genesungsurlaub erhalten hatte. Leutnant Thurston war meines Wissens aus Oberst Broughs Regiment, zu dem er zusammen mit seinem Chef natürlich wieder zurückversetzt worden wäre, wenn er bis zur Genesung unseres Brigadekommandeurs gelebt hätte. Der Adjutant, dessen Platz Thurston einnahm, war gefallen; Thurstons Auftauchen bei uns war der einzige Wechsel in der Besetzung unseres Stabes infolge des Wechsels der Kommandeure. Wir mochten ihn nicht; er war ungesellig. Das wurde jedoch von anderen deutlicher als von mir beobachtet. Ob im Lager oder auf dem Marsch, in Baracken, Zelten oder im Feldlager, meine Pflichten als Vermessungsoffizier zwangen mich zu schuften wie ein Biber – den ganzen Tag im Sattel und die halbe Nacht am Zeichentisch, um die Vermessungsergebnisse in Karten umzusetzen. Es war eine gefährliche Arbeit; je näher ich an die feindlichen Linien herankommen konnte, um so wertvoller waren meine Aufzeichnungen und die daraus resultierenden Karten. Bei diesem Geschäft zählten Menschenleben nichts neben der Möglichkeit, den Verlauf einer Straße zu erkunden oder eine Brücke zu skizzieren. Manchmal mußten ganze Kavallerieschwadronen donnernd gegen einen starken Infanterieposten ausgesandt werden, damit die kurze Zeit zwischen Angriff und unvermeidlichem Rückzug dazu genutzt werden konnte, eine Furt auszuloten oder den Kreuzungspunkt zweier Straßen festzustellen.

In einigen abgelegenen Ecken von England und Wales gibt es seit Urzeiten den Brauch, innerhalb einer Gemeinde »die Grenzen einzuprügeln«. An einem bestimmten Tag im Jahr macht sich die ganze Bevölkerung auf und zieht als Prozession die Grenzen entlang, von Grenzstein zu Grenzstein. An den wichtigsten Stellen werden Burschen kräftig mit Gerten verprügelt, damit sie sich der Stelle während ihres ganzen weiteren Lebens erinnern. Sie werden zu Autoritäten. Unsere häufigen Scharmützel mit konföderierten Vorposten, Patrouillen und Spähtrupps hatten genau die gleiche erzieherische Bedeutung; sie prägten meinem Gedächtnis ein lebhaftes und offenbar unauslöschliches Bild des Geländes ein – ein Bild, das an die Stelle exakter Aufzeichnungen zu treten hatte, die anzufertigen wahrlich nicht immer ganz einfach war, wenn die Gewehre krachten, die Säbel klirrten und Pferde wild durcheinanderrasten. Diese munteren Treffen waren rot eingetragene Beobachtungen.

Eines Morgens, als ich an der Spitze meiner Eskorte zu einer Erkundung aufbrach von mehr als der üblichen Gefährlichkeit, ritt Leutnant Thurston heran und fragte, ob ich irgendwelche Einwände hätte, daß er mich begleite; der kommandierende Oberst habe ihm die Erlaubnis erteilt.

»Keine«, antwortete ich ziemlich schroff; »aber in welcher Eigenschaft? Sie sind kein Vermessungsoffizier, und Hauptmann Burling kommandiert meine Eskorte.«

»Ich komme als Zuschauer mit«, sagte er. Er schnallte sein Degengehänge ab, nahm die Pistolen aus dem Halfter und übergab sie seinem Burschen, der sie zurück ins Hauptquartier brachte. Mir kam die Grobheit meiner Bemerkung zu Bewußtsein, aber da ich keinen klaren Weg zu einer Entschuldigung sah, sagte ich nichts.

An diesem Nachmittag stießen wir auf ein ganzes feindliches Kavallerieregiment in Schlachtordnung und mit einem Feldgeschütz, das eine volle Meile der Überlandstraße beherrschte, die wir gekommen waren. Meine Eskorte kämpfte auseinandergezogen im Wald zu beiden Seiten, Thurston aber blieb inmitten der Straße, über die in Sekundenabständen Kartätschen- und Schrapnellböen fegten und die Luft weit aufrissen. Er hatte die Zügel auf den Nacken seines Pferdes fallen lassen und saß stocksteif aufrecht im Sattel, mit verschränkten Armen. Bald war er unten, da sein Pferd zu Fetzen zerrissen war. Vom Straßenrand beobachtete ich, Bleistift und Notizblock müßig und pflichtvergessen, wie er sich langsam von dem Kadaver löste und aufstand. Im gleichen Augenblick – die Kanone hatte aufgehört zu feuern – preschte ein kräftiger konföderierter Reiter auf feurigem Pferd wie ein Blitz die Straße herab mit gezücktem Säbel. Thurston sah ihn kommen, richtete sich zu seiner vollen Größe auf und verschränkte erneut die Arme. Er war zu tapfer, um vor dem Säbel zu fliehen, und meine unfreundlichen Worte hatten ihn entwaffnet. Er war Zuschauer. Im nächsten Augenblick wäre er wie eine Makrele aufgeschlitzt gewesen, doch streckte eine gesegnete Kugel seinen Angreifer in den Staub, so nahe, daß der Schwung die Leiche bis vor Thurstons Füße rollen ließ. An diesem Abend, während ich meine hastigen Notizen übertrug, fand ich Zeit, eine Entschuldigung zu formulieren, die wohl die rohe einfache Form eines Bekenntnisses hatte, ich hätte geredet wie ein bösartiger Trottel.

Einige Wochen später unternahm ein Teil unserer Armee einen Angriff auf die Linke des Gegners. Die Attacke, gegen eine unbekannte Stellung und über unvertrautes Gelände vorgetragen, wurde von unserer Brigade angeführt. Der Boden war so zerklüftet und das Gestrüpp so dicht, daß alle berittenen Offiziere und Mannschaften gezwungen waren, zu Fuß zu kämpfen – einschließlich des Brigadekommandeurs und seines Stabes. In dem Handgemenge wurde Thurston von uns übrigen abgeschnitten, und wir fanden ihn erst, furchtbar verwundet, nachdem wir die letzte Stellung des Feindes genommen hatten. Er lag einige Monate im Lazarett in Nashville, Tennessee, kam aber schließlich zu uns zurück. Er sprach wenig über sein Mißgeschick, nur daß er die Übersicht verloren habe und in die feindlichen Reihen geraten und niedergeschossen worden sei; von einem aber, der ihn mit gefangengenommen hatte und den anschließend wir gefangennahmen, erfuhren wir die Einzelheiten. »Er kommt direkt auf uns zu, wie wir in Linie liegen«, sagte dieser Mann. »Ne ganze Kompanie von uns springt sofort auf und hält die Gewehre auf seine Brust; manche haben ihn fast berührt. ›Schmeiß den Degen weg und ergib dich, du verdammter Yank!‹ schreit irgendeiner, der was zu sagen hat. Der Kerl kuckt die Reihe Gewehrläufe lang, verschränkt die Arme vor der Brust, die rechte Hand hält den Degen, und er sagt kaltblütig: ›Ich will nicht‹. Wenn wir alle feuern, geht er in Stücke. Ein paar von uns haben nicht geschossen. Ich zum Beispiel; da hätte mich nichts zu bringen können.«

Wenn man dem Tod gelassen ins Auge blickt und ihm jedes Zugeständnis verweigert, hat man natürlich eine hohe Meinung von sich selbst. Ich weiß nicht, ob es dieses Gefühl war, das bei Thurston Ausdruck in einer steifen Haltung und verschränkten Armen fand; am Messetisch trug eines Tages in seiner Abwesenheit unser Quartiermeister eine andere Erklärung vor; er stammelte unverbesserlich, wenn er voll Wein war: »Das ist s-s-seine W-w-weise, eine a-a-angeborene N-n-neigung zum W-w-weglauf-f-fen zu m-m-meistern.«

»Was!« brach ich los und fuhr empört auf; »wollen Sie andeuten, daß Thurston ein Feigling ist – und das in seiner Abwesenheit?«

»W-w-wenn er ein F-f-feigling w-w-wär, w-w-würd er n-n-nicht v-v-versuchen, das zu m-m-meistern; und w-w-wenn er hier w-w-wär, w-w-würd ich n-n-nicht w-w-wagen, drüber zu r-r-reden«, lautete die besänftigende Antwort.

Dieser unerschrockene Mann, George Thurston, starb eines unrühmlichen Todes. Die Brigade befand sich im Lager, das Hauptquartier in einem Hain riesiger Bäume. Ein waghalsiger Kletterer hatte an einem ihrer oberen Äste die beiden Enden eines langen Seils befestigt und so eine Schaukel mit einer Schwungweite von nicht weniger als hundert Fuß gemacht. Hinunterstürzen aus einer Höhe von fünfzig Fuß, einen Kreisbogen von gleichem Durchmesser entlang, zur nämlichen Höhe hinaufsausen, für einen atemlosen Augenblick innehalten, dann schwindlig wieder zurückfegen – wer das nicht ausprobiert hat, kann sich die Schrecklichkeiten dieses Sports für den Neuling nicht vorstellen. Thurston kam eines Tages aus seinem Zelt und bat um Einweihung in das Geheimnis des Schaukelns – in die Kunst des Streckens und Hockens, die jeder Junge beherrscht. Im Nu hatte er den Trick heraus und schwang sich höher, als selbst die Erfahrensten unter uns gewagt hatten. Uns schauderte beim Anblick seiner fürchterlichen Flüge.

»St-t-toppt ihn«, sagte der Quartiermeister, der faul vom Messezelt herüberschlenderte, wo er gegessen hatte; »er w-w-weiß n-n-nicht, daß w-w-wenn er zu hoch sch-sch-schaukelt, der Sch-sch-schwung aufhört.«

So kraftvoll kanonierte der starke Mann sich durch die Luft, daß an jedem Endpunkt seines steigenden Bogens sein Körper, der auf der Schaukel stand, fast waagerecht lag. Sollte er auch nur einmal über die Ebene der Schaukelbefestigung hinausgeraten, wäre er verloren; das Seil würde erschlaffen, und er würde senkrecht ebenso tief nach unten stürzen, wie er nach oben gekommen war, und dann würde die plötzliche Spannung des Seils es aus seinen Händen reißen. Alle erkannten die Gefahr – alle schrien ihm zu aufzuhören und gestikulierten, wenn er, verschwommen und mit dem Geräusch einer dahinsausenden Kanonenkugel, an uns vorüber durch die untere Kurve seines grausigen Pendelschlags schwang. Eine Frau, die etwas entfernt stand, wurde ohnmächtig und sank unbemerkt zusammen. Männer rannten aus dem Lager eines benachbarten Regiments in Massen herbei, um zuzusehen, und alle schrien. Plötzlich –Thurston war im Aufwärtsschwung– hörte das Schreien auf.

Thurston und die Schaukel hatten sich getrennt – das ist alles, was man wissen kann; beide Hände hatten zugleich das Seil losgelassen. Als der Schwung der leichten Schaukel erschöpft war, stürzte sie zurück; der Schwung des Mannes trug ihn, fast aufrecht, aufwärts und vorwärts, nicht länger in seinem Bogenschwung, sondern in eine Kurve nach außen. Es kann nur einen Augenblick gedauert haben, und schien doch eine Ewigkeit. Ich schrie, oder glaubte zu schreien: »Mein Gott! Fliegt er denn immer noch höher?« Er kam nahe am Ast eines Baums vorbei. Ich erinnere mich an ein Gefühl der Freude, als ich dachte, er würde sich festklammern und retten. Ich erwog, ob der Ast sein Gewicht aushalten konnte. Er flog über ihn hinweg und war von meinem Blickpunkt aus scharf gegen das Blau umrissen. Noch über diese Distanz der vielen Jahre hinweg kann ich mich an das Bild eines Mannes vor dem Himmel deutlich erinnern, das Haupt erhoben, die Füße eng zusammen, die Hände – ich kann die Hände nicht sehen. Auf einmal dreht er sich mit erstaunlicher Plötzlichkeit und Schnelligkeit vornüber und stürzt abwärts. Ein weiterer Aufschrei aus der Menge, die instinktiv nach vorn rennt. Der Mann ist zu einem wirbelnden Objekt geworden, fast nur Beine. Dann folgt ein unbeschreibliches Geräusch – das Geräusch eines Aufschlags, der die Erde erschüttert, und diesen Männern, vertraut mit dem Tod in seinen furchtbarsten Gestalten, wird übel. Manche verlassen schwankend den Ort; andere stützen sich gegen Baumstämme oder sitzen auf den Wurzeln. Der Tod hat einen unredlichen Vorteil wahrgenommen; er hat mit einer unvertrauten Waffe zugeschlagen; er hat sich einer neuen und beunruhigenden Kriegslist bedient. Wir wußten nicht, daß er über so gräßliche Hilfsmittel, so unheimliche Möglichkeiten des Terrors verfügte.

Thurstons Leiche lag auf dem Rücken. Ein Bein, untergebogen, war über dem Knie gebrochen, der Knochen in die Erde gerammt. Der Bauch war geplatzt; die Eingeweide hingen heraus. Das Genick war gebrochen.

Die Arme waren fest über der Brust verschränkt.

DIE SPOTTDROSSEL

Die Zeit: ein lieblicher Sonntagnachmittag im frühen Herbst 1861. Der Ort: das Herzstück eines Waldes in der Gebirgsregion von Südwest-Virginia. Der Gemeine Grayrock der Unionsarmee wird entdeckt, wie er behaglich am Fuß einer hohen Kiefer sitzt, gegen die er sich lehnt, die Beine lang auf dem Boden ausgestreckt; sein Gewehr liegt quer über den Oberschenkeln, die Hände (gefaltet, damit sie ihm nicht seitlich weggleiten) ruhen auf dem Lauf der Waffe. Der Kontakt seines Hinterkopfes mit dem Baum hat ihm die Mütze über die Augen geschoben und verbirgt sie fast; wer ihn sähe, würde sagen, daß er schläft.

Der Gemeine Grayrock schlief nicht; hätte er das getan, hätte dies die Interessen der Vereinigten Staaten gefährdet, denn er befand sich weit außerhalb der Linien und war der Gefangennahme oder dem Tod von der Hand des Gegners ausgesetzt. Darüber hinaus war er in einer der Ruhe ungünstigen Gemütsverfassung. Die Ursache für die Unrast seines Geistes war: In der vorangegangenen Nacht hatte er bei der Feldwache Dienst getan und war als Vorposten in eben diesen Wald gestellt worden. Die Nacht war klar, wenn auch mondlos, aber im Dunkel des Waldes war die Finsternis tief. Grayrocks Posten befand sich in beträchtlicher Entfernung von denen zur Rechten und zur Linken, denn die Postenkette war unnötig weit vom Lager ausgeschwungen worden, was die Linie zu lang für die Mannschaft machte, die sie besetzen sollte. Der Krieg war jung, und militärische Feldlager hegten noch den Irrtum, daß sie im Schlaf besser geschützt wären durch dünne Linien weit draußen nahe dem Feind als durch dicke nahebei. Und sicherlich tat ihnen eine möglichst frühe Nachricht vom Nahen eines Gegners not, denn zu jener Zeit waren sie noch der Praxis des sich Auskleidens ergeben – nichts könnte unsoldatischer sein denn solches. Am Morgen des denkwürdigen 6. April waren zu Shiloh viele von Grants Männern, als sie auf konföderierte Bajonette gespießt wurden, so nackt wie Zivilisten; doch sollte man einräumen, daß derlei nicht geschah wegen irgendeines Fehlers ihrer Vorpostenkette. Ihr Irrtum war von anderer Art: sie hatten keine Vorposten. Dies war vielleicht eine eitle Abschweifung. Ich sollte mich nicht erdreisten, den Leser für das Schicksal einer Armee interessieren zu wollen; was wir hier zu betrachten haben, ist das des Gemeinen Grayrock.

Zwei Stunden lang, nachdem er in dieser Samstagnacht auf dem einsamen Posten alleingelassen worden war, stand er stocksteif, an den Stamm eines großen Baums gelehnt, und starrte vor sich in die Dunkelheit bei dem Versuch, bekannte Gegenstände wiederzuerkennen; denn er war während des Tages an derselben Stelle postiert gewesen. Aber nun war alles anders; er sah nichts einzeln, sondern nur Gruppen von Dingen, deren Umrisse, die er nicht beachtet hatte, als er mehr von ihnen hätte beobachten können, nun unvertraut waren. Sie schienen vorher nicht dagewesen zu sein. Darüber hinaus ermangelt eine Landschaft nur aus Bäumen und Unterholz der festen Kontur, ist verworren und ohne deutliche Merkmale, an denen die Aufmerksamkeit festen Halt finden kann. Man füge die Düsternis einer mondlosen Nacht hinzu, und dann wird mehr als große natürliche Intelligenz und eine städtische Schulbildung gefordert, um einem den Ortssinn zu bewahren. Und so geschah es, daß der Gemeine Grayrock, nachdem er aufmerksam die Räume vor sich überwacht und dann unklug eine Inspektion seiner gesamten schwach sichtbaren Umgebung unternommen hatte (er umschritt zu diesem Zweck leise seinen Baum), die Richtung verlor und damit ernsthaft seine Nützlichkeit als Wachtposten gefährdete. Auf seinem Posten verloren – unfähig festzustellen, in welche Richtung er nach des Feindes Nahen Ausschau halten sollte und in welcher das schlafende Lager lag, für dessen Sicherheit er mit seinem Leben verantwortlich war – bewußt auch manch anderen unangenehmen Zugs der Lage und mancher Erwägung hinsichtlich seiner eigenen Sicherheit, war der Gemeine Grayrock zutiefst beunruhigt. Auch wurde ihm nicht die Zeit gegeben, seine Ruhe wiederzufinden, denn fast im gleichen Augenblick, da ihm die Mißlichkeit seiner Lage klar wurde, hörte er ein Rascheln von Blättern und ein Brechen gefallener Zweige, und als er sich mit aussetzendem Herzschlag der Richtung zuwandte, woher das kam, sah er in der Dunkelheit die undeutlichen Umrisse einer menschlichen Gestalt.

»Halt!« schrie der Gemeine Grayrock, herrisch gemäß der Dienstvorschrift, und verlieh dem Befehl durch das metallische Klicken des Hahnspannens Nachdruck – »wer da?«

Es gab keine Antwort; zumindest war da einen Augenblick Zögern, und die Antwort, wenn sie denn kam, ging unter im Krachen des Gewehrs des Postens. In der Stille von Nacht und Wald war das Geräusch betäubend, und kaum war es erstorben, als es aus den Rohren der Posten zur Rechten und zur Linken wiederholt wurde – mitfühlendes Gewehrfeuer. Während zweier Stunden hatte jeder unbekehrte Zivilist unter ihnen aus seiner Einbildungskraft Feinde entstehen lassen und die Wälder vor sich mit ihnen bevölkert, und Grayrocks Schuß hatte ihr ganzes herandrängendes Heer in sichtbares Dasein gerufen. Nachdem sie gefeuert hatten, zogen sich alle atemlos auf die Reserven zurück – bis auf Grayrock, der nicht wußte, in welche Richtung er sich zurückziehen sollte. Als kein Feind erschien, das aufgeschreckte Lager zwei Meilen weiter sich wieder ausgezogen hatte und zu Bett gegangen war und man die Vorpostenlinie vorsichtig wieder aufgebaut hatte, wurde er entdeckt, wie er tapfer seine Stellung hielt, und vom Wachoffizier als der einzige Soldat der wackeren Schar belobigt, den man rechtens als moralischen Gegenwert jener ungewöhnlichen Maßeinheit »Teufelskerl« betrachten könne.

In der Zwischenzeit hatte Grayrock indessen eine gründliche, aber vergebliche Suche nach den sterblichen Überresten des Eindringlings veranstaltet, auf den er geschossen und von dem er mit dem untrüglichen Sinn des Scharfschützen wußte, daß er ihn getroffen hatte; denn er war einer jener geborenen Schützen, die ohne zu zielen mit instinktivem Richtungssinn schießen und fast ebenso gefährlich bei Nacht sind wie am Tag. Während einer vollen Hälfte seiner vierundzwanzig Jahre war er der Schrecken der Schießscheiben aller Schießbuden in drei Städten gewesen. Da es ihm nun unmöglich war, sein totes Jagdwild vorzuweisen, war er diskret genug, den Mund zu halten, und glücklich, bei seinen Offizieren und Kameraden die natürliche Vermutung zu bemerken, daß er, da er nicht rannte, nichts Feindliches gesehen habe. Seine »ehrenvolle Erwähnung« hatte er sich ja sowieso durch Nichtwegrennen erworben.

Dennoch war der Gemeine Grayrock keinesfalls zufrieden mit dem nächtlichen Abenteuer, und als er am nächsten Tag einen ausreichend annehmbaren Grund vortrug für einen

Passierschein nach außerhalb der Linien und als ihm der Kommandierende General diesen in Anerkennung seiner Tapferkeit in der Vornacht prompt bewilligte, begab er sich an die Stelle, wo die Tapferkeit stattgefunden hatte. Und nachdem er dem dort gerade wachenden Posten erzählt hatte, er habe etwas verloren – was nur zu wahr war –, erneuerte er seine Suche nach der Person, die er seiner Ansicht nach angeschossen hatte und die er, falls nur verwundet, an der Blutspur aufzuspüren hoffte. Er war bei Tageslicht nicht erfolgreicher, als er es in der Dunkelheit gewesen war, und nachdem er ein weites Gebiet abgesucht und kühn tief in die »Konföderation« eingedrungen war, gab er die Suche auf, einigermaßen erschöpft, setzte sich an den Fuß der hohen Kiefer, wo wir ihn entdeckt haben, und gab sich seiner Enttäuschung hin.

Es darf nun nicht gefolgert werden, daß Grayrock am Verdruß einer grausamen Natur litt, der man ihre blutige Tat verwehrte. In den klaren großen Augen, den feingeschnittenen Lippen und auf der breiten Stirn des jungen Mannes konnte man eine ganz andere Geschichte lesen, und tatsächlich war sein Charakter eine besonders glückliche Mischung von Kühnheit und Feingefühl, von Mut und Gewissen.

›Da bin ich nun enttäuscht‹, sagte er sich, während er auf dem Grund des goldenen Dunstes saß, der den Wald wie ein hauchzartes Meer durchflutete – ›enttäuscht darüber, daß es mir nicht gelungen ist, den Mitmenschen zu finden, den meine Hand getötet hat! Will ich denn wirklich, daß ich ein Leben genommen habe in Erfüllung einer Pflicht, die ohne das genauso gut erfüllt war? Was mehr könnte ich mir wünschen? Wenn irgendeine Gefahr gedroht hat, hat mein Schuß sie abgewendet; um das zu tun, habe ich da gestanden. Nein, in Wirklichkeit bin ich froh, wenn kein menschliches Leben ohne Not von mir ausgelöscht worden ist. Aber ich bin in einer schlechten Lage. Ich habe mich von den Offizieren loben und den Kameraden beneiden lassen. Das Lager hallt wider vom Lob wegen meines Mutes. Das ist nicht gerecht; ich weiß, daß ich tapfer bin, aber dieses Lob ist für bestimmte Taten, die ich nicht oder ... anders vollbracht habe. Die glauben, ich bin tapfer auf meinem Posten geblieben ohne zu feuern, und dabei war ich es, der mit dem Feuern begonnen hat, und ich habe mich beim allgemeinen Alarm nicht zurückgezogen, weil ich verwirrt war. Was also soll ich tun? Erklären, daß ich einen Feind gesehen und gefeuert habe? Das haben sie alle von sich gesagt, aber keiner glaubt es. Soll ich eine Wahrheit erzählen, die meinem mutigen Ruf schadet und wie eine Lüge wirkt? Pah! Das alles ist eine üble Geschichte. Ich wünschte bei Gott, ich fände meinen Mann!‹

Und während er so wünschte, wurde der Gemeine Grayrock schließlich doch von der Schläfrigkeit des Nachmittags überwältigt und eingelullt von den sanften Tönen der Insekten, die in bestimmten duftenden Gesträuchen summten und schwatzten, und er vergaß die Interessen der Vereinigten Staaten so sehr, daß er einschlief und sich der Gefangennahme aussetzte. Und im Schlafen träumte er.

Er war wieder ein Junge, der in einem fernen schönen Land am Ufer eines mächtigen Stroms lebte, auf dem die hohen Dampfschiffe majestätisch auf und nieder glitten unter ihren hochgetürmten schwarzen Rauchwolken, die sie ankündigten, lange bevor sie die Biegungen gerundet hatten, und die ihre Bewegung kennzeichneten, wenn sie schon Meilen außer Sicht waren. Mit ihm war immer an seiner Seite, wenn er sie beobachtete, einer, dem er sein Herz und seine Seele in Liebe schenkte – ein Zwillingsbruder. Zusammen strolchten sie die Ufer des Stroms entlang, erforschten zusammen die Felder, die ferner von ihm lagen, und sammelten würzige Minze und Zweige von duftendem Sassafras in den Hügeln, die alles überragten – hinter denen das Reich der Träume lag und von denen sie, wenn sie südwärts über den großen Strom blickten, Schimmer des Zauberlandes erhaschten. Hand in Hand und Herz in Herz wanderten sie, die einzigen Kinder einer verwitweten Mutter, auf Pfaden des Lichts durch Täler des Friedens und sahen neue Dinge unter einer neuen Sonne. Und durch all jene goldenen Tage schwebte unaufhörlich ein Klang – das reiche ergreifende Lied einer Spottdrossel in einem Käfig an der Hüttentür. Es durchdrang und besetzte alle geistigen Zwischenräume des Traums wie eine musikalische Segnung. Immer sang der fröhliche Vogel; seine unendlich wandelbaren Töne schienen aus seiner Kehle zu strömen, mühelos, in Bläschen und Rinnsalen bei jedem Herzschlag, wie Wasser aus einem pulsierenden Quell. Diese frische klare Melodie schien tatsächlich der Geist des Ortes zu sein, die Bedeutung und Auslegung der Mysterien von Leben und Liebe.

Aber dann kam eine Zeit, da die Tage des Traums dunkel wurden vor Trauer in einem Regen von Tränen. Die gute Mutter war tot, das Heim am Wiesenrain beim großen Strom wurde aufgelöst und die Brüder zwischen zweien ihrer Verwandten aufgeteilt. William (der Träumer) lebte in einer volkreichen Stadt im Reich der Träume, und John, der den Strom ins Zauberland überquerte, wurde in eine ferne Gegend mitgenommen, von deren Bewohnern man sagte, ihr Leben und ihre Art seien sonderbar und böse. Ihm war bei der Verteilung von der toten Mutter Habe zugefallen, was allein sie für wertvoll erachteten – die Spottdrossel.

Sie konnten aufgeteilt werden, der Vogel nicht, und so wurde er fortgetragen in jenes sonderbare Land, und Williams Welt sah ihn niemals wieder. Und doch erfüllte sein Lied durch all die spätere Zeit seiner Einsamkeit hindurch den ganzen Traum und schien immer in seinem Ohr und seinem Herzen zu klingen.

Die Verwandten, die die Jungen adoptiert hatten, waren verfeindet und hielten keinen Verkehr miteinander. Eine Zeitlang gingen Briefe voll knabenhafter Prahlerei und großsprecherischer Erzählungen über die neuen und tieferen Erfahrungen – groteske Beschreibungen ihrer sich ausdehnenden Leben und der neuen Welten, die sie eroberten – zwischen ihnen hin und her; aber nach und nach wurden sie weniger, und nach Williams Umzug in eine andere und größere Stadt hörten sie ganz auf. Aber immer klang durch all dies das Lied der Spottdrossel hindurch, und als der Träumer seine Augen öffnete und in die Lichtungen des Kiefernwaldes starrte, verkündete ihm als erstes das Enden ihrer Musik, daß er wach war.

Die Sonne stand tief und rot im Westen; die waagerechten Strahlen warfen vom Stamm jeder der riesigen Kiefern eine Wand von Schatten durch den goldenen Dunst nach Osten, bis Licht und Schatten in ununterscheidbarem Blau verschmolzen.

Der Gemeine Grayrock stand auf, spähte vorsichtig um sich, schulterte sein Gewehr und brach in Richtung Lager auf. Er war vielleicht eine halbe Meile gegangen und durchquerte eben ein Lorbeergebüsch, als aus dessen Mitte ein Vogel aufstieg, sich oben auf einem Ast niederließ und aus seiner fröhlichen Brust so unerschöpfliche Liederfluten verströmte, wie sie nur eines unter allen Geschöpfen Gottes zu Seinem Lobe anstimmen kann. Es war so wenig dabei – der

Vogel mußte nur den Schnabel öffnen und atmen; aber der Mann hielt inne wie getroffen – hielt inne und ließ sein Gewehr fallen, sah zu dem Vogel auf, bedeckte die Augen mit den Händen und weinte wie ein Kind! Für einen Augenblick war er in Wirklichkeit ein Kind, ein Kind im Geiste und in der Erinnerung, wohnte wieder am großen Strom, wiederum gegenüber dem Zauberland! Dann riß er sich mit einer Willensanstrengung zusammen, nahm seine Waffe auf, verfluchte sich lauthals als Idiot und ging weiter. Als er an einer Öffnung vorüberkam, die ins Innere des kleinen Dickichts reichte, blickte er hinein, und da lag rücklings auf der Erde hingestreckt, die Arme weit gebreitet, die graue Uniform entstellt durch einen einzigen Flecken Blut auf der Brust, das weiße Antlitz scharf nach oben und zurückgedreht, sein Ebenbild! – der Leichnam von John Grayrock, gestorben an der Wunde eines Gewehrschusses, und noch warm! Er hatte seinen Mann gefunden.

Als der unglückliche Soldat neben diesem Meisterwerk des Bürgerkriegs niederkniete, beendete der schrille Vogel oben auf dem Ast sein Lied und glitt, von der karmesinen Pracht des Sonnenuntergangs rot überglüht, still durch die feierlichen Räume des Walds davon. An jenem Abend erfolgte beim Appell im Unionslager auf den Namen William Grayrock keine Antwort, noch je danach.

EIN HARTER STRAUSS

In einer Nacht im Herbst 1861 saß ein Mann allein im Herzen eines Waldes im westlichen Virginia. Die Gegend war eine der wildesten des Kontinents – das Cheat-Mountain-Gebiet. Dennoch gab es keinen Mangel an Menschen in nächster Nähe; innerhalb einer Meile von dort, wo der Mann saß, befand sich das jetzt schweigende Feldlager einer ganzen Unionsbrigade. Ferner gab es irgendwo – vielleicht noch näher – eine Streitmacht des Gegners von unbekannter Kopfzahl. Es war diese Ungewißheit betreffend Kopfzahl und Stellung, die des Mannes Gegenwart an jenem einsamen Fleck begründete; er war ein junger Offizier eines Infanterieregimentes der Union, und seine Aufgabe dort war es, für seine schlafenden Kameraden im Feldlager gegen eine Überraschung zu wachen. Er befehligte eine Abteilung Männer, die eine Feldwache bildeten. Diese Männer hatte er genau bei Einbruch der Nacht in einer unregelmäßigen Linie aufgestellt, von der Bodenbeschaffenheit bestimmt, einige hundert Yards vor der Stelle, wo er nun saß. Die Linie verlief durch den Wald, zwischen Felsen und Lorbeergebüsch hindurch, die Männer fünfzehn bis zwanzig Schritt auseinander, alle versteckt und schärfstens angewiesen, zu schweigen und in der Wachsamkeit nicht nachzulassen. In vier Stunden würden sie, falls nichts geschah, von einer frischen Abteilung aus den Reserven abgelöst werden, die jetzt unter der Obhut ihres Hauptmanns in einiger Entfernung nach links rückwärts ruhten. Es hatte aber der junge Offizier, über den wir schreiben, ehe er seine Männer postierte, seinen beiden Sergeanten jene Stelle gewiesen, an der er zu finden sei, falls es notwendig würde, ihn zu Rate zu ziehen, oder falls seine Gegenwart an der Frontlinie erforderlich werde.

Der Fleck war ruhig genug – die Gabelung eines alten Holzweges; auf den beiden Verzweigungen, die sich gewunden im matten Mondlicht vorwärts verlängerten, waren die Sergeanten postiert, einige Schritte hinter der Linie. Falls sie von einem plötzlichen Angriff des Gegners zurückgeworfen wurden – und von Vorposten wird nicht erwartet, daß sie nach Eröffnung des Feuers Widerstand leisten –, würden die Männer auf die konvergierenden Wege kommen und ihnen natürlich zum Schnittpunkt folgen, wo sie gesammelt und formiert werden konnten. Auf seine bescheidene Art war der Urheber dieser Anordnungen durchaus ein beachtlicher Stratege; hätte Napoleon bei Waterloo so intelligent geplant, dann hätte er jene denkwürdige Schlacht gewonnen und wäre später gestürzt worden.

Unterleutnant Brainerd Byring war ein tapferer und tüchtiger Offizier, wiewohl noch jung und verhältnismäßig unerfahren im Geschäft der Tötung seiner Mitmenschen. Er hatte sich in den allerersten Kriegstagen freiwillig als Gemeiner gemeldet, ohne die geringsten militärischen Kenntnisse, war aufgrund seiner Erziehung und seiner liebenswürdigen Umgangsformen zum Stabsfeldwebel seiner Kompanie gemacht worden und hatte das Glück gehabt, seinen Hauptmann durch eine konföderierte Kugel zu verlieren; bei den daraus folgenden Beförderungen hatte er eine Offiziersstelle gewonnen. Er hatte eine Reihe von Gefechten angemessen bestanden – bei Philippi, Rich Mountain, Carrick's Ford und Greenbrier – und sich dabei mit gerade jener Tapferkeit bewährt, die ihm nicht die Aufmerksamkeit seiner vorgesetzten Offiziere zuzog. Die Erregung der Schlacht war ihm angenehm, aber der Anblick der Toten mit ihren lehmfarbenen Gesichtern, leeren Augen und steifen Körpern, die, wenn nicht unnatürlich zusammengeschrumpft, unnatürlich aufgeschwollen waren, hatte ihn immer als unerträglich berührt. Er empfand ihnen gegenüber eine Art unvernünftigen Widerwillens, der um einiges stärker war als die uns allen gemeinsame körperliche und geistige Abneigung. Diese Empfindung war zweifellos Folge seiner ungewöhnlich lebendigen Feinfühligkeit – seines feinen Sinns für das Schöne, den diese widerwärtigen Dinge empörten. Was immer aber auch der Grund gewesen sein mag, er konnte eine Leiche nicht ansehen ohne einen Ekel, in dem auch ein wenig Groll war. Was andere als die Würde des Todes ehren, war für ihn nicht vorhanden – war insgesamt undenkbar. Tod war für ihn etwas, das man hassen mußte. Er war nicht pittoresk, ohne zarte oder feierliche Aspekte – etwas Unheimliches, widerwärtig in all seinen Formen und Bedeutungen. Leutnant Byring war tapferer, als irgend jemand wußte, denn niemand kannte sein Entsetzen vor dem, was auf sich zu nehmen er jederzeit bereit war.

Nachdem er die Männer postiert, den Sergeanten eingewiesen und sich selbst an seinen Platz zurückgezogen hatte, setzte er sich auf einen Baumstamm und begann, alle Sinne geschärft, seine Wache. Zu größerer Bequemlichkeit lockerte er sein Degenkoppel, nahm den schweren Revolver aus dem Halfter und legte ihn auf den Stamm neben sich. Er fühlte sich sehr behaglich, obwohl er dem kaum einen Gedanken widmete, so angespannt lauschte er auf jedes Geräusch von der Front, das eine bedrohliche Bedeutung haben mochte – ein Schrei, ein Schuß oder der Schritt eines seiner Sergeanten, der käme, ihm etwas mitzuteilen, was wissenswert wäre. Aus dem unermeßlichen unsichtbaren

Ozean aus Mondlicht oben stürzte hier und da ein schlanker gebrochener Strom herab, der in die hinderlichen Zweige zu platschen und dann auf den Boden zu tropfen schien, wo er kleine weiße Pfützen zwischen den Lorbeerbüscheln bildete. Doch diese Lecks waren wenige, und sie dienten nur dazu, die Schwärze der Umgebung zu betonen, die seine Einbildungskraft mühelos mit jeder Art ungewöhnlicher Gestalten bevölkerte; drohend, unheimlich oder nur grotesk.

Wem die ominöse Verschwörung von Nacht und Einsamkeit und Stille im Herzen eines großen Waldes keine unbekannte Erfahrung ist, dem braucht nicht berichtet zu werden, welche andere Welt das ist – wie sogar die alltäglichsten und vertrautesten Gegenstände ein anderes Wesen annehmen. Die Bäume gruppieren sich anders; sie rücken näher zusammen, als ob sie sich fürchteten. Die Stille selbst hat eine andere Qualität als die Stille des Tages. Und sie ist voll von halbgehörtem Wispern – aufschreckendem Wispern – Geistern längst gestorbener Geräusche. Auch lebende Geräusche gibt es, wie man sie unter anderen Bedingungen nie hört: die Töne unbekannter Nachtvögel, die Schreie kleiner Tiere bei jäher Begegnung mit lautlos schleichenden Feinden oder im Traum, Geraschel in den toten Blättern – vielleicht der Sprung einer Waldratte, vielleicht der Tritt eines Pumas. Was ließ jenen Zweig brechen? was jenen Busch voll Vögeln so leise und verängstigt zwitschern? Es gibt da Geräusche ohne Namen, Formen ohne Materie, Dinge ändern ihren Platz, die niemand sich bewegen sah, Bewegungen, bei denen nichts zu sehen ist, was seinen Platz ändert. O ihr Kinder des Sonnenlichts und des Gaslichts – wie wenig wißt ihr von der Welt, in der ihr lebt!

Obwohl in geringer Entfernung von bewaffneten und wachsamen Freunden umgeben, fühlte Byring sich unendlich allein. Indem er sich dem feierlichen und geheimnisvollen Geist von Zeit und Ort überließ, vergaß er die Art seiner Verbindung mit den sichtbaren und hörbaren Aspekten und Phasen der Nacht. Der Wald war grenzenlos; Menschen und Menschenwohnungen gab es nicht. Das Universum war ein einziges urzeitliches Mysterium von Dunkelheit, formlos und leer, er selbst der einzige stumme Befrager jenes ewigen Geheimnisses. In Gedanken versunken, die diese Stimmung gebar, ließ er die Zeit unbemerkt vorübergleiten. Inzwischen hatten sich die seltenen Pfützen weißen Lichts, die zwischen den Baumstämmen lagen, in Größe, Form und Stelle verwandelt. In einer davon, nahebei, direkt am Straßenrand, erblickte er ein Ding, das er bisher nicht bemerkt hatte. Es befand sich, so wie er saß, fast unmittelbar vor seinem Gesicht; er hätte schwören können, daß es sich zuvor nicht da befunden hatte. Es war teilweise im Schatten verborgen, aber er konnte sehen, daß es eine menschliche Gestalt war. Instinktiv zog er die Schnalle seines Degenkoppels straff und ergriff seinen Revolver – und wieder war er in der Welt des Kriegs, von Beruf ein Meuchelmörder.

Die Gestalt bewegte sich nicht. Er erhob sich, den Revolver in der Hand, trat näher. Die Gestalt lag auf dem Rükken, der obere Teil im Schatten, doch da er über ihr stand und in das Gesicht hinabblickte, sah er, daß es ein Leichnam war. Er schauderte und wandte sich ab mit einem Gefühl von Übelkeit und Ekel, nahm wieder Platz auf seinem Baumstamm und – alle militärische Klugheit vergessend – strich ein Zündholz an und entzündete eine Zigarre. In der plötzlichen Schwärze, die auf das Erlöschen der Flamme folgte, empfand er ein Gefühl der Erleichterung; er konnte das Objekt seines Widerwillens nicht mehr sehen. Dennoch blickte er weiterhin starr in diese Richtung, bis es mit wachsender Deutlichkeit wieder erschien. Es schien sich ein bißchen näher bewegt zu haben.

»Verdammtes Ding!« murmelte er. »Was will es nur?«

Es schien nichts anderes zu benötigen als eine Seele.

Byring wandte den Blick ab und begann, eine Melodie zu summen, brach dann aber mitten in einem Takt ab und sah den toten Körper an. Dessen Gegenwart belästigte ihn, obwohl er keinen ruhigeren Nachbarn hätte haben können. Er war sich auch eines undeutlichen unbestimmbaren Gefühls bewußt, das ihm neu war. Es war nicht Angst, sondern eher eine Empfindung des Übernatürlichen – an das er überhaupt nicht glaubte.

›Ich habe das ererbt‹, sagte er sich. ›Ich vermute, daß die Menschheit tausend Generationen brauchen wird – vielleicht zehntausend –, um diesem Gefühl zu entwachsen. Wo und wann ist es entstanden? Wahrscheinlich weit da hinten in dem, was man die Wiege der Menschheit nennt – in den Steppen Zentralasiens. Was wir als Aberglauben geerbt haben, muß für unsere barbarischen Ahnen eine vernünftige Überzeugung gewesen sein. Sie haben sich zweifellos durch Tatsachen gerechtfertigt geglaubt, deren Natur wir nicht einmal mutmaßen können, wenn sie eine Leiche als bösartiges Ding ansahen, begabt mit irgendwelchen seltsamen Kräften des Bösen, vielleicht mit einem Willen und Ziel, sie anzuwenden. Sie hatten möglicherweise irgendeine entsetzliche Art von Religion, wovon das einer der Hauptglaubenssätze war, von ihren Priestern ebenso unverdrossen gelehrt, wie unsere die Unsterblichkeit der Seele lehren. Als die Arier sich langsam in und durch die Kaukasuspässe bewegten und sich über Europa ausbreiteten, müssen die neuen Lebensbedingungen auch die Formulierung neuer Religionen hervorgebracht haben. Der alte Glauben an die Bösartigkeit der Toten ging aus den Glaubensbekenntnissen verloren und verschwand sogar aus der Überlieferung und hinterließ doch eine Erbschaft des Entsetzens, die von Generation zu Generation weitergereicht wird – die so sehr Teil von uns ist wie unser Blut und unsere Knochen.‹

Während er diesem Gedanken nachsann, hatte er vergessen, was ihn ausgelöst hatte; aber nun fiel sein Blick wieder auf den Leichnam. Der Schatten hatte ihn inzwischen vollständig enthüllt. Er sah das scharfe Profil, das Kinn in der Luft, das ganze Gesicht, gespenstisch weiß im Mondlicht. Die Kleidung war grau, die Uniform eines konföderierten Soldaten. Rock und Weste, ungeknöpft, waren nach beiden Seiten auseinandergefallen, das weiße Hemd bloßlegend. Die Brust schien unnatürlich weit vorzuragen, aber der Bauch war eingesunken und hatte einen scharfen Vorsprung entlang der Linie der kurzen Rippen hinterlassen. Die Arme waren ausgestreckt, das linke Knie hochgereckt. Die ganze Positur erschien Byring, als sei sie mit einem Blick aufs Gräßliche hin einstudiert worden.

»Bah!« rief er aus; »er war ein Schauspieler – er weiß, wie man tot sein muß.«

Er wandte die Augen ab, zwang sie entschlossen eine der Straßen entlang, die zur Front führten, und nahm sein Philosophieren da wieder auf, wo er es hatte fallenlassen.

›Vielleicht pflegten unsere zentralasiatischen Vorfahren den Brauch der Bestattung nicht. Dann ist ihre Angst vor den Toten gut zu verstehen, die wirklich eine Gefahr darstellten und ein Übel. Sie brüteten Seuchen aus. Kinder lehrte man, die Plätze zu meiden, wo sie lagen, und davonzulaufen, wenn sie unversehens einer Leiche nahe kamen. Ich glaube wirklich, ich sollte mich von diesem Knaben da absetzen.‹

Schon hatte er sich halb erhoben, um das zu tun, als er sich erinnerte, daß er seinen Männern vorn und dem Offizier hinten, der ihn ablösen sollte, gesagt hatte, er sei zu jeder Zeit an diesem Fleck zu finden. Es war auch eine Frage des Stolzes. Wenn er seinen Posten verließ, würden sie, fürchtete er, denken, er fürchte die Leiche. Er war kein Feigling und er war nicht gewillt, sich vor irgend jemandem lächerlich zu machen. Also setzte er sich wieder und blickte, um seinen Mut zu beweisen, kühn nach der Leiche. Der rechte Arm – der am weitesten von ihm – lag jetzt im Schatten. Er konnte kaum die Hand noch sehen, die, wie er zuvor bemerkt hatte, an der Wurzel eines Lorbeerbüschels lag. Es hatte da keine Veränderung gegeben, eine Tatsache, die ihm ein gewisses Maß an Erleichterung verschaffte, obwohl er nicht hätte sagen können warum. Er wandte seine Blicke nicht sofort ab; denn was wir nicht zu sehen wünschen, übt eine sonderbare Faszination aus, die manchmal unwiderstehlich ist. Über jene Frau, die ihre Augen mit den Händen bedeckt und zwischen den Fingern durchlugt, muß gesagt werden, daß die Spötter sie keinesfalls gerecht behandelt haben.

Byring nahm plötzlich einen Schmerz in seiner rechten Hand wahr. Er wandte die Augen von seinem Feind ab und sah sie an. Er umkrampfte den Griff des gezogenen Degens dermaßen, daß es ihn schmerzte. Auch bemerkte er, daß er sich in einer angespannten Haltung vorwärts bog – kauernd wie ein Gladiator, bereit, seinem Gegner an die Kehle zu springen. Seine Zähne waren zusammengebissen, und er atmete schwer. Diese Haltung wurde bald berichtigt, und als seine Muskeln sich entspannten und er tief durchatmete, empfand er mit aller Schärfe das Lächerliche des Zwischenfalls. Es reizte ihn zum Lachen. O Gott! was für ein Geräusch war das? welcher geistlose Teufel stieß solch unheiliges Kreischen zum Hohn menschlicher Heiterkeit aus? Er sprang auf und blickte sich um und erkannte sein eigenes Gelächter nicht.

Er konnte vor sich selbst nicht länger die entsetzliche Tatsache seiner Feigheit verbergen; er war vor Furcht außer sich! Er wäre vom Fleck weg fortgerannt, aber seine Beine versagten ihm den Dienst; sie gaben unter ihm nach, und wieder saß er auf dem Baumstamm und zitterte heftig. Sein Gesicht war naß, sein ganzer Körper in kalten Schweiß gebadet. Er konnte nicht einmal schreien. Deutlich hörte er hinter sich einen verstohlenen Schritt, wie von einem wilden Tier, und wagte nicht, über die Schulter zu blicken. Hatte seelenlos Lebendiges sich mit seelenlosem Toten verbündet? – war es ein Tier? Ach, wenn er sich dessen doch nur versichern könnte! Aber keine Willensanstrengung vermochte jetzt noch, seinen Blick vom Gesicht des Toten zu lösen.

Ich wiederhole, daß Leutnant Byring ein tapferer und intelligenter Mann war. Aber was wollen Sie? Soll ein Mann sich allein mit solch einem fürchterlichen Bündnis wie dem von Nacht und Einsamkeit und Stille und dem Toten anlegen – während eine unermeßliche Schar der eigenen Ahnen einem ins Ohr des Geistes ihre feigen Ratschläge kreischt, ins Herz ihre jämmerlichen Todeslieder singt, und das eigene Blut selbst allen Eisens beraubt? Die Partie war zu ungleich – Mut wurde nicht zu derart grober Verwendung geschaffen.

Der Mann war jetzt von einer einzigen Überzeugung besessen: daß der Körper sich bewegt habe. Er lag näher zum Rand seiner Lichtpfütze hin – daran konnte es keinen Zweifel geben. Er hatte auch seine Arme bewegt, denn siehe, jetzt sind beide im Schatten! Ein Hauch kalter Luft schlug Byring voll ins Gesicht; die Äste über ihm bewegten sich und seufzten. Ein deutlich umrissener Schatten glitt über das Gesicht des Toten, ließ es im Licht, schob sich erneut darüber und ließ es halb im Dunkeln zurück. Das fürchterliche Ding bewegte sich sichtlich! In diesem Augenblick krachte ein einzelner Schuß aus der Vorpostenkette – ein Schuß, einsamer und lauter, obwohl weiter entfernt, als je zuvor von sterblichen Ohren vernommen ward! Er brach den Bann über jenem verzauberten Mann; er erschlug die Stille und die Einsamkeit, zerstreute die hinderliche Schar aus Zentralasien und setzte seine moderne Männlichkeit frei. Mit einem Schrei wie dem eines großen Vogels, der auf seine Beute hinabstößt, sprang er vorwärts, heißen Herzens, zum Kampf!

Schuß auf Schuß kam nun von der Front. Es gab Geschrei und Verwirrung, Hufschlag und flüchtiges Hurragebrüll. Rückwärts im schlafenden Feldlager sangen die Hörner und grollten die Trommeln. Durch die Dickichte zu beiden Seiten der Wege brachen die Unionsvorposten, in vollem Rückzug, aufs Geratewohl rückwärts feuernd, während sie rannten. Eine Gruppe Nachzügler, die auf einem der Wege befehlsgemäß nachfolgte, sprang plötzlich in die Büsche, als eine halbe Hundertschaft Berittener an ihnen vorbeidonnerte und dabei wild mit den Säbeln dreinschlug. In gestrecktem Galopp schossen diese berittenen Irren an dem Fleck vorbei, wo Byring gesessen hatte, und verschwanden um eine Biegung des Weges; dabei schrien sie und feuerten ihre Pistolen ab. Einen Augenblick später brüllte eine Gewehrsalve auf, gefolgt von Einzelfeuer – sie waren auf die Auffangstellung der Reserve gestoßen, und zurück kamen sie in wilder Unordnung, mit leeren Sätteln hier und da und etlichen durchgehenden Pferden, die von Kugeln getroffen waren, wieherten und vor Schmerzen auskeilten. Es war alles vorbei – »ein Vorpostengefecht«.

Die Reihe wurde mit frischer Mannschaft wieder gebildet, die Trommeln wirbelten, die Nachzügler wurden neu formiert. Der Unionskommandeur mit einem Teil seines Stabes, unvollkommen bekleidet, erschien auf der Szene, stellte einige Fragen, blickte überaus weise und zog sich zurück. Nachdem die Brigade im Feldlager eine Stunde in Kampfbereitschaft gestanden hatte, »fluchte sie ein Gebet oder zwei« und ging zu Bett.

Früh am nächsten Morgen suchte ein Arbeitskommando unter einem Hauptmann, begleitet von einem Stabsarzt, die Gegend nach Toten und Verwundeten ab. An der Straßengabel, etwas zur Seite, fanden sie zwei Leichen nahe beieinander – die eines Unionsoffiziers und die eines konföderierten Gemeinen. Der Offizier war an einem Degenstich durchs Herz gestorben, doch allem Anschein nach nicht, ehe er nicht seinem Gegner fünf furchtbare Verwundungen beigebracht hatte. Der tote Offizier lag auf dem Gesicht in einer Blutlache, die Waffe noch in der Brust. Sie drehten ihn auf den Rücken, und der Stabsarzt zog sie heraus.

»O Gott!« sagte der Hauptmann – »Das ist Byring!« – und fügte mit einem Blick auf den anderen hinzu: »Die haben sich einen harten Strauß geliefert.«

Der Stabsarzt untersuchte den Degen. Es war der eines Frontoffiziers der Unionsinfanterie – genau so einer, wie ihn der Hauptmann trug. Es war tatsächlich Byrings eigener. Die einzige andere Waffe, die man entdeckte, war ein nicht abgefeuerter Revolver im Koppel des toten Offiziers.

Der Stabsarzt legte den Degen nieder und wandte sich der anderen Leiche zu. Sie war entsetzlich zerhauen und zerstochen, aber es war kein Blut zu sehen. Er ergriff den linken

Fuß und versuchte, das Bein zu strecken. Dabei wurde der Leichnam verschoben. Tote wollen nicht bewegt werden – er protestierte durch einen schwachen, ekelerregenden Geruch. Wo er gelegen hatte, gab es einige Maden, sinnloser Hektik ergeben.

Der Stabsarzt sah den Hauptmann an. Der Hauptmann sah den Stabsarzt an.

EINE FORTGEFÜHRTE IDENTITÄT

I

Die Truppenschau als eine Form des Willkomms

In einer Sommernacht stand ein Mann auf einem niedrigen Berg, von dem man weit über Wälder und Felder blicken konnte. Durch den vollen Mond, der niedrig im Westen hing, wußte er, was er andernfalls vielleicht nicht gewußt hätte: daß die Stunde der Morgendämmerung nahe war. Ein leichter Nebel lag auf dem Boden und verhüllte zum Teil das tiefer gelegene Land, aber darüber zeigten die größeren Bäume ihre scharf umrissenen Massen vor einem klaren Himmel. Zwei oder drei Farmhäuser waren im Dunst zu sehen, aber natürlich gab es in keinem von ihnen Licht. Nirgendwo ein Zeichen oder Hinweis auf Leben, abgesehen vom Bellen eines fernen Hundes, das sich mechanisch wiederholte und dadurch eher dazu beitrug, die Einsamkeit der Szene zu betonen als zu zerstreuen.

Der Mann sah sich neugierig nach allen Seiten um, wie jemand, der in vertrauter Umgebung unfähig ist, seinen genauen Platz und Part im Schema der Dinge festzulegen. So werden wir uns vielleicht verhalten, wenn wir von den Toten auferstanden sind und die Vorladung vors Jüngste Gericht erwarten.

Etwa hundert Yards entfernt lag eine gerade Straße, die weiß im Mondlicht schimmerte. Im Bemühen, sich zu orientieren, wie ein Landvermesser oder Navigator sagen würde, bewegte der Mann seinen Blick langsam ihre sichtbare Länge entlang und sah auf eine Entfernung von einer Viertelmeile nach Süden von seinem Standpunkt schwach und grau im Dunst eine Gruppe Reiter, die nach Norden ritten. Hinter ihnen marschierten in Kolonnen Männer zu Fuß mit schwach blinkenden Gewehren quer über den Schultern. Sie bewegten sich langsam und leise. Noch eine Gruppe Reiter, noch ein Regiment Infanterie, noch eine, noch eins – alle in unaufhörlicher Bewegung hin zum Posten des Mannes, an ihm vorüber und weiter. Eine Artilleriebatterie folgte, deren Kanoniere mit verschränkten Armen auf Protzen und Munitionswagen saßen. Und immer noch kam der endlose Zug aus dem Dunkel des Südens und verschwand im Dunkel des Nordens, ohne je ein Geräusch von Stimme oder Huf oder Rad.

Der Mann konnte das nicht recht verstehen: Er hielt sich für taub, sagte dies und hörte seine eigene Stimme, wenn sie auch einen ihm unvertrauten Klang hatte, der ihn fast erschreckte; sie enttäuschte die Erwartungen seines Ohres hinsichtlich von *timbre* und Resonanz. Aber taub war er nicht, und das reichte für den Augenblick.

Dann erinnerte er sich, daß es Naturphänomene gibt, denen man den Namen »akustische Schatten« gegeben hat. Wenn man in einem akustischen Schatten steht, gibt es eine Richtung, aus der man nichts hört. Bei der Schlacht von Gaines's Mill, einer der schlimmsten des Bürgerkriegs, mit hundert feuernden Kanonen, hörten Zuschauer anderthalb Meilen entfernt jenseits des Chickahominy-Tals nichts von dem, was sie deutlich sahen. Die Bombardierung von Port Royal, die man in St. Augustine hundertfünfzig Meilen südlich hörte und spürte, war zwei Meilen nördlich bei Windstille nicht zu hören. Einige Tage vor der Kapitulation bei Appomattox blieb ein dröhnendes Gefecht zwischen den

Einheiten von Sheridan und Pickett dem letzteren Kommandeur unbekannt, eine Meile hinter seinen eigenen Linien.

Diese Beispiele waren dem Mann, über den wir schreiben, nicht bekannt, aber weniger auffällige der gleichen Art waren seiner Aufmerksamkeit nicht entgangen. Er war zutiefst beunruhigt, aber aus einem anderen Grunde als der unheimlichen Stille dieses Mondlichtmarsches.

»Lieber Gott!« sagte er sich – und wieder war es, als habe ein anderer seine Gedanken ausgesprochen –, »wenn die Brüder da das sind, wofür ich sie halte, dann haben wir die Schlacht verloren, und sie marschieren auf Nashville!«

Dann kam ihm ein Gedanke ans eigene Ich – eine Vorahnung – ein starkes Gefühl der persönlichen Gefährdung; bei anderen würden wir es Furcht nennen. Er trat schnell in den Schatten eines Baums. Aber die schweigenden Bataillone bewegten sich weiterhin langsam durch den Dunst vorwärts.

Die Kälte einer plötzlichen Brise in seinem Nacken zog seine Aufmerksamkeit in die Richtung, aus der sie kam, und als er sich gen Osten wandte, sah er ein schwaches graues Licht entlang des Horizonts – das erste Zeichen des wiederkehrenden Tags. Das mehrte seine Besorgnis.

›Ich muß von hier verschwinden‹, dachte er, ›sonst werde ich entdeckt und gefangengenommen.‹

Er trat aus dem Schatten und ging schnell dem grauenden Osten entgegen. Aus der sichereren Abgeschiedenheit eines Zedernhains blickte er zurück. Die ganze Kolonne war außer Sicht geraten: Die gerade weiße Straße lag leer und verlassen im Mondlicht!

Zuvor verwirrt, war er jetzt unsagbar erstaunt. Ein so schneller Abmarsch einer so langsamen Armee! – er konnte es nicht begreifen. Minute um Minute verrann unbeachtet;

er hatte seinen Zeitsinn verloren. Mit furchtbarem Ernst suchte er eine Lösung des Geheimnisses, aber er suchte vergebens. Als er schließlich aus seiner Geistesabwesenheit auftauchte, war der Rand der Sonne über den Hügeln sichtbar, aber auch unter den neuen Umständen fand er kein anderes Licht als das des Tages; sein Verstehen war so dunkel in Zweifel verstrickt wie zuvor.

Ringsumher lagen bearbeitete Felder, die kein Zeichen von Krieg und Kriegsverwüstung erkennen ließen. Aus den Schornsteinen der Farmhäuser kündeten dünne blaue Rauchsäulen von den Vorbereitungen für die friedliche Mühsal eines Tages. Nachdem er seine uralte Ansprache an den Mond beendet hatte, assistierte der Hofhund jetzt einem Neger, der ein Gespann Maultiere vor den Pflug schirrte und in Moll und Dur zufrieden zu seiner Arbeit sang. Der Held dieser Erzählung starrte dümmlich auf die pastorale Szene, als ob er so etwas zeit seines Lebens nie gesehen hätte; dann hob er die Hand an den Kopf, fuhr sich durch die Haare, zog sie zurück und betrachtete den Handteller aufmerksam – ein merkwürdiges Verhalten. Durch die Handlung offensichtlich beruhigt, schritt er zuversichtlich der Straße entgegen.

II

Wenn Sie Ihr Leben verloren haben, konsultieren Sie einen Arzt

Dr. Stilling Malson aus Murfreesboro hatte einen Patienten sechs oder sieben Meilen entfernt an der Straße nach Nashville besucht und war die ganze Nacht bei ihm geblieben. Bei Tagesanbruch machte er sich zu Pferde auf den Heimweg, wie es der Brauch bei den Ärzten dieser Zeit und

Gegend war. Er war in die Nähe des Schlachtfelds von Stones River gelangt, als sich ihm ein Mann vom Straßenrand her nahte und militärisch grüßte, mit einer Bewegung der rechten Hand zur Hutkrempe. Aber der Hut war kein Militärhut, der Mann war nicht in Uniform und seine Haltung nicht soldatisch. Der Doktor nickte höflich und dachte beiläufig, daß der ungewöhnliche Gruß des Fremden vielleicht aus Ehrerbietung der historischen Umgebung gegenüber erfolgt sei. Da der Fremde offenkundig mit ihm zu sprechen wünschte, zügelte er höflich sein Pferd und wartete.

»Sir«, sagte der Fremde, »obwohl Sie ein Zivilist sind, könnten Sie ein Feind sein.«

»Ich bin Arzt«, lautete die unverbindliche Antwort.

»Ich danke Ihnen«, sagte der andere. »Ich bin Leutnant, vom Stab von General Hazen.« Er hielt für einen Augenblick inne und sah die Person, zu der er sprach, scharf an; dann fügte er hinzu: »Von der Unionsarmee.«

Der Arzt nickte nur.

»Sagen Sie mir doch bitte«, fuhr der andere fort, »was hier geschehen ist. Wo stehen die Armeen? Wer hat die Schlacht gewonnen?«

Der Arzt betrachtete seinen Befrager neugierig mit halbgeschlossenen Augen. Nach professioneller Prüfung, ausgedehnt bis an die Grenzen der Höflichkeit, sagte er: »Verzeihen Sie, aber einer, der Information sucht, sollte bereit sein, auch welche zu geben. Sind Sie verwundet?« fügte er lächelnd hinzu.

»Nicht ernsthaft – wie es scheint.«

Der Mann nahm seinen unmilitärischen Hut ab, hob die Hand an den Kopf, fuhr sich durch die Haare, zog sie zurück und betrachtete den Handteller aufmerksam.

»Ich wurde von einer Kugel getroffen und war bewußtlos. Es muß ein leichter Streifschuß gewesen sein: Ich finde kein Blut und habe keine Schmerzen. Ich will Sie nicht wegen einer Behandlung bemühen, aber würden Sie mich freundlicherweise zu meinem Kommando weisen – zu irgendeinem Teil der Unionsarmee – falls Sie können?«

Wieder antwortete der Doktor nicht sofort: Er rief sich vieles in die Erinnerung zurück, das in den Büchern seines Berufs verzeichnet ist – über verlorene Identität und die Wirkung vertrauter Szenen zu ihrer Wiederherstellung. Schließlich sah er dem Mann ins Gesicht, lächelte und sagte:

»Leutnant, Sie tragen nicht die Uniform Ihres Rangs und Ihrer Truppe.«

Daraufhin blickte der Mann auf seine Zivilkleidung hinab, hob die Augen und sagte zögernd:

»Das stimmt. Ich – ich verstehe es nicht ganz.«

Indem er ihn scharf, aber nicht unfreundlich ansah, fragte der Mann der Wissenschaft ohne Umschweife:

»Wie alt sind Sie?«

»Dreiundzwanzig – wenn das irgendwas damit zu tun hat.«

»Sie sehen nicht so aus; ich hätte Sie kaum auf dieses Alter geschätzt.«

Der Mann wurde ungeduldig. »Das brauchen wir nicht zu diskutieren«, sagte er; »ich möchte etwas über die Armee erfahren. Vor knapp zwei Stunden habe ich eine Truppenkolonne gesehen, die sich auf dieser Straße nach Norden bewegte. Sie müssen ihr begegnet sein. Bitte seien Sie so gut, mir die Farbe ihrer Uniformen zu sagen, die ich nicht erkennen konnte; dann werde ich Sie nicht weiter belästigen.«

»Sie sind sicher, daß Sie sie gesehen haben?«

»Sicher? Mein Gott, Sir, ich hätte sie zählen können!«

»Na dann«, sagte der Arzt, der sich amüsiert seiner Ähnlichkeit mit dem geschwätzigen Barbier aus *Tausendundeine Nacht* bewußt war, »das ist sehr interessant. Ich habe keine Truppen gesehen.«

Der Mann sah ihn kalt an, als ob auch er die Ähnlichkeit mit dem Barbier festgestellt hätte. »Es ist offensichtlich«, sagte er, »daß Sie nicht die Absicht haben, mir zu helfen. Sir, gehen Sie zum Teufel!«

Er wandte sich ab und ging fort, ganz aufs Geratewohl, quer über die betauten Felder, während sein beinahe reumütiger Quälgeist ihn ruhig von seinem Vorzugsplatz im Sattel beobachtete, bis er hinter einer Baumreihe verschwand.

III

Von den Gefahren, in eine Wasserpfütze zu schauen

Nachdem er die Straße verlassen hatte, verlangsamte der Mann seine Schritte und ging nun ohne eigentliche Richtung vorwärts, mit einem deutlichen Gefühl der Erschöpfung. Er konnte es sich nicht erklären, obwohl die unendliche Geschwätzigkeit dieses Landarztes sich als Erklärung anbot. Er setzte sich auf einen Fels, legte eine Hand auf sein Knie, den Rücken nach oben, und betrachtete ihn beiläufig. Er war mager und dürr. Er hob beide Hände zum Gesicht. Es war faltig und durchfurcht; er konnte die Linien mit den Fingerspitzen verfolgen. Sonderbar! – ein Streifschuß und eine kurze Bewußtlosigkeit sollten einen nicht körperlich zum Wrack machen.

»Ich muß lange im Lazarett gewesen sein«, sagte er laut. »Was bin ich für ein Trottel! Die Schlacht war im Dezember, und jetzt ist Sommer!« Er lachte. »Kein Wunder, daß der

Kerl mich für einen entlaufenen Verrückten gehalten hat. Er hat sich geirrt: Ich bin nur ein entlaufener Patient.«

Ein Stückchen weiter erregte ein kleines Stück Land, eingefaßt von einer Steinmauer, seine Aufmerksamkeit. Ohne besondere Absicht erhob er sich und ging hin. In der Mitte stand ein viereckiges solides Denkmal aus behauenem Stein. Es war vom Alter gebräunt, an den Kanten verwittert, gesprenkelt von Moos und Flechten. Zwischen den massiven Quadern waren Grasstreifen, deren Wurzeln mit ihrer Hebelkraft sie auseinandergetrieben hatten. Als Antwort auf die Herausforderung durch diesen ehrgeizigen Bau hatte die Zeit ihre zerstörende Hand auf ihn gelegt, und er würde bald »eins sein mit Niniveh und Tyrus«. In der Inschrift auf einer der Seiten fiel sein Blick auf einen bekannten Namen. Zitternd vor Erregung reckte er den Körper über die Mauer und las:

HAZENS BRIGADE
zur
Erinnerung an ihre Soldaten,
gefallen zu
Stones River am 31. Dez. 1862

Der Mann sank von der Mauer zurück, schwach und elend. Fast in Armeslänge entfernt war eine kleine Mulde in der Erde; ein kürzlicher Regen hatte sie gefüllt – ein Tümpel aus reinem Wasser. Er kroch zu ihm hin, um sich zu erfrischen, hob den Oberkörper auf zitternden Armen hoch, schob den Kopf vorwärts und sah das Bild seines Gesichts wie in einem Spiegel. Er stieß einen entsetzlichen Schrei aus. Seine Arme gaben nach; er stürzte mit dem Gesicht voran in den Tümpel und gab das Leben auf, das ein anderes Leben überdauert hatte.

EIN MANN MIT ZWEI LEBEN

Dies ist die seltsame Geschichte von David William Duck, von ihm selbst erzählt. Duck ist ein alter Mann; er lebt in Aurora, Illinois, wo er allgemein angesehen ist. Bekannt ist er aber überall als »Toter Duck«.

»Im Herbst 1866 war ich Gemeiner bei der Achtzehnten Infanterie. Meine Kompanie war eine von denen in Fort Phil Kearney, befehligt von Oberst Carrington. Das Land ist mehr oder weniger mit der Geschichte der Garnison vertraut, besonders mit dem Gemetzel an einer Abteilung von einundachtzig Soldaten und Offizieren durch die Sioux – keiner ist entkommen –, weil der Kommandeur seinen Befehlen nicht gehorcht hat, der tapfere, aber leichtsinnige Hauptmann Fetterman. Als das passierte, habe ich gerade versucht, mich mit wichtigen Depeschen nach Fort C.F. Smith am Big Horn durchzuschlagen. Das Land wimmelte von feindlichen Indianern, deshalb bin ich nachts gereist und habe mich vor Tagesanbruch so gut wie möglich versteckt. Um das besser zu können, bin ich zu Fuß gegangen, bewaffnet mit einem Henry-Gewehr und drei Tagesrationen im Brotbeutel.

Als zweites Versteck habe ich mir etwas ausgesucht, was im Dunkeln wie ein enger Cañon aussah, der durch eine Kette felsiger Hügel führt. Da gab es eine Menge großer Felsblöcke, die sich von den Berghängen gelöst hatten. Hinter einem davon habe ich in einem Salbeigebüsch mein Bett für den Tag gemacht und bin bald eingeschlafen. Es kam mir vor, als ob ich noch kaum die Augen geschlossen hätte, obwohl es in Wirklichkeit schon fast Mittag war, als ich vom Knall eines Gewehrs geweckt wurde; die Kugel schlug gerade über mir gegen den Felsen. Ein Trupp Indianer hatte mich aufgespürt und fast umzingelt; den Schuß hat ein Schuft lausig gezielt abgefeuert, der mich oben von den Hügeln ausgemacht hat. Der Qualm von seinem Gewehr verrät ihn, und ich bin noch kaum auf meinen Füßen, da ist er schon von seinen und rollt den Abhang runter. Dann renn ich gebückt und im Zickzack zwischen Gruppen von Salbeibüschen durch Kugelhagel von unsichtbaren Feinden. Die Schufte stehen nicht auf und verfolgen mich nicht; das ist mir schon ziemlich komisch vorgekommen, weil sie aus meiner Fährte gesehen haben müssen, daß sie es bloß mit einem Mann zu tun hatten. Der Grund für ihre Untätigkeit wird mir bald klar. Ich bin noch keine hundert Yards weiter, wie ich das Ende meines Laufs erreiche – den Kopf der Schlucht, die ich für einen Cañon gehalten hatte. Sie endet vor einer eingedellten Felsplatte, fast senkrecht und ohne Bewuchs. In dieser Sackgasse war ich gefangen wie ein Bär im Pferch. Die brauchten mich nicht zu verfolgen; die mußten bloß warten.

Sie haben gewartet. Zwei Tage und Nächte kauere ich hinter einem Felsen mit Mesquitensträuchern, mit der Steilwand im Rücken, erleide Todesqualen vor Durst und weil ich keine Hoffnung habe, befreit zu werden, und ich bekämpfe die Brüder auf große Entfernung, indem ich hin und wieder auf den Qualm ihrer Gewehre schieße, wie sie auf den von meinem. Natürlich habe ich mich nicht getraut, nachts die Augen zu schließen, und Schlafmangel war eine schlimme Tortur.

Ich erinnere mich an den Morgen des dritten Tags, von dem ich wußte, daß er mein letzter sein würde. Ich erinnere mich ziemlich undeutlich, wie ich in meiner Verzweiflung und meinem Fieberwahn ins Offene springe und mit meinem Repetiergewehr anfange zu feuern, ohne jemand zu sehen, auf den man schießen kann. Und sonst erinnere ich mich an nichts mehr von jenem Kampf.

Das nächste, was ich weiß, ist, wie ich mich bei Einbruch der Nacht aus einem Fluß schleppe. Ich habe keinen Fetzen Kleidung an und keine Ahnung, wo ich bin, aber die ganze Nacht marschiere ich frierend und mit wunden Füßen nach Norden. Im Morgengrauen finde ich mich in Fort C. F. Smith, meinem Ziel, aber ohne meine Depeschen. Der erste Mann, den ich treffe, ist ein Sergeant namens William Briscoe; den kannte ich sehr gut. Sie können sich sein Erstaunen vorstellen, als er mich in diesem Zustand sieht, und meins, als er mich fragt, wer zum Teufel ich denn bin.

›Dave Duck‹, antworte ich; ›wer soll ich sonst sein?‹

Er glotzt wie ne Eule.

›Du siehst so aus‹, sagt er, und ich bemerke, daß er ein bißchen vor mir zurückweicht. ›Was ist los?‹ setzt er hinzu.

Ich erzähle, was mir am Vortag passiert ist. Er hört mir zu, glotzt immer noch; dann sagt er:

›Mein Lieber, wenn du wirklich Dave Duck bist, sollte ich dir wohl sagen, daß ich dich vor zwei Monaten begraben hab. Ich war mit einer kleinen Patrouille draußen und hab deine Leiche gefunden, voll mit Kugellöchern und frisch skalpiert – auch sonst einigermaßen verstümmelt, muß ich leider sagen –, genau da, wo du, wie du sagst, deinen Kampf hattest. Komm mit in mein Zelt, dann zeige ich dir deine Kleider und einige Briefe, die ich dir abgenommen habe; deine Depeschen hat der Kommandant.‹

Er hat sein Versprechen gehalten. Er hat mir die Kleider gezeigt, die ich schnell wieder angezogen habe; die Briefe, die ich in meine Tasche steckte. Er hat keinen Einspruch erhoben, sondern mich zum Kommandanten gebracht, der sich meine Geschichte anhört und dann kalt befiehlt, Briscoe soll mich zum Arresthaus bringen. Auf dem Weg dahin sage ich:

›Bill Briscoe, hast du wirklich und wahrhaftig die tote Leiche begraben, die du in diesen Klamotten gefunden hast?‹

›Und ob‹, sagt er – ›genau so, wie ich es dir gesagt hab. Es war wirklich Dave Duck; die meisten von uns haben ihn gekannt. Und jetzt, du verdammter Betrüger, erzähl mir besser, wer du wirklich bist.‹

›Ich würd einiges darum geben, wenn ich das wüßte‹, sage ich.

Eine Woche später bin ich aus dem Arresthaus abgehauen und habe die Gegend so schnell ich nur konnte verlassen. Seitdem bin ich zweimal wieder da gewesen, um die verhängnisvolle Stelle in den Bergen zu suchen, aber ich konnte sie nicht finden.«

DREI UND EINS SIND EINS

Im Jahre 1861 lebte Barr Lassiter, ein junger Mann von zweiundzwanzig, mit seinen Eltern und einer älteren Schwester in der Nähe von Carthage, Tennessee. Die Familie war eher ärmlich und lebte von der Bewirtschaftung einer kleinen und nicht sehr fruchtbaren Plantage. Da sie keine Sklaven besaß, zählte sie in der Nachbarschaft nicht zu »den besten Familien«; aber sie waren ehrenhafte Menschen von guter Erziehung mit ziemlich anständigen Manieren und so ehrbar, wie nur irgendeine Familie sein kann, die nicht durch die persönliche Herrschaft über die Söhne und Töchter von Ham beglaubigt wird. Der ältere Lassiter zeigte jenes strenge Verhalten, das so oft ein kompromißloses Pflichtbewußtsein anzeigt und eine warmherzige und liebevolle Veranlagung verbirgt. Er war aus jenem Eisen, aus dem man Märtyrer macht; aber im Innersten der Gußform hatte sich ein edleres Metall verborgen gehalten, das bei niedrigerer Temperatur schmilzt, niemals aber das harte Äußere färbt oder weicher macht. Durch Vererbung wie durch Beeinflussung hatte sich etwas vom unbeugsamen Charakter des Mannes auf die anderen Familienmitglieder übertragen; das Heim der Lassiters, obwohl nicht ohne familiäre Zuneigung, war eine wahre Zitadelle der Pflicht, und Pflicht – ach, Pflicht ist so grausam wie der Tod!

Als der Krieg ausbrach, fand er in der Familie, wie in so vielen anderen jenes Staats, geteilte Gefühle; der junge Mann war der Union loyal, die anderen ihr heftig feindselig. Diese unglückliche Teilung zeugte unerträgliche häusliche

Bitterkeit, und als der anstößige Sohn und Bruder das Haus mit dem ausdrücklichen Ziel verließ, sich der Unionsarmee anzuschließen, wurde keine Hand in seine gelegt, kein Wort des Lebewohls gesprochen, kein guter Wunsch folgte ihm hinaus in die Welt, in die er hineinschritt, um jedem Geschick, das ihn erwartete, mit solcher Beseeltheit zu begegnen, wie er aufbringen mochte.

Nachdem er seinen Weg nach Nashville genommen hatte, das bereits von General Buells Armee besetzt war, trat er der ersten Einheit bei, die er fand, einem Kavallerieregiment aus Kentucky, und machte in der angemessenen Zeit alle Phasen der militärischen Entwicklung vom grünen Rekruten zum erfahrenen Kavalleristen durch. Und er war ein verdammt guter Reiter, obwohl davon in seinem mündlichen Bericht, aus dem diese Erzählung entstand, nicht die Rede war; diese Tatsache berichteten seine überlebenden Kameraden. Denn Barr Lassiter hat dem Sergeanten, dessen Name Tod ist, mit »Hier« geantwortet.

Zwei Jahre nach seinem Eintritt zog das Regiment durch die Gegend, aus der er gekommen war. Das Land dort hatte weithin schwer unter den Verwüstungen des Krieges gelitten, da es von den kriegführenden Mächten nacheinander (und gleichzeitig) besetzt worden war, und eine blutige Schlacht hatte sich in unmittelbarer Nähe des Lassiter-Hofs abgespielt. Aber davon wußte der junge Kavallerist nichts.

Als er sich nahe seinem Zuhause im Lager fand, fühlte er eine natürliche Sehnsucht, Eltern und Schwester wiederzusehen in der Hoffnung, daß sich in ihnen wie in ihm die unnatürliche Verbitterung durch Zeit und Trennung gemildert habe. Nachdem er einen Urlaubsschein erhalten hatte, machte er sich zu Fuß in den späten Sommernachmittag auf und schritt bald nach dem Aufgang des Vollmonds den Kiespfad entlang, der zu dem Haus führte, in dem er geboren wurde.

Soldaten altern im Krieg schnell, und in der Jugend sind zwei Jahre eine lange Zeit. Barr Lassiter kam sich selbst wie ein alter Mann vor und hatte fast erwartet, den Platz als Ruine und Wüstenei vorzufinden. Nichts war, dem Anschein nach, verändert. Beim Anblick eines jeden teuren und vertrauten Gegenstands war er zutiefst gerührt. Sein Herz schlug laut, seine Rührung erstickte ihn fast; in seiner Kehle saß ein Schmerz. Unbewußt beschleunigte er seine Schritte, bis er fast rannte, und sein langer Schatten unternahm groteske Anstrengungen, sich neben ihm zu halten.

Das Haus war unbeleuchtet, die Tür offen. Als er nähertrat und stehenblieb, um die Kontrolle über sich wiederzugewinnen, kam sein Vater heraus und stand barhäuptig im Mondschein.

»Vater!« schrie der junge Mann und sprang mit ausgestreckter Hand vorwärts – »Vater!«

Der ältere Mann sah ihm streng ins Gesicht, stand einen Augenblick reglos und kehrte dann ohne ein Wort ins Haus zurück. Bitter enttäuscht, gedemütigt, unaussprechlich verletzt und vollständig entnervt ließ sich der Soldat in tiefer Niedergeschlagenheit auf einen Schemel fallen und stützte den Kopf auf die zitternde Hand. So aber wollte er es nicht: Er war ein zu guter Soldat, als daß er Zurückweisung als Niederlage akzeptiert hätte. Er stand auf, betrat das Haus und ging sofort ins »Wohnzimmer«.

Es war schwach erhellt durch ein vorhangloses Ostfenster. Neben dem Herd saß auf einem niedrigen Hocker, dem einzigen Möbelstück im Raum, seine Mutter, die in eine Feuerstelle voll schwarzer Kohlen und kalter Asche starrte. Er sprach zu ihr – zärtlich, fragend und zögernd, aber weder antwortete sie, noch bewegte sie sich, noch schien sie in irgendeiner Weise überrascht. Es war ja aber Zeit für ihren Mann gewesen, sie von der Rückkehr ihres schuldbeladenen Sohnes zu unterrichten. Er kam näher und wollte gerade seine Hand auf ihren Arm legen, als seine Schwester aus einem Nebenzimmer hereintrat, ihm gerade ins Gesicht sah, ohne ein Zeichen des Erkennens an ihm vorüberging und den Raum durch eine Tür verließ, die etwas hinter ihm war. Er hatte seinen Kopf gewendet, um ihr nachzusehen, aber als sie gegangen war, suchten seine Augen erneut die Mutter. Sie hatte den Raum ebenfalls verlassen.

Barr Lassiter ging zu der Tür, durch die er eingetreten war. Das Mondlicht über dem Rasen zitterte, als wäre der Rasenplatz eine krause See. Die Bäume und ihre schwarzen Schatten schüttelten sich wie im Winde. Mit seinen Rändern verschmelzend erschien der Kiespfad unstet und unsicher zu betreten. Der junge Soldat kannte die optischen Täuschungen, die durch Tränen hervorgerufen werden. Er fühlte sie auf seinen Wangen und sah sie auf der Brust seiner Kavalleriejacke funkeln. Er verließ das Haus und kehrte zurück ins Lager.

Am nächsten Tag suchte er ohne genaue Absicht und ohne beherrschendes Gefühl, das er treffend hätte benennen können, den Ort erneut auf. Etwa eine halbe Meile vorher begegnete er Bushrod Albro, einem früheren Spielgefährten und Schulkameraden, der ihn herzlich begrüßte.

»Ich will die Familie besuchen«, sagte der Soldat.

Der andere sah ihn scharf an, sagte aber nichts.

»Ich weiß«, fuhr Lassiter fort, »daß meine Leute sich nicht verändert haben, aber...«

»Es hat Veränderungen gegeben«, unterbrach Albro –

»alles verändert sich. Wenn du nichts dagegen hast, begleite ich dich. Wir können dabei reden.«

Aber Albro redete nicht.

Statt eines Hauses fanden sie nur feuergeschwärzte Steinfundamente, die vom Regen zernarbte Ascheschichtungen umschlossen.

Lassiter war maßlos verblüfft.

»Ich wußte nicht, wie ich es dir sagen sollte«, sagte Albro. »Bei den Kämpfen vor einem Jahr ist euer Haus von einer Unionsgranate verbrannt worden.«

»Und meine Familie – wo sind sie?«

»Im Himmel, hoffe ich. Sie wurden alle von der Granate getötet.«

EIN VEREITELTER HINTERHALT

Readyville und Woodbury verband eine gute harte Überlandstraße von neun oder zehn Meilen Länge. Readyville war ein Vorposten der Unionsarmee in Murfreesboro; Woodbury stand in der gleichen Beziehung zur konföderierten Armee in Tullahoma. Noch Monate nach der großen Schlacht am Stones River befanden sich diese Vorposten in ständigen Scharmützeln, wobei sich der meiste Ärger natürlich auf der genannten Überlandstraße zwischen Kavallerieabteilungen ergab. Manchmal mischten Infanterie und Artillerie ein bißchen mit, um ihren guten Willen zu zeigen.

In einer Nacht rückte eine Schwadron der Unionskavallerie unter dem Kommando von Major Seidel, einem tapferen und erfahrenen Offizier, aus Readyville ab zu einem ungewöhnlich gewagten Unternehmen, das Geheimhaltung, Vorsicht und Schweigen verlangte.

Nachdem die Abteilung die Infanterieposten passiert hatte, näherte sie sich bald zwei Kavallerieaufklärern, die angestrengt in die Nacht vor ihnen starrten. Es hätten drei sein sollen.

»Wo ist Ihr dritter Mann?« sagte der Major. »Ich hatte Dunning befohlen, heute nacht hier zu sein.«

»Der ist nach vorn geritten, Sir«, erwiderte der Posten. »Danach ist ein bißchen geschossen worden, aber noch weit vor der Front.«

»Es war gegen jeden Befehl und gegen jede Vernunft, was Dunning da gemacht hat«, sagte der Offizier, offensichtlich beunruhigt. »Warum ist er vorgeritten?«

»Keine Ahnung, Sir; er schien ziemlich unruhig. War wohl änxlich.«

Nachdem dieser bemerkenswerte Raisonierer und sein Begleiter vom Stoßtrupp aufgesogen waren, ritt dieser weiter. Gespräche waren verboten; Waffen und Ausrüstung hatten nicht das Recht zu klappern. Der Hufschlag der Pferde war alles, was zu hören war, und man bewegte sich langsam, damit selbst davon möglichst wenig entstand. Es war nach Mitternacht und sehr dunkel, obwohl sich ein bißchen Mond hinter den Wolkenmassen herumtrieb.

Zwei oder drei Meilen weiter näherte sich die Spitze der Kolonne einem dichten Zedernwald, der zu beiden Seiten an die Straße grenzte. Der Major ließ halten, indem er einfach anhielt, und ritt, offenbar selbst ein wenig »änxlich«, allein zur Aufklärung vor. Ihm folgten aber sein Adjutant und drei Reiter, die ein wenig zurückblieben und, von ihm ungesehen, alles sahen, was geschah.

Nachdem er ungefähr hundert Yards auf den Wald zugeritten war, zügelte der Major plötzlich scharf sein Pferd und saß regungslos im Sattel. Nahe dem Straßenrand stand auf einer kleinen Lichtung und kaum zehn Schritt entfernt die Gestalt eines Mannes, kaum sichtbar und ebenso regungslos wie er. Das erste Gefühl des Majors war das der Befriedigung, daß er die Reiter zurückgelassen hatte; falls dies ein Feind war und entkommen konnte, würde er wenig zu berichten haben. Noch war der Stoßtrupp nicht entdeckt.

Zu Füßen des Mannes war undeutlich irgendein schwarzer Gegenstand erkennbar; der Offizier konnte ihn nicht ausmachen. Mit dem Instinkt des wahren Kavalleristen und aus einer besonderen Abneigung gegen die Entladung von Feuerwaffen zog er seinen Säbel. Der Mann zu Fuß bewegte sich nicht bei dieser Herausforderung. Die Situation war gespannt und ein bißchen dramatisch. Plötzlich brach der Mond durch einen Riß in den Wolken und der Berittene, selbst im Schatten einer Gruppe hoher Eichen, sah den Mann zu Fuß deutlich, in einem Flecken weißen Lichts. Es war Kavallerist Dunning, unbewaffnet und barhäuptig. Der Gegenstand zu seinen Füßen erwies sich als totes Pferd, und in rechtem Winkel über dessen Nacken lag ein toter Mann, das Gesicht nach oben ins Mondlicht.

›Dunning hat wohl den Kampf seines Lebens geliefert‹, dachte der Major und wollte anreiten. Dunning hob die Hand und hielt ihn durch eine warnende Geste zurück; dann senkte er den Arm und wies auf die Stelle, wo sich die Straße in der Dunkelheit des Zedernwalds verlor.

Der Major begriff, wandte sein Pferd und ritt zu der kleinen Gruppe zurück, die ihm gefolgt war und sich bereits aus Angst vor seinem Mißfallen zurückgezogen hatte, und kehrte so an die Spitze seines Kommandos zurück.

»Dunning ist genau vor uns«, sagte er zum Hauptmann seiner ersten Kompanie. »Er hat seinen Mann getötet und wird einiges zu melden haben.«

Sehr geduldig warteten sie, mit gezogenen Säbeln, aber Dunning kam nicht. Nach einer Stunde brach der Tag an, und die ganze Streitmacht rückte vorsichtig vor, der Kommandeur nicht so ganz mit seinem Vertrauen auf den Soldaten Dunning zufrieden. Der Stoßtrupp war gescheitert, aber es blieb noch etwas zu tun.

Auf der kleinen Lichtung neben der Straße fanden sie das tote Pferd. In rechtem Winkel über dessen Nacken, das Gesicht nach oben, eine Kugel im Kopf, lag der Leichnam von Kavallerist Dunning, steif wie eine Statue, seit Stunden tot.

Eine Untersuchung ergab überreiche Beweise, daß noch bis vor einer halben Stunde der Zedernwald von einer starken Einheit konföderierter Infanterie besetzt gewesen war – ein Hinterhalt.

ZWEI STANDRECHTLICHE ERSCHIESSUNGEN

Im Frühling des Jahres 1862 lag General Buells große Armee im Lager und brachte sich in Form für den Feldzug, der zum Sieg von Shiloh führte. Es war eine unerfahrene, unausgebildete Armee, obwohl einige ihrer Abteilungen schon harte Einsätze hinter sich hatten mit reichlich Gefechten in den Berglandschaften des westlichen Virginia und in Kentucky. Der Krieg war jung und Soldatsein ein neuer Industriezweig, den der junge Amerikaner jener Zeit nur unvollkommen verstand und in dem er manche Züge gar nicht nach seinem Geschmack fand; vor allem jenen wesentlichen Teil der Disziplin: Unterordnung. Für einen, der von Kindheit an mit der faszinierenden Täuschung getränkt wurde, daß alle Menschen gleich geboren seien, ist fraglose Unterordnung unter eine Autorität nicht leicht zu meistern, und der amerikanische Freiwillige »in seiner Jugend Maienblüte« zählt zu den schlimmsten Soldaten, die es gibt. So kam es, daß einer von Buells Männern, der Gemeine Bennett Story Greene, die Unbesonnenheit beging, seinen Offizier zu schlagen. Später im Krieg hätte er das nicht getan; wie Sir Andrew Aguecheek hätte er »ihn lieber erst verdammt gesehen«. Aber die Zeit zur Besserung seiner militärischen Manieren blieb ihm versagt: er wurde auf die Beschwerde des Offiziers hin sofort arretiert, vors Kriegsgericht gestellt und zum Tode durch Erschießen verurteilt.

»Du hättest mich verdreschen können und es dabei bewenden lassen«, sagte der verurteilte Mann zu dem klagenden Zeugen; »das hast du ja auch in der Schule immer getan, als du noch einfach Will Dudley warst und ich so gut wie du. Niemand hat gesehen, daß ich dich geschlagen habe; die Disziplin hätte nicht sehr gelitten.«

»Ben Greene, ich glaube, du hast recht«, sagte der Leutnant. »Kannst du mir vergeben? Ich bin gekommen, um dich darum zu bitten.«

Es gab keine Antwort, und ein Offizier, der seinen Kopf durch den Eingang des Wachtzeltes schob, in dem das Gespräch stattfand, erklärte, daß die für die Unterredung gewährte Zeit abgelaufen sei. Am nächsten Morgen, als vor der ganzen Brigade der Gemeine Greene von einer Abteilung seiner Kameraden erschossen wurde, wandte Leutnant Dudley der tristen Veranstaltung den Rücken und murmelte ein Gebet um Gnade, in das er sich selbst einschloß.

Wenige Wochen später, als Buells führende Division über den Tennessee gesetzt wurde, um bei der Unterstützung von Grants geschlagener Armee zu helfen, kam die Nacht, schwarz und stürmisch. Durch die Trümmer der Schlacht hatte die Division sich Zoll um Zoll zum Gegner vorgeschoben, der sich ein wenig zurückgezogen hatte, um seine Linien neu zu formieren. Abgesehen von Blitzen war die Dunkelheit vollständig. Nicht für einen Augenblick hörte es auf, und immer wenn der Donner nicht krachte und brüllte, hörte man das Stöhnen der Verwundeten, zwischen denen sich die Männer ihren Weg mit den Füßen ertasteten und über die sie in der Düsternis stolperten. Die Toten waren auch da – Tote gab es haufenweise.

Im ersten schwachen Morgengrauen, als die ausgeschwärmte Vorhut haltgemacht hatte, um wieder so etwas wie eine Schlachtordnung herzustellen, und als Plänkler nach vorn geworfen worden waren, kam der Befehl zum

Appell. Der Sergeant von Leutnant Dudleys Kompanie trat vor die Front und begann, die Männer in alphabetischer Ordnung aufzurufen. Er hatte keine Stammrolle bei sich, aber ein gutes Gedächtnis. Die Männer antworteten auf ihre Namen, und er arbeitete sich durch das Alphabet bis G vor.

»Gorham.«

»Hier!«

»Grayrock.«

»Hier!«

Das gute Gedächtnis des Sergeanten war durch Gewohnheit beeinflußt.

»Greene.«

»Hier!«

Die Antwort erfolgte klar, deutlich, unmißverständlich!

Eine plötzliche Bewegung, Unruhe die ganze Kompanie entlang wie von einem Stromstoß zeigte, wie sehr der Zwischenfall die Leute erschreckte. Der Sergeant erblaßte und hielt inne. Der Hauptmann kam schnell neben ihn und sagte scharf:

»Rufen Sie den Namen noch mal auf.«

Offenbar ist die Gesellschaft für Physikalische Forschungen nicht die erste auf dem Feld der Neugierde hinsichtlich des Unbekannten.

»Bennett Greene.«

»Hier!«

Alle Gesichter wandten sich in die Richtung der vertrauten Stimme; die beiden Männer, zwischen denen nach der Körpergröße Greene üblicherweise im Glied gestanden hatte, wandten sich um und starrten einander an.

»Noch mal«, befahl der unerbittliche Erforscher, und noch einmal kam – ein wenig zitternd – der Name des toten Mannes:

»Bennett Story Greene.«

»Hier!«

In diesem Augenblick hörte man einen einzelnen Gewehrschuß von der Front her und von jenseits der Plänklerlinie, gefolgt, fast begleitet vom wilden Zischen einer sich nähernden Kugel, die durch die Linie fuhr, hörbar einschlug und so den Ausruf des Hauptmanns, »Was zum Teufel soll das heißen?« mit einem Punkt versah.

Leutnant Dudley schob sich durch die Reihen von seinem Platz im Hintergrund vor.

»Es heißt dies«, sagte er, öffnete seinen Rock und ließ einen sich sichtbar ausbreitenden karmesinroten Flecken auf seiner Brust sehen. Seine Knie gaben nach; er sank unbeholfen zusammen und lag da, tot.

Ein wenig später wurde das Regiment aus der verstopften Front zurückgezogen, um sie zu entlasten, und kam durch einen Fehlzug im Spiel der Schlacht nicht mehr ins Feuer. Auch Bennett Greene, Experte für standrechtliche Erschießungen, gab seine Anwesenheit bei keiner weiteren je zu erkennen.

DIE MITBEWOHNER

»Wenn Sie den Zug nehmen wollen«, sagte Oberst Levering, der im Waldorf-Astoria-Hotel saß, »müssen Sie fast die ganze Nacht in Atlanta bleiben. Das ist eine schöne Stadt, aber ich rate Ihnen, nicht ins Breathitt House zu gehen, eines der größten Hotels. Es ist ein altes Holzgebäude und muß dringendst renoviert werden. In den Wänden sind Ritzen, durch die Sie eine Katze werfen könnten. Die Schlafzimmer haben keine Schlösser an den Türen, keine Möbel außer je einem einzigen Stuhl, und ein Bett ohne Bettzeug – nur eine Matratze. Und selbst bei dieser kargen Unterbringung können Sie nicht sicher sein, das Monopol zu besitzen; Sie müssen das Risiko eingehen, daß man Sie mit einer Menge anderer zusammen verstaut. Sir, das ist ein höchst abscheuliches Hotel.

Die Nacht, die ich da verbracht habe, war sehr unangenehm. Ich bin spät angekommen und zu meinem Zimmer im Erdgeschoß gebracht worden, von einem entschuldigungsreichen Nachtportier mit einer Talgkerze, die er mir zuvorkommend überließ. Mich hatten zwei Tage und eine Nacht harter Eisenbahnfahrt erschöpft, und ich hatte mich noch nicht ganz von einer Schußwunde im Kopf erholt, die sich aus einem Wortwechsel ergeben hatte. Statt mich also nach einem besseren Quartier umzusehen, habe ich mich auf die Matratze gelegt, ohne mich auszuziehen, und bin eingeschlafen.

Gegen Morgen erwachte ich. Der Mond war aufgegangen, schien durch das unverhängte Fenster und erhellte das Zimmer mit einem sanften bläulichen Licht, das irgendwie etwas gespenstisch wirkte, obwohl ich behaupten möchte, daß es keine ungewöhnliche Eigenschaft hatte; alles Mondlicht ist so, wenn man es genauer betrachtet. Stellen Sie sich meine Überraschung und meine Entrüstung vor, als ich sah, daß der Fußboden von mindestens einem Dutzend anderer Mitbewohner belegt war! Ich habe mich aufgesetzt und erbittert die Geschäftsführung dieses unmöglichen Hotels verflucht, und ich war im Begriff, aus dem Bett zu springen und dem Nachtportier die Hölle heiß zu machen – dem mit den apologetischen Manieren und der Talgkerze –, als irgend etwas an der Situation mich mit einem sonderbaren Widerwillen gegen Bewegung erfüllte. Ich war wohl, nehme ich an, was ein Geschichtenschreiber ›vor Entsetzen erstarrt‹ nennen würde. Diese Männer waren nämlich offenbar alle tot!

Sie lagen auf dem Rücken, ordentlich an drei Wänden des Zimmers aufgereiht, die Füße zur Wand – an der anderen Wand, am weitesten von der Tür, standen mein Bett und der Stuhl. Alle Gesichter waren bedeckt, aber die Züge der beiden Leichen, die in dem viereckigen Stück Mondlicht nahe beim Fenster lagen, zeichneten sich unter den weißen Tüchern mit scharfem Profil von Nase und Kinn ab.

Ich dachte, das ist ein schlechter Traum, und habe versucht zu schreien, wie man in einem Albtraum tut, aber ich konnte keinen Ton hervorbringen. Schließlich bin ich mit einer verzweifelten Anstrengung auf die Beine gesprungen und zwischen den beiden Reihen verhüllter Gesichter und den beiden Leichen neben der Tür hindurch aus diesem teuflischen Zimmer geflohen und zum Büro gerannt. Der Nachtportier war da, hinter seinem Pult, saß da im matten Licht einer anderen großen Kerze – saß da und starrte. Er ist nicht aufgestanden: Mein jähes Eintreten hatte auf ihn keinerlei Wirkung, obwohl ich selbst wie eine Leiche ausgesehen haben muß. Da ist mir aufgefallen, daß ich mir den Burschen vorher nicht genau angesehen hatte. Er war ein kleiner Kerl, mit einem farblosen Gesicht und den weißesten, leersten Augen, die ich je gesehen habe. Er hatte nicht mehr Ausdruck als der Rücken meiner Hand. Seine Kleidung war schmutzig grau.

›Verdammt noch mal!‹ sage ich; ›was soll das?‹

Dabei zittere ich aber wie ein Blatt im Wind und erkenne meine eigene Stimme nicht.

Der Nachtportier steht auf, verneigt sich (entschuldigend) und – naja, dann war er nicht mehr da, und im selben Moment fühle ich, wie sich von hinten eine Hand auf meine Schulter legt. Stellen Sie sich das vor, wenn Sie können! Unsagbar entsetzt drehe ich mich um und sehe einen behäbigen Herrn mit freundlichem Gesicht, der mich fragt:

›Was ist los, mein Freund?‹

Ich zögere nicht, es ihm zu erzählen, aber noch ehe ich zum Ende komme, wird er selbst bleich. ›Hören Sie‹, sagt er, ›sagen Sie auch die Wahrheit?‹

Ich habe mich inzwischen gefaßt, und Entsetzen ist der Entrüstung gewichen. ›Wenn Sie wagen, daran zu zweifeln‹, sage ich, ›prügle ich Ihnen die Seele aus dem Leib!‹

›Nicht doch‹, sagt er, ›tun Sie das nicht; setzen Sie sich hin und lassen Sie mich erzählen. Das hier ist kein Hotel. Es war mal eins; dann wurde es ein Lazarett. Jetzt steht es leer und wartet auf einen neuen Pächter. Das Zimmer, von dem Sie erzählt haben, war die Leichenkammer – es gab immer viele Tote. Der Kerl, den Sie den Nachtportier nennen, war das früher, aber später hat er die Patienten registriert, wie sie hereingebracht wurden. Ich verstehe nicht, daß er hier ist. Er ist seit ein paar Wochen tot.‹

›Und wer sind Sie?‹ stoße ich hervor.

›Ooch, ich kümmere mich um alles. Ich bin gerade vorbeigekommen, habe Licht gesehen und bin eingetreten, um mich zu vergewissern. Lassen Sie uns einen Blick in das Zimmer werfen‹, fügt er hinzu und nimmt die spuckende Kerze vom Pult.

›Lieber treff ich Sie in der Hölle!‹ sage ich und springe durch die Tür auf die Straße.

Sir, das Breathitt-Hotel in Atlanta ist ein scheußlicher Ort! Steigen Sie da nicht ab.«

»Gott bewahre! Ihr Bericht verheißt wirklich nicht viel Behaglichkeit. Übrigens, Oberst, wann hat sich das alles abgespielt?«

»Im September 1864 – kurz nach der Belagerung.«

JUPITER DOKE, BRIGADEGENERAL

Der Kriegsminister an den Ehrenwerten Jupiter Doke, Hardpan Crossroads, Posey County, Illinois

WASHINGTON, den 3. November 1861

Im Vertrauen auf Ihren Patriotismus und Ihre Fähigkeiten hat der Präsident geruht, Sie zum Brigadegeneral der Freiwilligen zu ernennen. Nehmen Sie an?

Der Ehrenwerte Jupiter Doke an den Kriegsminister

HARDPAN, ILLINOIS, den 9. November 1861

Dies ist der stolzeste Augenblick meines Lebens. Das Amt ist eines, das man weder begehren noch ablehnen sollte. In Zeiten, die des Mannes Seele prüfen, kennt der Patriot nicht Nord, nicht Süd, nicht Ost, nicht West. Sein Motto sollte sein »Mein Vaterland, mein ganzes Vaterland und nichts als mein Vaterland.« Ich nehme das große Vertrauen an, das mir ein freies und intelligentes Volk darbringt, und werde, fest auf die Grundsätze verfassungsmäßiger Freiheit gestützt und die Leitung einer allweisen Vorsehung herbeiflehend, der Herrscherin der Nationen, alles daran setzen, mich seiner würdig zu erweisen, daß kein Fleck auf meinem politischen Ehrenschild davon bleibe. Berichten Sie Seiner Exzellenz, dem Nachfolger des unsterblichen Washington auf dem Thron der Macht, daß ich die mit meinem Amt verbundene Stellenvergabe ausschließlich im Hinblick auf das größte

Wohl der größten Anzahl, die Stabilität der republikanischen Institutionen und den Triumph der Partei bei allen Wahlen handhaben werde; und dafür verpfände ich mein Leben, mein Vermögen und meine heilige Ehre. Ich werde sofort eine angemessene Antwort auf die Rede des Vorsitzenden jenes Ausschusses vorbereiten, der abgeordnet ist, mich von meiner Ernennung zu unterrichten, und ich bin sicher, daß die darin ausgedrückte Gesinnung eine mitschwingende Saite im Herzen der Bevölkerung erklingen machen und überdies die Billigung der Regierung finden wird.

Der Kriegsminister an Generalmajor Blount Wardorg, Befehlshaber des Militärbezirks Ostkentucky

WASHINGTON, den 14. November 1861

Ich habe Brigadegeneral Jupiter Doke Ihrem Bezirk zugewiesen; er wird in Kürze nach Distilleryville am Little Buttermilk River reisen, dort das Kommando über die Illinois-Brigade übernehmen und bei Ihnen schriftlich um Befehle einkommen. Ist die Strecke von Covington über Bluegrass, Opossum Corners und Horsecave immer noch von Heckenschützen geplagt, wie Sie in Ihrer letzten Depesche berichteten? Ich habe einen Plan, um sie auszuräuchern.

Generalmajor Blount Wardorg an den Kriegsminister

LOUISVILLE, KENTUCKY,
den 20. November 1861

Name und Verdienste von Brigadegeneral Jupiter Doke sind mir unbekannt, doch wird es mir ein Vergnügen sein, mir seine Fähigkeiten zunutze zu machen. Die Strecke von Covington nach Distilleryville *via* Opossum Corners und Horsecave mußte ich dem Feind überlassen, dessen Guerilla-Kriegführung es ihm ermöglichte, sie offen zu halten, ohne allzu viele Truppen von der Front abzuziehen. Die Brigade in Distilleryville wird per Dampfschiff den Little Buttermilk hinauf versorgt.

Der Kriegsminister an Brigadegeneral Jupiter Doke, Hardpan, Illinois

WASHINGTON, den 26. November 1861

Ich bedaure zutiefst, daß Ihr Offizierspatent bereits per Post befördert worden ist, ehe noch Ihre Annahmeerklärung eintraf; daher müssen wir auf die Formalität Ihrer offiziellen Unterrichtung durch einen Ausschuß verzichten. Der Präsident ist zutiefst befriedigt über die edle und patriotische Einstellung Ihres Briefes und ordnet an, daß Sie sich sofort zu Ihrem Kommando in Distilleryville, Kentucky, begeben und von dort aus schriftlich bei Generalmajor Wardorg in Louisville um Befehle einkommen. Es ist wichtig, daß die strengste Geheimhaltung betreffend Ihre Bewegungen gewahrt bleibt, bis Sie Covington passiert haben, da es wünschenswert ist, den Feind vor Distilleryville festzuhalten, bis Sie nurmehr drei Tage von ihm entfernt sind. Wenn Ihr Kommen dann bekannt wird, dient es als eine Demonstration gegen seine Rechte und wird ihn veranlassen, sie durch seine Linke zu verstärken, die jetzt bei Memphis, Tennessee, steht, das zuerst zu nehmen wünschenswert ist. Reisen Sie über Bluegrass, Opossum Corners und Horsecave. Alle Offiziere haben in voller Uniform zu reisen, wenn *en route* zur Front.

Covington, Kentucky, den 7. Dezember 1861

Ich bin gestern hier angekommen, und ich habe mit meiner Stellvertretung Joel Briller betraut, Hochwohlgeboren, Vetter meiner Frau und unerschütterlicher Republikaner, der Posey County im Feld und auf dem Forum würdig vertreten wird. Er weist mit Stolz einen makellosen Ruf in den Hallen der Gesetzgebung auf, die oftmals widerhallten von seiner seelenbewegenden Beredsamkeit zu Fragen, die die Grundlagen selbst einer volksnahen Regierung betreffen. Er wird der Patrick Henry von Hardpan genannt, wo er der Sache der bürgerlichen und religiösen Freiheiten die getreuesten Dienste geleistet hat. Mr. Briller reiste gestern abend nach Distilleryville ab, und der Bannerträger der demokratischen Horden, die jenes Bollwerk der Freiheit berennen, wird in ihm einen Löwen auf seinem Weg finden. Ich wurde aufgefordert, hier zu verweilen und einige Ansprachen an das Volk in Sachen eines örtlichen Zwistes zu halten, der Fragen von der überragendsten Bedeutung betrifft. Nach Erfüllung dieser Pflicht werde ich persönlich die Arena der bewaffneten Debatte betreten, mich in Richtung auf das heftigste Feuer bewegen und dabei alle meine Schiffe hinter mir verbrennen. Ich übermittle mit gleicher Post Seiner Exzellenz, dem Präsidenten, ein Ersuchen, meinen Sohn Jabez Leonidas Doke zum Postmeister von Hardpan zu ernennen. Ich würde es, Sir, als großen Gunstbeweis erachten, wenn Sie den Antrag nach Kräften durch Fürsprache unterstützten, da diese Ernennung der Reform dienlich ist. Seien Sie so liebenswürdig, mich zu unterrichten, woraus die Einkünfte des Amtes bestehen, das ich im militärischen Bereich innehabe, und ob sie als Gehalt oder auf Abrechnung gezahlt werden. Gibt es irgendwelche Nebeneinkünfte? Meine Reisekostenabrechnung wird monatlich übermittelt werden.

Brigadegeneral Jupiter Doke an Generalmajor Blount Wardorg

Distilleryville, Kentucky,
den 12. Januar 1862

Ich erreichte das bezeltete Feld gestern per Dampfschiff, da die jüngsten Stürme die Landschaft überschwemmt haben und nun, wie ich vernahm, den größeren Teil eines Kongreßbezirks bedecken. Ich stelle mit Schmerzen fest, daß von Joel Briller, Hochwohlgeboren, einem hervorragenden Bürger von Posey County, Illinois, und einem weitblickenden Staatsmann, der meine Vertretung innehat und der bereits vor einem Monat gegen die Tore der Uneinigkeit hätte donnern sollen, nichts gehört wurde und daß er zweifellos auf dem Altar seines Vaterlandes geopfert ward. Mit ihm verliert das amerikanische Volk ein Bollwerk der Freiheit. Ich möchte respektvoll anregen, daß Sie einen Ausschuß benennen, um Resolutionen zur Ehrung seines Andenkens aufzusetzen, und daß die Amtsinhaber und Männer unter Ihrer Befehlsgewalt die übliche Trauerbinde für dreißig Tage tragen. Ich selbst werde mich sofort an die Spitze der hiesigen Angelegenheiten stellen und bin nunmehr bereit, mich aller Vorschläge anzunehmen, die Sie zu unterbreiten haben, im Bestreben, eine bessere Verwirklichung der Gesetze in diesem Gemeinwesen durchzusetzen. Die militanten Demokraten auf der anderen Seite des Flusses scheinen extreme Maßnahmen zu erwägen. Sie haben zwei große Kanonen, die nach hier gerichtet sind, und gestern morgen, wurde mir berichtet, kamen einige von ihnen zum Ufer hinab und verweilten dort für einige Zeit in Sitzung, wobei sie niederträchtige Ausführungen machten.

Aus dem Tagebuch von Brigadegeneral Jupiter Doke, zu Distilleryville, Kentucky

12. Januar 1862. – Bei meiner gestrigen Ankunft im Henry-Clay-Hotel (benannt zu Ehren des verblichenen weitsichtigen Staatsmannes) wurde ich von einer Delegation erwartet, die aus den drei Obersten bestand, denen das Kommando der Regimenter meiner Brigade anvertraut ist. Es war dies eine Gelegenheit, die in den politischen Annalen Amerikas denkwürdig bleiben wird. Ich schickte Kopien der Reden an den Posey-*Maverick*, damit sie in die Geschichtsschreibung der Zeiten eingehen. Die Ehrenmänner, aus denen die Delegation bestand, bekräftigten einstimmig ihre Ergebenheit gegenüber den Grundsätzen der nationalen Einheit und der Republikanischen Partei. Erfreut, in ihnen Männer von politischer Prominenz mit unbefleckten Ehrenschilden zu erkennen. Beim anschließenden Bankett wurden Gefühle der hehrsten Vaterlandsliebe zum Ausdruck gebracht. Schrieb an Mr. Wardorg zu Louisville um Instruktionen.

13. Januar 1862. – Habe einen herausragenden Wohnsitz (der frühere Pfründner ist abwesend unter Waffen wider sein Vaterland) auf ein Jahr gemietet und sofort um Frau Brigadegeneral Doke zunebst Leibessprossen geschrieben – mit Ausnahme von Jabez Leonidas. Im gegenüberliegenden Lager des Verrats sollen dreitausend Verleitete die Axt an die Wurzeln des Freiheitsbaumes legen. Sie haben eine klare Mehrheit, da viele unserer Männer ohne Erlaubnis in ihre

Wahlkreise zurückgekehrt sind. Wir könnten wahrscheinlich nicht mehr als zweitausend Stimmen bekommen. Habe meine Regimentschefs angewiesen, eine Liste der Verbliebenen zu erstellen und alle Abtrünnigen aus der Phalanx zu streichen.

14. Januar 1862. – Schrieb dem Präsidenten und bat um Kontrakt, dieses Kommando mit Feuerwaffen und Ausrüstungen durch meinen Schwager versorgen zu lassen, der hervorragend mit den industriellen Interessen des Landes verbunden ist. Club von Kanonen-Soldaten in Jayhawk eingetroffen, drei Meilen hinter uns, auf dem Weg, sich in unsere Schlachtordnung einzugliedern. Ließ meine ganze Brigade nach Jayhawk marschieren, um sie in die Stadt zu geleiten, aber ihr Vorsitzender, der uns als Gegenpartei verkannte, eröffnete das Feuer auf die Spitze des feierlichen Zuges und erschreckte durch das außerordentliche Geräusch der Kanonenkugeln (davon hatte ich keine Vorstellung!) mein Pferd so sehr, daß ich ohne Turnier aus dem Sattel gehoben wurde. Das Treffen vertagte sich in Tumult, und wieder im Lager stellte ich fest, daß eine Abordnung des Feindes den Fluß in unserer Abwesenheit überquert und eine Teilung der Brote und Fische vorgenommen hatte. Schrieb an den Präsidenten, wg. Bewerbung um den Stuhl des Gouverneurs vom Territorium Idaho.

Aus dem Leitartikel des Maverick, *Posey/Illinois, vom 20. Januar 1862*

Brigadegeneral Dokes erregender Bericht (vgl. diese Ausgabe) über die Schlacht von Distilleryville wird das Herz jedes loyalen Illinoisiers vor Frohlocken höher schlagen lassen. Die brillante Heldentat ist ein Markstein in der Militärgeschichte und, wie General Doke feststellt, »begründet tief und breit das Fundament amerikanischer Kriegskunst«. Da von den beteiligten Truppen, mit Ausnahme des tapferen Verfassers und Feldherrn (er allein schon ein ganzes Heer) niemand aus Posey County stammt, ist er mit Recht der Auffassung, daß eine Liste der Gefallenen lediglich unseren kostbaren Platz wegnehmen würde zu Lasten wichtigerer Dinge, doch sein Bericht über die Kriegslist, wie er scheinbar sein Lager verließ und so einen perfiden Feind hineinlockte, der mit der Absicht eindrang, die Kranken abzuschlachten, den unglückseligen Widerstand zu Jayhawk, den anschließenden kühnen Sturmangriff auf einen in der Falle sitzenden Feind, berauscht von einem eingebildeten Erfolg, wobei dessen furchterfüllte Legionen über einen unpassierbaren Fluß getrieben wurden, der eine Verfolgung unmöglich machte – all diese »bewegenden Ereignisse zu Wasser und zu Lande« werden mit feuriger Feder berichtet und besitzen das ganze schaurige Interesse eines Abenteuerromans.

Wahrlich, Wahrheit ist wundersamer als Dichtung und die Feder mächtiger als das Schwert. Wenn durch die beschreibende Macht jener Kunst, die alle anderen Künste birgt, wir von Angesicht zu Angesicht vor so ruhmreichen Begebenheiten wie dieser stehen, erscheint das Unterfangen des *Maverick*, für seine Tausende von Lesern die Dienste eines so hervorragenden Beiträgers wie des Großen Feldherrn zu sichern, der die Geschichte sowohl machte als auch schrieb, fast eine Angelegenheit von zweitrangiger Bedeutung. 1864 werde (einen entsprechenden Beschluß des republikanischen Nationalkonvents vorausgesetzt) Brigadegeneral Jupiter Doke aus Illinois Präsident!

Generalmajor Blount Wardorg an Brigadegeneral Jupiter Doke

LOUISVILLE, den 22. Januar 1862

Ihr Brief, der mir Ihr Eintreffen in Distilleryville meldete, wurde bei der Übermittlung verzögert und erreichte mich soeben erst (geöffnet) dank der Höflichkeit des konföderierten Abschnittskommandeurs unter einer Waffenstillstandsflagge. Er bittet mich, Sie zu versichern, daß er es als einen Akt der Grausamkeit betrachten würde, Sie zu behelligen, und das glaube ich auch. Nehmen Sie inzwischen auf jeden Fall eine drohende Haltung ein, aber ziehen Sie sich beim leisesten Druck zurück. Ihre Stellung ist einfach die eines Vorpostens, von der man nicht erwartet, daß sie gehalten wird.

Generalmajor Blount Wardorg an den Kriegsminister

LOUISVILLE, den 23. Januar 1862

Ich habe zuverlässige Nachrichten, daß der Feind zwanzigtausend Mann aller Waffengattungen am Little Buttermilk konzentriert hat. Entsprechend Ihren Anweisungen kommandiert General Doke die kleine Brigade unerfahrener Truppen, die ihnen gegenübersteht. Es entspricht nicht meinem Plan, dem Vormarsch des Feindes an dieser Stelle Widerstand zu leisten, doch kann ich die Verantwortung für irgendwelche Niederlagen der genannten Brigade unter ihrem gegenwärtigen Kommandeur nicht übernehmen. Ich halte ihn für einen Trottel.

Der Kriegsminister an Generalmajor Blount Wardorg

WASHINGTON, den 1. Februar 1862

Der Präsident hat großes Vertrauen zu General Doke. Wenn Sie ihn jedoch richtig einschätzen, so scheint er da, wo er jetzt ist, besonders richtig am Platze zu sein, da Ihre Pläne offenbar erhebliche Opfer für welchen erwarteten Gewinn auch immer vorsehen.

Brigadegeneral Jupiter Doke an Generalmajor Blount Wardorg

DISTILLERYVILLE, den 1. Februar 1862

Morgen werde ich mein Hauptquartier nach Jayhawk zurückverlegen, um den Weg zu weisen, wann immer meine Brigade sich aus Distilleryville zurückzieht, wie das Ihr Brief vom 22. vor. Mon. ja bereits andeutet. Ich habe einen Rückzugsausschuß gebildet und übermittle Ihnen das Protokoll seiner ersten Sitzung. Sie werden bemerken, daß der Ausschuß ordnungsgemäß gebildet wurde durch die Wahl eines Vorsitzenden und eines Schriftführers; eine (von mir selbst vorbereitete) Resolution wurde verabschiedet des Inhalts, daß, wenn Verrat erneut sein widerliches Haupt auf dieser Seite des Flusses erhebt, jeder Mann der Brigade ein Maultier zu besteigen und daß der Zug sich unversäumt in Richtung Louisville und den loyalen Norden in Bewegung zu setzen hat. In Vorbereitung auf einen solchen Notstand habe ich seit einiger Zeit Maultiere von den ansässigen Demokraten eingesammelt und verfüge nun über zweitausenddreihundert auf einem Feld bei Jayhawk. Ewige Wachsamkeit ist der Preis der Freiheit!

Generalmajor Gibeon J. Buxter, Konföderierte Staaten von Amerika, an den konföderierten Kriegsminister

Bung Station, Kentucky,
den 4. Februar 1862

In der Nacht des 2. ds. ging unsere gesamte Streitmacht, bestehend aus 25000 Mann und zweiunddreißig Feldgeschützen, unter dem Kommando von Generalmajor Simmons B. Flood, über eine Furt auf das Nordufer des Little Buttermilk River drei Meilen vor Distilleryville und zog in schräger Richtung flußab- und landeinwärts, um die Covington-Überlandstraße bei Jayhawk zu erreichen; mit dem Ziel, wie Sie wissen, Covington zu nehmen, Cincinnati zu zerstören und das Tal des Ohio zu besetzen. Seit Monaten gab es vor unserer Front lediglich eine kleine Brigade undisziplinierter Truppen, offenbar ohne Befehlshaber, die für uns nützlich waren, da wir, indem wir sie nicht behelligten, den Eindruck unserer Schwäche hervorrufen konnten. Da sie durch unseren Marsch auf Jayhawk abgeschnitten war, wollte ich eben ein Alabama-Regiment abkommandieren, um sie gefangenzunehmen, meine Division war an der Spitze, als ein erderschütterndes Rumpeln zu fühlen und zu hören war, und plötzlich wurde die Kolonne an der Spitze von einem jener schrecklichen Wirbelstürme getroffen, für die diese Gegend berüchtigt ist, und vollkommen vernichtet. Der Wirbelsturm scheint die ganze Länge des Marschweges zurück zur Furt entlanggetobt zu sein und zerstreute oder zerstörte unsere gesamte Armee; doch bin ich mir dessen nicht sicher, da ich bewußtlos vom Boden aufgehoben und zurück auf das südliche Ufer des Flusses geblasen wurde. Ständiges Feuern am Nordufer und der Bericht jener unserer Männer, die die Furt zurück überqueren konnten, haben mich überzeugt, daß die Yankee-Brigade die kampfunfähigen Überlebenden ausgelöscht hat. Unsere Verluste waren ungewöhnlich schwer. Bei meiner eigenen Division von 15 000 Mann Infanterie belaufen sich die Verluste – gefallen, verwundet, gefangen und vermißt – auf 14 994. Von General Dolliver Billows' Division mit einer Stärke von 11 200 Mann kann ich lediglich zwei Offiziere und einen Nigger-Koch finden. Von den 800 Mann Artillerie hat sich niemand auf dieser Seite des Flusses gemeldet. General Flood ist tot. Ich habe das Kommando über das Expeditionsheer übernommen, es jedoch angesichts der schweren Verluste für ratsam erachtet, meine Nachschublinien so schnell wie möglich zu verkürzen. Ich werde morgen sehr früh nach Süden stoßen. Die Feldzugsziele konnten bisher nur teilweise erreicht werden.

Generalmajor Dolliver Billows, Konföderierte Staaten von Amerika, an den konföderierten Kriegsminister

Buhac, Kentucky, den 5. Februar 1862

... Aber sie waren während des 2. ohne unser Wissen durch 50 000 Mann Kavallerie verstärkt worden, und da sie von unseren Bewegungen durch einen Spion unterrichtet waren, hatte sich dieses ungeheure Korps in der Dunkelheit bei Jayhawk zusammengezogen, und als die Spitze unserer Kolonne gegen 11 Uhr abends den Punkt erreichte, fiel es über sie mit erstaunlicher Wut her und vernichtete die Division von General Buxter im Nu. General Baumschanks Artilleriebrigade, die bei der Nachhut war, könnte entkommen sein – ich habe aber nicht gewartet, um mich davon zu überzeugen, sondern zog meine Division zum Fluß zurück an eine Stelle einige Meilen oberhalb der Furt und setzte sie bei Tageslicht über auf einer Fähre aus zwei mit einem Hosenträger zusammengebundenen Zaunpfählen. Ihre Verluste betragen bei einer Effektivstärke von 11200 Mann 11199. General Buxter ist tot. Ich verlege meine Ausgangsstellung nach Mobile, Alabama.

Brigadegeneral Schneddeker Baumschank, Konföderierte Staaten von Amerika, an den konföderierten Kriegsminister

IODINE, KENTUCKY, den 16. Februar 1862

... Un dann passierte was, ich weiß nich was – was ganz Großes aber nich Kriech – un nach ne kleine Weile find ich mir in diesen Platz ohne ein Ferd un mit kein Mann und keine Kanone. Jeneral Bielos is todt. Sein Sie so gut mir zu entlassen – ich kämpf nich mehr in ein verfluchtes Land wo ich Prügel bekomm un nich weiß wie.

Beschlüsse des Kongresses vom 15. Februar 1862

Beschlossen, Daß der Dank des Kongresses gebührt und hiermit ausgesprochen wird Brigadegeneral Jupiter Doke und den tapferen Männern unter seinem Kommando ob ihrer beispiellosen Heldentat, selbst nur 2000 Mann stark eine Armee von 25000 Mann anzugreifen und sie vollständig aufzureiben, wobei sie 5327 Mann töteten, 19003 gefangennahmen, von denen über die Hälfte verwundet waren, 32 Kanonen erbeuteten sowie 20000 Handfeuerwaffen und, kurz gesagt, die gesamte Ausrüstung des feindlichen Regiments.

Beschlossen, Daß ob dieses beispiellosen Sieges der Präsident ersucht wird, einen Tag der Danksagung und der öffentlichen Feier religiöser Riten der verschiedenen Kirchen festzusetzen.

Beschlossen, Daß er ersucht werde, zur weiteren Erinnerung an das große Ereignis und in Würdigung der tapferen Herzen, deren Taten den amerikanischen Waffen so unvergänglichen Glanz verliehen, mit Rat und Zustimmung des Senats die Ernennung des folgenden Offiziers auszusprechen:

Eines Generalmajors.

Erklärung von Mr. Hannibal Alcazar Peyton, aus Jayhawk, Kentucky

Das war ne verdammich schwarze Nacht, klar, un meine alten Augen sin nich mehr viel wert, aber ich hab Ohrn wien Eichkater, un wenn ich s Murmeln von Stimm hör, weiß ich, die gehörn zur Bande vonne annere Seite vom Fluß. Na ich rein ins Haus un weck Boß Doke un sach ihm: »Raus hier ums Lehm!« Un bei Gott geht der Mann ins Hemde durchs Fenster un quer durch de Maultiere! Un die dreiunzwanzich Hunnert Maultiere die denkn, s wär der Deubel mitn Brandeisen un brechen aussen Ferch wien Erdbeben un krachen inne obere Furtstraße un donnern se runter fünwe tief un die is voll mit Konföderierte von das eine Ende zum annern! ...

DIE GESCHICHTE DES MAJORS

In den Tagen des Bürgerkrieges waren, glaube ich, Streiche noch nicht in den Verruf geraten, der sie heute kennzeichnet. Das war zweifellos die Folge unserer extremen Jugendlichkeit – Männer waren sehr viel jünger als heute, und der sehr junge Mann schlägt immer über die Stränge und neigt zu Schabernack. Sie können sich nicht vorstellen, wie jung die Männer in den frühen Sechzigern waren! Das Durchschnittsalter der gesamten Unionsarmee lag nicht über fünfundzwanzig, ich bezweifle, daß es über dreiundzwanzig lag, aber da ich keine Statistiken hierzu habe (falls es die überhaupt gibt), will ich bescheiden bleiben: Sagen wir also fünfundzwanzig. Es stimmt, daß ein Mann von fünfundzwanzig in jener heroischen Zeit bei weitem mehr Mann war als einer dieses Alters heute; man sah das, wenn man ihn anschaute. Sein Gesicht hatte nichts von jener Unreife, die an seinem Nachfolger so auffällig ist. Ich sehe heute keinen jungen Burschen, ohne zu bemerken, wie unangenehm jung er wirklich ist; aber während des Krieges dachten wir nie an das Alter eines Mannes, es sei denn, er war wirklich schon sehr weit im Leben vorangeschritten. In dem Fall konnte man nichts tun, denn die Unersprießlichkeit des Alters griff die menschliche Verfassung damals viel früher an als heute; das Ergebnis, vermute ich, harten Dienstes – vielleicht auch in gewissem Ausmaß harten Trinkens, denn bei Gott! wir vergossen das Blut von Beere und Ähre während des Krieges im Übermaß. Ich erinnere mich, daß ich General Grant, der damals kaum über vierzig gewesen sein kann, angesichts seiner Gewohnheiten für einen ziemlich guterhaltenen alten Knaben hielt. Was Männer mittleren Alters angeht – so zwischen fünfzig und sechzig –, also, die sahen aus, daß sie im Museum die Letzten der Hethiter oder den Methusalem von Madagaskar hätten darstellen können. Verlassen Sie sich drauf, meine Freunde, Männer jener Zeit waren viel jünger als Männer heute, sahen aber viel älter aus. Die Veränderung ist sehr bemerkenswert.

Ich sagte, daß Streiche damals noch nicht aus der Mode gekommen waren. Wenigstens nicht in der Armee; möglicherweise hatten sie im ernsthafteren Leben der Zivilisten keinen Platz außer in der Form von Teeren und Federn und gelegentlich einem »Kupferkopf«. Sie alle wissen, nehme ich an, was ein »Kupferkopf« war, und deshalb will ich direkt an meine Geschichte gehen ohne einleitende Bemerkungen, wie das so meine Art ist.

Es war wenige Tage vor der Schlacht bei Nashville. Der Feind hatte uns aus Nordgeorgia und Alabama rausgeschmissen. Bei Nashville hatten wir auf dem Absatz kehrtgemacht und uns verschanzt, während der alte Pap Thomas, unser Kommandeur, Verstärkungen und Nachschub von Louisville runterjagte. In der Zwischenzeit hatte Hood, der konföderierte Kommandeur, uns teilweise eingeschlossen und war nahe genug, um Granaten ins Herz der Stadt zu schleudern. Normalerweise tat er das nicht – er hatte Angst, nehme ich an, die Familien seiner eigenen Soldaten zu töten, von denen viele hier gelebt hatten. Manchmal habe ich mich gefragt, was wohl die Gefühle dieser Jungs waren, die über unsere Köpfe hinweg auf ihre eigenen Häuser starrten, wo ihre Frauen und Kinder oder ihre alten Eltern vielleicht unter Lebensmittelknappheit, bestimmt aber (werden sie gedacht haben) unter der

Tyrannei und Gewalt der barbarischen Yankees leiden mußten.

Fangen wir also mit dem Anfang an. Ich tat damals Dienst beim Stab eines Divisionskommandeurs, dessen Namen ich nicht nennen werde, weil ich Tatsachen berichte, und der Mann, der davon am meisten belastet wird, könnte überlebende Verwandte haben, die keinen Wert darauf legen, daß man ihm auf die Spur kommt. Unser Hauptquartier war in einem großen Gebäude unmittelbar hinter unseren Befestigungswerken. Die zivilen Eigentümer hatten es hastig geräumt und fast alles einfach stehen und liegen gelassen – die hatten vermutlich keinen Platz, um es zu verstauen, und haben darauf gebaut, daß der Himmel es vor der Habgier der Union und vor der konföderierten Artillerie schützt. Was letzteres angeht, waren wir genauso besorgt wie sie.

Als wir eines Abends in einigen der Zimmer und Schränke herumkramten, haben ein paar von uns Frauenkleider im Überfluß gefunden. Roben, Schals, Hauben, Hüte, Unterröcke und Gott weiß was alles; ich hätte damals nicht die Hälfte davon beim Namen nennen können. Der Anblick von all diesem hübschen Plunder hat einen von uns auf etwas gebracht, was er eine »Idee« zu nennen beliebte und was, als er es den anderen Halunken und Taugenichtsen des Stabes unterbreitete, sofort begeisterte Zustimmung fand. Wir haben uns umgehend darangemacht, es zu verwirklichen; zum Verderben eines unserer Kameraden.

Unser auserwähltes Opfer war ein Adjutant; nennen wir ihn Leutnant Haberton. Ein guter Soldat – ein so tapferer Kerl, wie nur je einer Sporen trug; aber er hatte eine unerträgliche Schwäche: er war Schürzenjäger und legte wie die meisten von der Sorte sogar zu der Zeit Wert darauf, daß alle davon erfuhren. Er wurde nie müde, von seinen amourösen Unternehmungen zu berichten, und ich brauche nicht zu betonen, wie scheußlich derlei Geschichten für alle außer dem Erzähler sind. Sie sind selbst dann scheußlich, wenn sie spritzig und lebhaft sind; alle Männer sind ja Rivalen um die Gunst der Frauen, und die eigenen Erfolge einem anderen Mann berichten heißt, in ihm einen dumpfen Widerwillen erwecken, gemildert durch seinen Unglauben. Sie können ihn nicht überzeugen, daß Sie ihm die Geschichte erzählen, um ihn zu unterhalten; er wird aus ihr nichts anderes hören als den Ausdruck Ihrer Eitelkeit. Außerdem wird er, da alle Männer, ob Wüstling oder nicht, als Wüstlinge angesehen werden wollen, höchstwahrscheinlich eine dumme und ungerechte Vermutung übel vermerken, die Sie nach seiner Meinung aus seiner eigenen Zurückhaltung hinsichtlich seiner Abenteuer gezogen haben – daß er nämlich keine gehabt hat. Wenn er aber hierbei keine Skrupel hat und seine Zurückhaltung lediglich auf Mangel an Gelegenheit zu erzählen beruht, oder auf Ungeschicklichkeit, sie wahrzunehmen, na ja, dann wird er sauer sein, weil Sie »das Wort haben«, wo er es doch selber gern hätte. Kurz gesagt gibt es keine Gelegenheit, bei der ein Mann mit dem besten oder gar keinem Motiv über die Heldentaten seines Liebeslebens berichten kann, ohne sich in der Achtung seines männlichen Zuhörers herabzusetzen; und das ist eine gerechte Strafe für alle, die küssen und darüber reden. In meinen jungen Jahren war auch ich nicht ganz chancenlos bei Damen, und mein Gedächtnis ist voll von vielem, was sie betrifft, woraus ich zweifellos eine annehmbare Geschichte machen könnte, wenn ich nicht etwas anderes erzählen wollte und wenn es nicht meine Art wäre, immer nur eine Sache gleichzeitig zu erzählen und dabei geradewegs ohne Abschweifungen auf den Schluß zuzugehen.

Leutnant Haberton war, das muß man einräumen, ein selten schöner Mann mit angenehmen Manieren. Er war, vermute ich, wenn ich vom unvollkommenen Standpunkt meines Geschlechts urteile, was Frauen »faszinierend« nennen. Nun haben die Eigenschaften, die einen Mann für Frauen anziehend machen, einen doppelten Nachteil. Einmal werden diese Eigenschaften mühelos von anderen Männern erkannt, und vor allem von denen, die sie nicht besitzen. Ihr Besitzer, da sie alle ihn fürchten, wird von ihnen in Selbstverteidigung verleumdet. Allen Damen gegenüber, für deren Wohlergehen sie sich selbst ein Recht auf Stimme und Interesse zubilligen, deuten sie die Laster und die allgemeine Unwürdigkeit des »Frauenlieblings« in keineswegs undeutlichen Worten an, und ihren Frauen erzählen sie schamlos die ungeheuerlichsten Lügen über ihn. Auch hält die Erwägung sie nicht zurück, daß er ihr Freund ist; die Eigenschaften, die ihre eigene Bewunderung hervorgerufen haben, machen es nötig, all jene durch Warnungen zu verscheuchen, denen die Verlockung gefährlich werden würde. Deshalb muß der Mann von bezaubernder Persönlichkeit, während alle Damen, die ihn gut, aber nicht zu gut kennen, ihn lieben, mit all seiner Seelenstärke das Bewußtsein ertragen, daß die anderen, die ihn nur »dem Ruf nach« kennen, ihn als schamlosen Verworfenen betrachten, als lasterhaften und unwürdigen Mann – den Typ und das Beispiel moralischer Verkommenheit. Und dies ist der zweite Nachteil, der seinem Zauber auferlegt ist: Meist ist er genau das.

Um mit unserer heutigen Geschichte fortzufahren (und ich finde, eine einmal begonnene Geschichte darf keiner Hinderung unterliegen), muß ich erklären, daß ein unserem Hauptquartier als Ordonnanz attachierter junger Kerl nach Gesicht und Gestalt besonders mädchenhaft wirkte. Er war höchstens siebzehn und hatte ein vollkommen glattes Gesicht und große schimmernde Augen, um die ihn manche schöne Frau in jenen Tagen beneidet haben muß. Und wie schön die Frauen damals waren! und wie anmutig! Die aus dem Süden zeigten in ihrem Verhalten gegenüber uns Yankees einige *hauteur*, aber ich für meinen Teil fand die weniger unerträglich als die bemühte Gleichgültigkeit, mit der Aufmerksamkeiten von den Damen dieser neuen Generation entgegengenommen werden, die für mein Empfinden zweifellos weder Gefühl noch Feinfühligkeit haben.

Diese junge Ordonnanz namens Arman haben wir überredet – mit Argumenten, die ich nicht nennen mag –, sich in Frauengewänder zu hüllen und eine Dame darzustellen. Nachdem wir ihn zu unserer Zufriedenheit ausstaffiert hatten – und was für ein bezauberndes Mädchen er war –, haben wir ihn zu einem Sofa im Büro des Stabsadjutanten geleitet. Dieser Offizier war eingeweiht, wie übrigens alle außer Haberton und dem General; in der ehrfurchtgebietenden Würde, die den letzteren umschloß, staken Möglichkeiten der Mißbilligung, denen wir nicht die Stirn bieten mochten.

Als alles vorbereitet war, bin ich zu Haberton gegangen und habe gesagt: »Leutnant, im Büro des Stabsadjutanten ist eine junge Frau. Sie ist die Tochter des rebellischen Gentleman, dem dieses Haus gehört, und ist, glaube ich, gekommen, um sich die momentane Nutzung anzusehen. Jetzt weiß aber keiner von uns, wie wir mit ihr reden sollen, aber wir meinen, daß vielleicht Sie das Richtige sagen können – jedenfalls können Sie Dinge auf die richtige Art sagen. Hätten Sie was dagegen, mit nach unten zu kommen?«

Der Leutnant hatte nichts dagegen; er machte hastig Toilette und schloß sich mir an. Als wir durch den Korridor zur Hohen Person schritten, stießen wir auf ein furchtbares Hindernis – den General.

»Sagen Sie mal, Broadwood«, sagte er zu mir in der vertraulichen Weise, die bedeutete, daß er bestens gelaunt war, »da ist eine Dame in Lawsons Büro. Sieht wie'n verdammt feines Mädchen aus – ist bestimmt wegen irgendeiner Gnaden- oder Rechtssache gekommen. Seien Sie so nett und bringen Sie sie zu mir. Ich will euch Jungs nicht *alle* Geschäfte dieser Division aufsatteln«, fügte er scherzhaft hinzu.

Das war unangenehm; irgendwas mußte geschehen.

»General«, sagte ich, »ich glaube nicht, daß die Angelegenheit der Dame wichtig genug ist, um Sie damit zu behelligen. Das ist eine Schwester vom Sanitätskorps; sie will sich nur nach einigem Nachschub für das Pockenlazarett erkundigen, wo sie Dienst tut. Ich schicke sie sofort her.«

»Bemühen Sie sich nicht«, sagte der General und ging weiter; »ich bin sicher, daß Lawson sich darum kümmern wird.«

Ah, der tapfere General! und keine Sekunde habe ich, während ich seiner entschwindenden Gestalt nachsah und über den Erfolg meiner List lachte, daran gedacht, daß er innerhalb einer Woche »tot auf dem Feld der Ehre« liegen würde! Er war auch nicht der einzige unseres kleinen militärischen Haushalts, über dem der Schatten des Todesengels dräute und der eigentlich schon »das Schlagen seiner Schwingen« hätte hören können. An dem frostigen Dezembermorgen wenige Tage später, als wir seit einer Stunde vor Morgengrauen bis zehn Uhr auf den eisigen Bergen im Sattel saßen und darauf warteten, daß General Smith die Schlacht etliche Meilen rechts von uns eröffne, waren wir noch acht. Am Ende des Kampfs waren es drei. Jetzt ist es noch einer. Ertragt ihn noch die kleine Zeit, o blühendes Geschlecht; er ist nur einer der Kriegesschrecken und aus seiner Zeit in eure verirrt. Er ist ja nur das harmlose Gerippe bei eurem Fest- und Friedenstanz, antwortet auf euer Gelächter und eure heldischen Tanzschritte mit rasselnden Fingern und baumelndem Schädel – obwohl er es bei passender Gelegenheit und einer Partnerin seiner Wahl bei einem Tänzchen mit den besten von euch aufnehmen kann.

Als wir das Büro des Stabsadjutanten betraten, haben wir festgestellt, daß der ganze Stab da war. Der Stabsadjutant persönlich war außerordentlich eifrig an seinem Schreibtisch. Der Kommissar von der Versorgung spielt mit dem Stabsarzt Karten in einer Fensternische. Die übrigen befinden sich an verschiedenen Stellen im Raum, lesen oder unterhalten sich leise. Auf einem Sofa in einem schwach beleuchteten Winkel des Raums in einiger Entfernung von jeder anderen Gruppe sitzt die »Dame«, dicht verschleiert und die Augen sittsam auf die Zehen gerichtet.

»Madame«, sage ich, als ich mich mit Haberton nähere, »dieser Offizier wird glücklich sein, Ihnen dienen zu können, wenn es in seiner Macht steht. Ich bin sicher, daß es das tut.«

Mit einer Verbeugung habe ich mich in eine entlegene Ecke des Raums zurückgezogen und an der dort stattfindenden Unterhaltung teilgenommen, obwohl ich nicht die leiseste Ahnung hatte, um was es ging, und meine Bemerkungen hatten keinen Bezug auf irgendwas unter dem Himmel. Ein guter Beobachter hätte bemerkt, daß wir alle Haberton aufmerksam belauert und nur so getan haben, als ob wir etwas anderes täten.

Er war auch wert, belauert zu werden; der Knabe war wirklich eine *édition de luxe* des besten Benimmbuchs. Als die »Dame« langsam ihre Beschwerden gegen unsere gesetzlose Soldateska vorgebracht und bestimmte Beispiele willkürlicher Nichtbeachtung von Eigentumsrechten erwähnt hat – darunter, wie wir auf die Gefahr hin, daß uns die Seiten platzten, teilweise mit anhörten, die Plünderung ihrer eigenen Garderobe –, war der Blick von mitfühlender Pein auf Habertons hübschem Gesicht die reinste Blüte und Essenz aller Theaterkünste. Sein ehrerbietiges und bestätigendes Nicken zu ihren verschiedenen Feststellungen war so vorzüglich dargestellt, daß man ihre Substanzlosigkeit und die Unmöglichkeit nur bedauern konnte, sie unter Glas zu Nutz und Wonne der Nachwelt aufzubewahren. Und die ganze Zeit lang rückt der Schuft mit seinem Stuhl näher und näher. Ein- oder zweimal sieht er sich um, ob wir achtgeben, aber allem Anschein nach haben wir alles andere vergessen außer uns und unseren verschiedenen Zerstreuungen. Das leise Summen unserer Unterhaltung, das sanfte Tap-tap der Karten, wie sie beim Spiel fallen, und das wütende Kratzen der Feder des Stabsadjutanten, wie er ungezählte Seiten mit sinnlosen Worten füllt, sind die einzigen hörbaren Geräusche. Nein – da war noch ein anderes: mit langen Pausen das ferne Bumm einer schweren Kanone, gefolgt von dem sich nähernden Rauschen des Geschosses. Der Feind amüsierte sich ein bißchen.

Bei solchen Gelegenheiten war die Dame sicherlich nicht das einzige Mitglied der Gesellschaft, das erschrak, aber sie ist heftiger erschrocken als die anderen und hat sich manchmal vom Sofa erhoben und stand da mit verkrampften Händen, das wahre Ebenbild von Furcht und Unentschlossenheit. Es war nur zu natürlich, daß Haberton sie bei solchen Gelegenheiten wieder mit unendlicher Zartheit niedersetzte, wobei er sie im gleichen Atemzug ihrer Sicherheit versicherte und ihre Gefährdung beklagte. Es war wahrscheinlich richtig, daß er sich schließlich in den Besitz ihrer behandschuhten Hand und eines Sitzes neben ihr auf dem Sofa gebracht hat; aber ebenso sicher ist es höchst unschicklich von ihm gewesen, daß er sich in den Besitz ihrer *beiden* Hände gesetzt hatte, als ... rrrumms, *zischsch*, PENG!

Wir springen alle auf. Eine Granate ist ins Haus gekracht und in dem Raum über uns explodiert. Gipsbrocken prasseln auf uns nieder. Die sittsame und sanft murmelnde junge Dame springt hoch.

»Himmel, ... und Zwirn«, schreit sie.

Haberton, der auch aufgestanden ist, steht da wie versteinert – wie eine Statue seiner selbst, errichtet an der Stelle seiner Ermordung. Er sagt nichts und bewegt sich nicht, nimmt auch keinen Moment den Blick vom Gesicht der Ordonnanz Arman, der jetzt die Mädchenkleider rechts und links wegschleudert und seine Reize überaus schamlos enthüllt; in die Nacht hinaus und über das erleuchtete Lager hinweg in die schwarzen Räume zwischen den feindlichen Linien branden gleichzeitig die Wogen unseres unerschöpflichen Gelächters! Ach ja, was für ein fröhliches Leben war das doch in den alten heroischen Tagen, als die Männer noch nicht vergessen hatten, wie man lacht!

Haberton ist langsam zu sich gekommen. Er hat weniger leer durch den Raum geschaut; dann macht er nach und nach aus seinem Gesicht das widerwärtigste Grinsen, von dem jemals alles Lächeln verleumdet wurde. Er schüttelt den Kopf und sieht sehr wissend drein.

»*Mich* könnt Ihr nicht zum Narren halten!« sagt er.

EIN BIWAK DER TOTEN

Hoch oben im Herzen der Allegheny-Berge, in der Gegend von Pocahontas, West Virginia, gibt es ein wunderschönes kleines Tal, durch das der Ostarm des Greenbrier fließt. An der Stelle, wo die Talstraße die alte Überlandstraße Staunton-Parkersburg schneidet, seinerzeit eine berühmte Verkehrsader, befindet sich eine Poststation in einem alten Bauernhaus. Der Platz heißt Travelers' Repose, denn er war einmal ein Gasthof. Einige niedrige Hügel innerhalb eines Steinwurfs vom Haus krönen lange Linien alter konföderierter Befestigungsanlagen, kunstvoll entworfen und so gut »erhalten«, daß eine Brigade sie in einer Stunde für den nächsten Bürgerkrieg wieder diensttauglich machen könnte. Dieser Ort erlebte seine Schlacht – was man so »in der Jugend grüner Maienblüte« der großen Rebellion eine Schlacht nannte. Eine Brigade von Unionstruppen, darunter das Regiment des Verfassers, kam über den Cheat Mountain, fünfzehn Meilen im Westen, und hielt, indem sie eine Linie durch das kleine Tal warf, den ganzen Tag über Fühlung mit dem Feind; und der Feind bemühte sich auch um ein bißchen Fühlen. Es gab da eine großmächtige Kanonade, die ungefähr je ein Dutzend auf beiden Seiten tötete; dann nannten die Unionstruppen, da ihnen der Platz zu stark für einen Angriff war, die Angelegenheit eine bewaffnete Aufklärung, begruben ihre Toten und zogen sich in die angenehmere Stellung zurück, woher sie gekommen waren. Die Toten liegen nun auf einem wunderschönen Nationalfriedhof in Grafton, soweit identifiziert auch ordnungsgemäß registriert, und in

Gemeinschaft mit anderen Unionstoten, die man von den verschiedenen Armeelagern und Schlachtfeldern West Virginias zusammentrug. Der gefallene Soldat (das Wort »Held« scheint eine spätere Erfindung zu sein) erhielt so bescheidene Ehrungen, wie zu gewähren nur möglich ist.

His part in all the pomp that fills
The circuit of the Summer hills
Is that his grave is green.
[Sein Anteil an all dem Prangen, das
den Kreis der Sommer-Berge erfüllt,
ist, daß sein Grab grün ist.]

Zwar ist mehr als die Hälfte der grünen Gräber auf dem Grafton-Friedhof »Unbekannt« gekennzeichnet, und manchmal mag man an den Widerspruch denken, den die »ehrende Erinnerung« an jenen enthält, an den nichts mehr erinnert, was sich ehren ließe; doch scheint der Versuch den Lebenden keinen großen Schaden zu bereiten, nicht einmal den Logikern.

Einige hundert Yards hinter den alten konföderierten Erdwerken ist ein bewaldeter Hügel. Jahre zuvor war er nicht bewaldet. Hier sind zwischen den Bäumen und im Unterholz Reihen flacher Mulden, die man entdeckt, wenn man die angesammelten Waldblätter entfernt. Von einigen unter ihnen mag man schmale dünne Plättchen aus dem schiefrigen Gestein des Landes aufheben (und ehrfurchtsvoll wieder niederlegen), von Kameraden kunstlos und karg beschriftet. Eines nur fand ich mit einem Datum, eines nur mit vollem Namen von Mann und Regiment. Insgesamt fand man acht.

In diesen vergessenen Gräbern ruhen die konföderierten Toten – zwischen achtzig und hundert, soweit das auszumachen ist. Manche fielen in der »Schlacht«; die Mehrheit starb an Krankheit. Zwei, nur zwei, wurden offenbar ausgegraben, um in ihrer Heimat wieder begraben zu werden. So vernachlässigt und verloren ist dieser *campo santo*, daß nur jener, auf dessen Land er liegt – der alte Posthalter von Travelers' Repose –, von ihm zu wissen scheint. Menschen, die eine Meile entfernt leben, haben nie davon gehört. Und doch müssen noch andere Menschen leben, die geholfen haben, diese Soldaten des Südens dort zu betten, wo sie liegen, und die einige der Gräber identifizieren könnten. Gibt es denn einen Mann, des Nordens oder des Südens, der diesen gefallenen Brüdern die Kosten mißgönnen würde, ihnen den Tribut grüner Gräber zu zollen? Man mag es nicht glauben. Zwar gibt es einige hundert solcher Plätze, die man auf der Fährte des großen Kriegs noch entdecken kann. Um so stärker ist aber das stumme Verlangen – die schweigende Forderung dieser gefallenen Brüder an das, was »in der Seele Gott am ähnlichsten« ist.

Sie waren redliche und mutige Gegner, die wenig gemein hatten mit jenen politischen Narren, die sie zu ihrem Unheil beschwatzten, und jenen literarischen Ablegern falschen Zeugnisses in der Zeit danach. Sie haben nicht die Periode des ehrenhaften Kampfes bis zur Periode der Begeiferung überlebt – kamen nicht aus der eisernen Zeit in die blecherne – aus der Ära des Schwerts in die von Zunge und Feder. Unter ihnen ist kein Mitglied der Southern Historical Society. Ihre Tapferkeit war nicht die Raserei der Nichtkombattanten; sie haben keine Stimme im Gebrüll der Zivilisten und im Gezeter. Nicht durch sie wurden die Würde und der unendliche Jammer der Verlorenen Sache besudelt. Gebt ihnen, diesen makellosen Gentlemen, ihren rechtmäßigen Anteil an dem Prangen, das den Kreis der Sommer-Berge erfüllt.

1903.

ANHANG

EDITORISCHE NOTIZ

Die Texte dieses Bandes wurden entnommen den *Collected Works of Ambrose Bierce* (1909f., repr. 1966), und zwar 15 aus Bd. II, *In the Midst of Life (Tales of Soldiers and Civilians)*, abgekürzt *IML*, 7 aus Bd. III, *Can Such Things Be? (CSTB)*, 2 aus Bd. VIII, *Negligible Tales (NT)*, 1 aus Bd. XI, *Antepenultimata*. Die Abfolge gehorcht der von Bierce gewählten Ordnung der Texte.

Damit liegen in den Bänden 2, 3 und 4 dieser Ausgabe sämtliche Stories von Bierce erstmals komplett auf deutsch vor. Titel und Definitionen sind allerdings weitherzig aufzufassen (vgl. auch Ed. Notiz zu *Horrorgeschichten*) – die noble Meditation von »Ein Biwak der Toten« ist keine Erzählung, »Ein Mann mit zwei Leben« spielt nicht im Bürgerkrieg, die Protagonisten (?) von »Die Mitbewohner« sind nicht unbedingt Soldaten, »Jupiter Doke« enthält Bürgerkrieg und Soldaten, könnte aber auch zwischen den *Lügengeschichten* von Bd. 4 dieser Ausgabe stehen, »Ein vereitelter Hinterhalt« hat einiges mit den übernatürlichen *Horrorgeschichten* gemein etc. Insgesamt werden die Texte dieses Bandes jedoch durch das Militärische und – mit der Ausnahme von »Ein Mann mit zwei Leben« – den Bürgerkrieg verbunden.

Der Bierce-Forscher und Herausgeber Ernest J. Hopkins schlug in seiner Ausgabe von *The Complete Short Stories of Ambrose Bierce* (1970) mehrere Aspekte und Verfahrensweisen vor, die sich seither in der angloamerikanischen Bierce-Rezeption weitestgehend durchgesetzt haben. Leider fand sich kaum einer, der bereit oder fähig gewesen wäre, der Autorität Hopkins zu widersprechen; dabei sind die wichtigsten der von ihm laut oder stillschweigend eingeführten Dinge entweder offenkundig unredlich oder erweisen sich bei näherem Hinsehen als Unsinn. Unredlich ist Hopkins' Arrangement der Texte; nicht hinsichtlich der Einteilung in Gruppen (»War«, »Tall Tales«, »Horror«), wohl aber hinsichtlich der Textabfolge innerhalb der Gruppen. Bierce hatte die »Soldier«-Geschichten von *In the Midst of Life* (die ersten 15 dieses Bandes) nicht zufällig so arrangiert, daß sie mit einem Vatermord begannen (»Ein Reiter vor dem Himmel«) und mit einem Brudermord endeten (»Die Spottdrossel«): Bürger- bzw. Bruderkrieg. Hopkins' Edition beginnt mit »Einer der Vermißten« und »Ein vereitelter Hinterhalt«; Nr. 14 bis 17 sind »Jupiter Doke«, »Ein Reiter vor dem Himmel«, »Die Spottdrossel« und »George Thurston«.

Nun ist Bierces eigene Textordnung zweifellos nicht sakrosankt; man sollte aber Gründe angeben, wenn man sie eigenmächtig ändert, und dies tut Hopkins nicht. Seine Edition folgt weder der von Bierce noch etwa der Chronologie der Erstveröffentlichungen – die beiden ersten Bürgerkriegsgeschichten waren »George Thurston« (29. 9. 1883) und »Ein harter Strauß« (Anfang 1884). Hopkins versucht jedoch, Bierce »aufzuwerten« und neben Tolstoi zu stellen; die 25 Stories solle man lesen als 25 Kapitel des größten amerikanischen Antikriegsromans, und es gehe darin nur vordergründig um den Bürgerkrieg, in Wahrheit jedoch um/gegen Den Krieg Als Solchen. Um aber den Konnex Bürgerkrieg abzuwerten, mußte Hopkins die von Bierce erstellte Textabfolge zerstören.

Es gibt hohes Lob, gegen das man den Adressaten verteidigen muß. Einige Blicke in *Des Teufels Wörterbuch* zeigen, was Bierce von Tolstoi, dem Roman und dem Krieg hielt:

> **Nihilist**, *der* – Russe, der die Existenz von Allem außer der von Tolstoi leugnet. Haupt der Schule ist Tolstoi.
>
> **Roman**, *der* – Wattierte Kurzgeschichte; verhält sich zur Literatur wie das Panorama zur Kunst...
>
> **Krieg**, *der* – Nebenprodukt der Friedenskünste. Die bedrohlichste aller politischen Lagen ist eine Periode internationaler Freundschaft. Das römische Sprichwort »Wenn du Frieden willst, rüste zum Krieg« hat eine tiefere Bedeutung als allgemein wahrgenommen; es besagt nicht nur, daß alles Irdische ein Ende hat ... sondern auch, daß die Scholle des Friedens dicht mit dem Samen des Kriegs besät und seinem Aufkeimen und Gedeihen außerordentlich günstig ist. Wir sollten ein bißchen weniger »Händereichen über Grenzen hinweg« haben und mehr von dem elementaren Mißtrauen, das den Nationen zur

Sicherheit gereicht. Krieg kommt wie ein Dieb in der Nacht; Beteuerungen ewiger Freundschaft stellen die Nacht zur Verfügung.

Jeder ist gegen Verkehrsunfälle und Krieg; dennoch gibt es weiterhin Autos und Staaten. Bierce, der Unmenschlichkeit als »charakteristisches Merkmal des Menschen« definierte und Quatsch als »wertloses Zeug, wie die Religionen, Philosophien, Literaturen, Künste und Wissenschaften jener Stämme, die die Gegenden südlich des Nordpols unbewohnbar machen«, hätte sich vermutlich mit eisigem Hohn gegen die Unterstellung verwahrt, ein amerikanisches *Krieg und Frieden* geschrieben zu haben oder gar Pazifist gewesen zu sein – nachdem Hopkins den Weg bereitet hatte, wurde ab 1982 sogar diese Behauptung von friedensbewegten Literaten aufgestellt. Wenn es überhaupt statthaft ist, tote Autoren für Anliegen der Lebenden zu rekrutieren, schiene Bierce mir allenfalls als Verfechter der Abschreckung verwendbar, nicht jedoch als Befürworter einseitiger Abrüstung. Bei ihm ist nicht der Krieg böse, sondern der Mensch, und folglich ist Krieg der dem Menschen angemessenste Zeitvertreib. Um den bösen Vergleich zwischen verschiedenen Formen menschlichen Verkehrs zu Ende zu bringen: Im Durchschnitt hat in den drei vergangenen Jahrzehnten jedes beliebige Jahrfünft die USA ebenso viele Verkehrstote gekostet wie die fünf Jahre Bürgerkrieg beide Seiten an Gefallenen.

Hopkins und andere scheinen auch einen verzeihlichen Fehlschluß gezogen zu haben, nach dem Motto »Gefahr erkannt – Gefahr gebannt«: Wer das Grauen des Kriegs gesehen und begriffen hat, muß hinfort Pazifist sein. Aber die wesentlichen Befürworter des Kriegs – seien sie Römer oder Nazis – haben niemals die Grauenhaftigkeit des Kriegs geleugnet, sondern allenfalls umgedeutet, als erzieherisch wertvoll oder *dulce et decorum* interpretiert. Bierce ist gleich weit entfernt von Ernst Jüngers säuerlichem Kitsch und dem ehrenhaften Optimismus der modernen bzw. modischen Pazifisten; seine Position – wenn es eine ist – scheint mir gleichzeitig einfacher und komplizierter zu sein als »grauenhaft, deshalb nein« oder »grauenhaft, deshalb ja«. Betrachtet man alle Gruppen seiner Geschichten, könnte man fast meinen,

Krieg erschiene ihm in aller Grauenhaftigkeit noch vergleichsweise human, da gewisse Spielregeln eingehalten werden; jedenfalls meistens. Im Zivilleben wird bei ihm völlig regellos gehauen, gestochen, gefoltert und gemordet – das ist der ernste Kern der gnadenlos witzigen *Lügengeschichten*; und sobald die Metaphysik ins Dasein hineinschwappt, wird alles zu schierem Horror. Alles ist vom Schicksal oder vom Zufall bestens so arrangiert, daß jedem jederzeit die größtmögliche Menge Unheil widerfährt, und die *condition humaine* ist so beschaffen, daß vom Schicksal offengelassene Auswege von den Protagonisten eben nicht begangen werden können, und zwar meistens wegen positiver Eigenschaften bzw. Regungen wie Loyalität, Ehrenhaftigkeit, Freundschaft, Liebe.

Die Protagonisten der Bürgerkriegsgeschichten haben einiges mit Gestalten der attischen Tragödie gemein, aber Bierce gönnt ihnen nur Dilemma und Aporie, nicht Katharsis und Aussöhnung mit dem Kosmos, der für ihn Chaos ist. Allerdings sind seine Figuren oft nur austauschbare Funktionsträger, Bauern auf dem grausigen Schachbrett; Bierce kann oder mag ihnen keine individuelle Realität geben – die möglicherweise alles noch grauenhafter machen würde. Dieser Mangel oder Verzicht, wie auch immer, ist der Hauptgrund dafür, daß Bierce als Erzähler von der amerikanischen Literaturkritik nie zu den ganz Großen gerechnet wurde.

Bierce war im Bürgerkrieg Scout und Topograph der Unionsarmee; die Präzision der Landschaftsbeschreibung und ihre Bedeutung (in einigen Geschichten wird der Boden, der Wald, der Talkessel beinahe zur »Hauptperson«) widerlegt im Prinzip die Ansicht, es handle sich um Geschichten über den Krieg an sich. Zu viele Gegebenheiten lassen sich nicht übertragen; zu viele Phänomene entsprechen nur einem Bruderkrieg. Außerdem kann, wie uns jedes »Wort zum Sonntag« beweist, jeder Trottel aus allem eine Allegorie machen, während weit größere Kunst nötig ist, das Konkrete darzustellen. Ich glaube, daß Bierce hier ein wenig in der Situation eines Malers ist, der einfach eine besonders scheußliche Wasserleiche portraitiert hat und sich von feinsinnigen Kritikern sagen lassen muß, er habe die Schrecken des Meeres zeitlos und universell eingefangen.

Letzten Endes dürften die Versuche, Bierce zum Verfasser von Geschichten gegen den Krieg an sich zu machen, auch dazu dienen, Irritationen zu überspielen und Widersprüche zu beseitigen – einer, der etwas derart Entsetzliches wie »Chickamauga« geschrieben hat, muß einfach *dagegen* sein. Tatsächlich war Bierces Haltung bis zum Schluß ambivalent. Er besuchte mehrmals die Schlachtfelder des Bürgerkriegs; in »What I Saw of Shiloh« (*Collected Works* I, S. 234f.) findet sich der folgende Passus, der den Zwiespalt erhellt:

> »Und das ist oh so lange her! Wie sie sich wieder einstellen – undeutlich und gebrochen, aber mit welcher Zaubermacht! – diese Jahre meiner Soldatenjugend! Wieder höre ich das ferne Tirilieren der Hörner. Wieder sehe ich den hohen blauen Rauch von Lagerfeuern aus den verschwommenen Tälern des Wunderlands steigen... und mein Blut regt sich beim klingenden Gewehrschuß des einsamen Postens... Oh Tage, da die ganze Welt wunderbar war und fremd; da unbekannte Sternbilder in den Mitternächten des Südens loderten und die Spottdrossel in der mondesgoldenen Magnolie ihr Herz ergoß; da etwas Neues unter einer neuen Sonne war; ob euer feines langes Gedächtnis je aufhören wird, Kontrastbilder quer über die herberen Züge dieser späteren Welt zu legen und dabei die Häßlichkeit dieses längeren und zahmeren Lebens zu betonen? Ist es nicht seltsam, daß die Gespenster einer blutbefleckten Epoche solch hauchzarte Anmut besitzen und aus solch zärtlichen Augen blicken? – daß ich mich mit Mühen der Gefahr und des Todes und des Grauens jener Zeit entsinne und ohne jede Anstrengung all dessen, was anmutig und pittoresk war? Ah, Jugend, kein Zauberer kommt dir gleich! Gib mir nur einen Strich deiner Künstlerhand auf der öden Leinwand der Gegenwart; vergolde nur einen Moment die tristen und düsteren Szenen von heute, dann gebe ich bereitwillig ein Leben auf, das anders ist als jenes, das ich bei Shiloh hätte fortwerfen sollen.«

1913 brach der 71jährige Bierce auf, um den mexikanischen Bürgerkrieg aus der Nähe zu sehen. Am 1. 10. 1913 schrieb er an Lora, die Frau seines Neffen Carlt Bierce: »Nieder mit der Zivilisation! Nichts als die Berge und die Wüste für mich! Leb wohl! Wenn Du hören solltest, daß man mich an eine mexikanische Wand gestellt und zu Fetzen geschossen hat, dann bedenke bitte, daß ich das für eine ganz angenehme Art halte, aus diesem Leben zu scheiden... Als Gringo in Mexiko – ah, das ist Euthanasie!«

Am 2.10. verließ er Washington, wanderte drei Wochen lang über die alten Kriegsschauplätze, besuchte in Fort Sam Houston ehemalige Kriegskameraden, überquerte Ende November die Grenze bei Juárez und begleitete Pancho Villas Armee als Beobachter – zu Pferd, da die Bahn zerstört war. In seinem letzten Brief vom 26.12.1913 aus Chihuahua schrieb er, er wolle nach Ojinaga. Diese Stadt wurde lange belagert und fiel am 11.1.1914 nach einer Schlacht; von Ambrose Bierce hörte man nie wieder.

Der »kanonische« Band *Tales of Soldiers and Civilians* erschien 1891; später übernahm Bierce den von seinem englischen Verleger für die britische Ausgabe gewählten Titel *In the Midst of Life*. Nach inzwischen akzeptierter amerikanischer Lesart sollte man von »Soldatengeschichten« sprechen, nicht von »Bürgerkriegsgeschichten«; das ist offensichtlich absurd, denn dann müßten die elf Horrorgeschichten des Bands (die ersten 11 Texte in Band 3 dieser Ausgabe) folglich als »Zivilistengeschichten« bezeichnet werden. Der Band *Can Such Things Be?* erschien 1893; die übrigen Texte wurden erstmals nach 1909 in den *Collected Works* in Buchform vorgelegt. Eine verläßliche Bierce-Bibliographie existiert bis heute nicht; in den diversen Studien und Biographien sind Angaben zur Erstveröffentlichung einzelner Erzählungen nur sporadisch enthalten und nicht immer zweifelsfrei.

Zur Übersetzung: Da das Gefälle zwischen Schriftsprache und wörtlicher Rede im Deutschen größer ist als im Englischen (fast vollständiger Wegfall des Imperfekts etc.), bekommen die im Original selten mit »eigener« Sprache ausgestatteten Personen der Erzählungen zwangsläufig mehr Individualität als bei Bierce; dies ist nicht als Korrektur des Autors zu verstehen. Dienstgrade etc. wurden übersetzt; die im Deutschen übliche Verbindung von Anrede und Titel (Doc/Herr Doktor; Yes, Prime Minister/Jawohl, Herr Bundeskanzler; Colonel!/Herr Oberst!) hätte jedoch dem präzisen historischen und geographischen Kontext einen unangemessenen Hauch Preußen gegeben. Einige Zitate bzw. Anspielungen, die nicht zu ermitteln waren, sind in den Anmerkungen nicht eigens erwähnt. Eine erschöpfende Darstellung des amerikanischen Bürgerkriegs suche man andernorts.

ANMERKUNGEN

»Ein Reiter vor dem Himmel«: »A Horseman in the Sky«, aus *IML.*
Westliches Virginia: der heutige Bundesstaat West Virginia entstand erst durch den Bürgerkrieg; 1861 trennte sich das Territorium vom (konföderierten) Virginia und wurde am 19.6.1863 Teil der Union. Daher auch in Teil II der Satz des Vaters: »Virginia, an dem du zum Verräter wirst...«

»Ein Vorfall an der Owl-Creek-Brücke«: »An Occurrence at Owl Creek Bridge«, aus *IML.*
»unsicherer Standort«: »unsteadfast footing«, Worcester in Shakespeare, *King Henry IV, Part I* (I iii 192f.): »As to o'erwalk a current roaring loud, / On the unsteadfast footing of a spear.«

»Chickamauga«: »Chickamauga«, aus *IML.*
An der Schlacht am Chickamauga Creek nahmen am 20. September 1863 teil 62000 Konföderierte unter General Bragg und 65000 Mann Unionstruppen (darunter Bierce) unter General Rosecrans. Die Schlacht war eine der schwersten Niederlagen der Unionstruppen und eine der blutigsten des Kriegs; die Konföderierten verloren 18454 Mann, die Union 16170. –/– »der Anführer Lärm und das Schlachtgeschrei«: vgl. Hiob 39, 25.

»Ein Sohn der Götter«: »A Son of the Gods«, aus *IML.*

»Einer der Vermißten«: »One of the Missing«, aus *IML.*
»seiner Jugend grüne Maienblüte«: im Orig. »his green and salad

days«, aus Shakespeare, *Antony and Cleopatra* (I,v,73): »My salad days, / When I was green in judgment.«

»Tot bei Resaca«: »Killed at Resaca«, aus *IML.*
»Sprechende Posaune des Ruhms«: aus Byron, *English Bards and Scotch Reviewers* (I 399): »Oh, Amos Cottle! – Phoebus! what a name / To fill the speaking trump of future fame!« –/– das Leben eines Stabsoffiziers... »kein glückliches«: aus W.S. Gilbert, *Pirates of Penzance* (II): »When constabulary duty's to be done, / The policeman's lot is not a happy one«.

»Das Gefecht bei Coulter's Notch«: »The Affair at Coulter's Notch«, aus *IML.*

»Der Gnadenstoß«: »The Coup de Grâce«, aus *IML.*

»Parker Adderson, Philosoph«: »Parker Adderson, Philosopher«, aus *IML.*
Disposition: im Engl. sowohl Aufstellung als auch Zustand. –/– »Pomp und Aufwand«: aus Shakespeare, *Othello* III, iii 349f.: »Farewell the tranquil mind... farewell the neighing steed... The royal banner, and all quality, / Pride, pomp and circumstance of glorious war!«

»Ein Vorpostengefecht«: »An Affair of Outposts«, aus *IML.*
»das ›ungeschriebene Gesetz‹«: Nach den damals gültigen Spielregeln konnte der betrogene Ehemann seinen Nebenbuhler zum Duell fordern und töten, ohne gerichtlich belangt zu werden.

»Die Geschichte eines Gewissens«: »The Story of a Conscience«, aus *IML.*

»Eine Sorte Offizier«: »One Kind of Officer«, aus *IML.*
Bierce leistet sich hier ein makabres Spiel mit den Namen der beiden Protagonisten: Ransom(e) ist »Lösegeld«, Price »Preis«.

»Ein Offizier, ein Mann«: »One Officer, One Man«, aus *IML.*

»George Thurston«: »George Thurston«, aus *IML*.
»die Grenzen einprügeln«: »to beat the bounds«.

»Die Spottdrossel«: »The Mocking-Bird«, aus *IML*.

»Ein harter Strauß«: »A Tough Tussle«, aus *CSTB*.

»Eine fortgeführte Identität«: »A Resumed Identity«, aus *CSTB*.
»eins sein mit Niniveh und Tyrus«: aus Kiplings Gedicht »Recessional«: »Lo, all our pomp of yesterday / Is one with Nineveh and Tyre«. Da das Gedicht aus dem Jahr 1897 stammt, wurde das Zitat von Bierce vermutlich erst bei den Revisionen für die Gesamtausgabe eingefügt. –/– Hazens Brigade: die Einheit, in der Bierce diente.

»Ein Mann mit zwei Leben«: »A Man with two Lives«, aus *CSTB*.

»Drei und eins sind eins«: »Three and One Are One«, aus *CSTB*.

»Ein vereitelter Hinterhalt«: »A Baffled Ambuscade«, aus *CSTB*.

»Zwei standrechtliche Erschießungen«: »Two Military Executions«, aus *CSTB*.
In seiner Jugend Maienblüte: vgl. Anm. zu »Einer der Vermißten«. –/– Sir Andrew Aguecheek: Figur aus Shakespeares *Twelfth Night* (»Junker Bleichenwang«).

»Die Mitbewohner«: »The Other Lodgers«, aus *CSTB*.

»Jupiter Doke, Brigadegeneral«: »Jupiter Doke, Brigadier General«, aus *NT*.
Viele der in diesem Text eingesetzten Namen sind *telling names*; etliche sind allerdings nicht eindeutig zu entschlüsseln. Doke könnte auf *dokus*, ex jidd. *tachas*, Arsch, bezogen sein; *hardpan* bezeichnet trockenen, nicht nutzbaren Boden; Posey County ist wahlweise das Land der Blümchen oder der Aufschneider; Blount Wardorg kann zu *blunt wardog* werden und entweder stumpfer bzw. zahmer Kampfhund oder sturer Kriegshetzer/Kommißkopp

bedeuten. Distilleryville = Destillenstadt am Little Buttermilk River/Kleinen Buttermilch-Fluß ist zu erreichen über die Strecke Bluegrass/Blaugras (was nicht nur eine bestimmte Musik bezeichnet, sondern auch die Hinterwäldlergegend, aus der sie kommt), Opossum Corners (die Ecke, wo sich Beutelratte, Fuchs und Hase Gute Nacht sagen) und Horsecave, »Pferdehöhle«, aber auch *cave* = polit. Sezession, also etwa der Ort, wo die Pferde sich vereinzeln o.ä. –/– Joel Briller: evtl. zu *brill*, Glattbutt – aalglatt, schmierig. –/– Henry Clay: amer. Politiker, 1777–1852, zeitweilig Außenminister, setzte im Kongreß mehrere Kompromisse durch, u.a. 1850 den in der Sklavenfrage. –/– Jayhawk: *jay* ist Eichelhäher, aber auch Schwätzer, Tölpel; *jay-hawker* Bandit. –/– Bung Station: zu *bung*, Spundloch, »am Arsch der Welt«. –/– Hannibal Alcazar Peyton: durch seinen Namen, im Orig. auch durch die Sprache als entlaufener oder freigelassener Negersklave kenntlich.

»Die Geschichte des Majors«: »The Major's Tale«, aus *NT*.
Kupferkopf: *copperhead*, die giftige Mokassinschlange *Trigonocephalus contortrix*; während des Bürgerkriegs Bezeichnung für einen in der Union lebenden Sympathisanten des Südens und alle möglichen unangenehmen Dinge, die mit ihm geschahen, wenn er entdeckt wurde. –/– »Himmel, ... und Zwirn«: im Orig. *»jumping Jerusalem!«*

»Ein Biwak der Toten«: »A Bivouac of the Dead«, aus *Antepenultimata*.
Travelers' Repose: der Reisenden Ruh. –/– in der Jugend grüner Maienblüte: vgl. Anm. zu »Einer der Vermißten«. –/– *campo santo:* span., »heiliges Feld«, Friedhof. –/– »in der Seele Gott am ähnlichsten«: Bacon, *Essays* 16, »...if (man) be not of kin to God by his spirit, he is a base and ignoble creature.« –/– Southern Historical Society: ehrenwerte Vereinigung, die lange Zeit in polemischen Kampagnen versuchte, die auf dem Feld verlorene Sache des Südens nachträglich auf dem Papier zu gewinnen.

G. H.